Über dieses Buch »Zu einem gemeinsamen Vorgehen gegen kirchenkritische Fernsehsendungen haben sich jüngst Vertreter aus den beiden deutschen Großkirchen verabredet. Anlaß sind ›besonders unangenehme‹ Dokumentationssendungen des Publizisten Ernst Klee, die im Hessischen Rundfunk gesendet wurden und werden. Klee legt ohne jedwede Beschönigung das Fehlverhalten der Kirchen im Zusammenhang mit dem Nationalsozialismus bloß: Verwicklungen in Aktivitäten der Euthanasie und des Antisemitismus bis hin zu der organisierten Fluchthilfe für Nazi-Bonzen nach Lateinamerika nach Kriegsende. Die Kirchen werden mit dieser unbewältigten Vergangenheit dargestellt, was dazu führt, daß das in Jahrzehnten emsig und mühsam geglättete Geschichtsbild vom geschlossenen offiziellen Widerstand der Kirchen zerstört wird ...

Spötter in höheren Kirchenrängen sprechen von einer neuen ›hoffnungsvollen‹ Phase, der zwischenkirchlichen Zusammenarbeit, von einem Minimalkonsens, den sie ›Reinwasch-Ökumene‹ nennen.« (Publik-Forum. Zeitung kritischer Christen, 17. 5. 1991).

Das Manuskript für dieses Buch war die Grundlage des Fernsehfilms »Persilscheine und falsche Pässe«.

Der Autor Ernst Klee, geboren 1942, Publizist; freier Mitarbeiter der Wochenzeitung DIE ZEIT und von Rundfunk- und Fernsehanstalten. Er verfaßte zahlreiche Studien und Reportagen zur Sozialgeschichte der Bundesrepublik und zur kirchlichen Zeitgeschichte. Für sein Buch »Auschwitz, die NS-Medizin und ihre Opfer« (1997) wurde Ernst Klee mit dem Geschwister-Scholl-Preis ausgezeichnet.

Veröffentlichungen u. a.: Behinderten-Report I und II (1974 bzw. 1976, Fischer Taschenbuch Nr. 1418 bzw. 1747); das Handbuch Behindert (1980, S. Fischer Verlag); Gottesmänner und ihre Frauen (1979, Nr. 6402); »Euthanasie« im NS-Staat (1983, Nr. 4326); Dokumente zur »Euthanasie« (1995, Nr. 4327); Was sie taten – Was sie wurden (1986, Nr. 4364); »Die SA Jesu Christi«. Die Kirche im Banne Hitlers (1989, Nr. 4409); »Schöne Zeiten«. Judenmord aus der Sicht der Täter und Gaffer (als Hg. zus. mit Willi Dreßen und Volker Rieß, 1988, S. Fischer Verlag); »Gott mit uns«. Der deutsche Vernichtungskrieg im Osten 1939–1945 (als Hg. zus. mit Willi Dreßen, 1989, S. Fischer Verlag); »Auschwitz, die NS-Medizin und ihre Opfer« (Nr. 14906); »Deutsche Medizin im Dritten Reich. Karrieren vor und nach 1945« (S. Fischer Verlag, 2001), »Das Personenlexikon zum Dritten Reich. Wer war was vor und nach 1945« (Bd. 16048) sowie »Das Kulturlexikon zum Dritten Reich. Wer war was vor und nach 1945« (Bd. 17153).

Unsere Adressen im Internet: www.fischerverlage.de
www.hochschule.fischerverlage.de

Ernst Klee

Persilscheine und falsche Pässe

Wie die Kirchen den Nazis halfen

Fischer Taschenbuch Verlag

Lektorat: Walter H. Pehle

6. Auflage: März 2011

Originalausgabe
Veröffentlicht im Fischer Taschenbuch Verlag,
einem Unternehmen der S. Fischer Verlag GmbH,
Frankfurt am Main, November 1991

Gesamtherstellung: CPI – Clausen & Bosse, Leck
Printed in Germany
ISBN 978-3-596-10956-2

Inhalt

Vorwort. 7

»Bittet, so wird euch gegeben...«
Die Litanei der Internierten. 9

»Mit falschen Ausweisen ihren Peinigern entrissen«
Paß- und Fluchthilfe in Rom. 24

»...das gütige Verstehen der katholischen Kirche«
Dankschreiben aus Bischof Hudals Archiv 40

»Es war beglückend zu sehen, wie der Heilige Geist
an einigen dieser Männer arbeitete«
Der Nürnberger Prozeß und die Folgeprozesse. 51

»Warme und ehrende Worte«
NS-Industrielle und kirchliche Lobbyisten. 61

»Psychose der Schuldlosigkeit«
Ein kirchliches Hilfskartell entsteht 72

»Fortsetzung des Krieges in den Gerichtssälen«
Die geheime Denkschrift der EKD 83

»Nun haben mich Disziplin und Treue an den Galgen gebracht«
Gnadenakte und die letzten Hinrichtungen 1951. 94

»Stille Hilfe«
Die Zusammenarbeit der Nazi-Helfer. 109

»...jede Vergötzung der germanischen Rasse
entschieden bekämpft«
KZ-Mediziner und Euthanasie-Personal 119

»Panzertruppe der Rechtspflege«
Hitlers Juristen 129

»Aus fast 44jähriger Kriegsgefangenschaft
abberufen zur großen Armee«
Die kirchliche Hilfe endet mit dem Tode
der letzten Täter 139

Epilog. 152

Abkürzungen 154
Literatur 155
Anmerkungen 158
Abbildungsnachweis 185
Register. 186

Vorwort

Das Titelfoto zeigt Adolf Eichmann 1950 auf der Überfahrt nach Argentinien. Die Flucht ermöglichte ein deutscher Pater in Rom, während der Naziherrschaft für »katholisch getaufte Nichtarier« zuständig. Wie die Fluchthilfe päpstlicher Hilfswerke in Italien funktionierte, ist in diesem Buch nachzulesen. Nachzulesen sind ebenso die Bettelbriefe und Dankschreiben flüchtiger Nazis.

Nicht irgendwelche Nazi-Hilfswerke, die deutschen Kirchen waren nach 1945 die effektivsten Helfer von NS-Verbrechern. Die Hilfe wurde im Verborgenen geleistet. Vieles blieb über Jahrzehnte geheim. Zum Beispiel die erste EKD-Denkschrift zugunsten von Nazi-Verbrechern, gesponsert von den IG-Farben. Selbst KZ-Schinder und Judenschlächter fanden Beistand und Fürsprache. Von Bischöfen und Oberkirchenräten. Unermüdlich wirkte der Ratsvorsitzende der Evangelischen Kirche in Deutschland. Der Vorsitzende der Deutschen Bischofskonferenz hielt Kriegsverbrecher für »Soldaten, denen man irgendein (!) Verbrechen zur Last legte«, und handelte danach.

Ein erstes Ergebnis meiner Recherchen war eine Dokumentation für den Hessischen Rundfunk. Sie wurde am 29. März 1991, Karfreitag, im Ersten Deutschen Fernsehen gesendet. Vertreter beider Kirchen protestierten. Kirchenhistoriker suchten, die Nazi-Helfer reinzuwaschen. Keiner äußerte Scham. Ein Pfarrer unterstellte mir, ich wolle die »Rache der Siegermächte« rechtfertigen. Dem Manne sei gesagt: Mord ist auch nach deutschem Recht strafbar.

Zwei Wochen nach der Sendung besuchte mich der amerikanische Staatsbürger Thomas Blatt. Er ist in dem polnischen Ort Izbica geboren. Im Frühjahr 1943 war die ganze Familie – Vater, Mutter, zwei Brüder – ins Vernichtungslager Sobibor verschleppt worden. Thomas Blatt war damals 15 Jahre alt. Einer der Mörder stellte ihn vor der Vergasung zurück, machte ihn zu seinem Schuhputzjungen. Später mußte Blatt den »Schlauch« reinigen, das letzte Stück Weg, das die Opfer nackt zu den Gaskammern zurücklegten.

Von etwa 250000 Juden überlebten Sobibor gerade 49. Thomas Blatt, dem noch eine Kugel von der Flucht im Kinnbacken sitzt, ist einer von ihnen. Ich habe mich nach seinem Besuch geschämt. Er hält mich wegen meiner Nazi-Recherchen für einen mutigen Menschen. Eine absurde Welt, von einem Sobibor-Überlebenden deshalb für mutig gehalten zu werden.

Nach Blatts Besuch meldete sich bei mir eine Frau, die gerade mit Entset-
zen erfahren hatte, als Schülerin einer konfessionellen Schule von einem
Einsatzkommando-Führer unterrichtet worden zu sein: Eugen Steimle,
nacheinander Führer der Sonderkommandos 7a und 4a. Er war in Nürnberg zum Tode verurteilt worden, aufgrund kirchlicher Gesuche aber
1954 frei- und anschließend am Gymnasium in Wilhelmsdorf (Evangelische Brüdergemeinde) untergekommen. Seine Fächer: Deutsch, Ge-
meinschaftskunde und Geschichte.
Nach Erkenntnissen der Zentralen Stelle zur Verfolgung von NS-Verbrechen in Ludwigsburg fällt unter Steimles Kommando z. B. die Ermordung
von Kindern einer Heil- und Pflegeanstalt in Nischnije-Tschersskaja. Ein
Augenzeuge: »Die Schützen standen am Grubenrand und schossen von
oben.« Der Einsatzkommando-Führer wurde am 9. Oktober 1987 in Wilhelmsdorf beigesetzt. Der Schuldirektor am Grabe: »... dieses Leben
war von der Barmherzigkeit Gottes geprägt.«
Gerne wird argumentiert, christliche Barmherzigkeit müsse auch für
Nazi-Täter gelten. Nichts dagegen. Doch das Argument dient der Irreführung: NS-Mörder bereuten ja nichts. Sie hatten nach eigenem Bekunden nur ihre Pflicht getan. Ihre Exkulpierung wiegt schwerer als das
Schweigen der Kirchen zu Nazi-Verbrechen und Judenmord im Dritten
Reich. Die Opfer wurden ein zweites Mal verraten. Ohne Zwang, aus
freien Stücken. Das heißt doch wohl: aus Überzeugung.
Nachts, in seinen Träumen, ist Thomas Blatt noch heute im Vernichtungslager. Er hat Schuldgefühle, weil er als einer der ganz wenigen überlebte. Dieses Buch handelt von Menschen, die unvorstellbare Verbrechen begangen hatten und dennoch keine Schuldgefühle äußerten. Und
es handelt von Würdenträgern, die Schuldigen Schuld absprachen, selbst
Massenmörder zu Opfern und Märtyrern der Siegerjustiz verklärten.
Sogar Paul Blobel, der unter anderem die Erschießung der 33 771 Juden
in Babi-Yar befehligt hatte, fand kirchliche Fürsprache. Blobel erklärte
in Nürnberg über das Massaker: »Ich muß sagen, daß unsere Männer, die
daran teilgenommen haben, mehr mit ihren Nerven runter waren, als diejenigen, die dort erschossen werden mußten.«
Adolf Eichmann, 1960 von israelischen Agenten aus Argentinien entführt und ein Jahr später in Jerusalem zum Tode verurteilt, schrieb Dezember 1961 in einem Abschiedsbrief, seine Richter sagten Recht, übten
aber kleinliche Rache. In seinem Schlußwort meinte er: »Meine Schuld
war mein Gehorsam.« Hierin stimmen Eichmann und die in diesem Buch
zitierten Oberkirchenräte und Bischöfe überein.

Ernst Klee

»Bittet, so wird euch gegeben...«
Die Litanei der Internierten

Kirchenrechtlich ein Verwandter des Papstes: Prälat Dr. Josef Tiso, Hitlers Erfüllungsgehilfe in der Slowakei, beglückwünscht den »Führer« zum 50. Geburtstag.

Am 12. April 1945 erreicht die amerikanische Armee das Konzentrationslager Buchenwald. Drei Tage später befreien englische Truppen Bergen-
Belsen.[1] Die Lagertore in Dachau öffnen sich am 29. April. Einen Tag
später begeht Hitler Selbstmord. Am 1. Mai 1945 verkündet der Rundfunk, der Führer sei, »bis zum letzten Atemzug gegen den Bolschewismus
kämpfend, für Deutschland gefallen«.

Am 2. Mai, drei Tage vor der Befreiung des Konzentrationslagers Mauthausen und fünf Tage vor der deutschen Kapitulation, wendet sich der
Münchener Kardinal Michael von Faulhaber an den bayerischen Diöze-
sanklerus: Er habe die amerikanische Stadtkommandantur gebeten, den
Abtransport der Gefangenen in humaner Weise durchzuführen. Ein Zug
deutscher Gefangener sei nämlich von einigen amerikanischen Wach-
männern in roher Weise »angeschrien und angestoßen« worden. Die
Amerikaner dürften nicht selber praktizieren, was ihre großaufgezogene
Propaganda den KZ-Kommandos der SS als himmelschreiendes Verbrechen vorhalte.

Der Haß gegen die SS, so Faulhaber weiter, sei grenzenlos. Von kirchlicher Seite müsse aber mit Nachdruck darauf hingewiesen werden, »daß
zwischen SS und SS ein großer Unterschied ist«. Ein großer Unterschied
bestehe auch zwischen Nationalsozialisten und Nationalsozialisten.
Wahrheitswidrig behauptet der Kardinal sogar: »Adolf Hitler hat sämtliche Soldaten der Wehrmacht als Parteimitglieder erklärt, ohne daß die
einzelnen darüber gefragt wurden.«

In Buchenwald und Dachau, schreibt der Kardinal, seien himmelschrei-
ende Unmenschlichkeiten vorgekommen. Nähme man aber all die
furchtbaren Leiden in Lichtbildern auf, »die durch die Fliegerangriffe
über unsere Städte kamen«, wäre ein solches Gesamtbild nicht weniger
schrecklich »als die Bilder, die jetzt in den Konzentrationslagern aufgenommen werden«.[2]

Wenig später verwendet sich Faulhaber für einen Priester, der nach Alt-
ötting ins Kapuzinerkloster geflohen ist. Es ist Hitlers Erfüllungsgehilfe
Josef Tiso, von 1939 bis 1945 Staatspräsident der Slowakei, wo etwa
75 000 Juden ermordet wurden.[3] Faulhaber bittet die Militärregierung,
man möge Tiso, der als Prälat »kirchenrechtlich zur Familie des Papstes«
gerechnet werde, standesgemäß behandeln und eine eventuelle Verhaftung in eine Internierung in einem Kloster umwandeln. Begründung:
»Da Dr. Josef Tiso in seinem Lande das religiöse Leben trotz mancher
Schwierigkeiten lebendig erhielt, bitte ich, ihn nicht anderen politischen
Führern der ehemaligen Gegner der Alliierten Mächte gleichzustel-
len.«[4]

> »Man hat wochenlang Vertreter von amerikanischen Zeitungen und amerikanische Soldaten nach Dachau gebracht und die Schreckensbilder von dort in Lichtbildern und Filmen festgehalten, um der ganzen Welt bis zum letzten Negerdorf die Schmach und Schande des deutschen Volkes vor Augen zu stellen.«
>
> Pastorale Anweisungen Kardinal Faulhabers, Juni 1945 an den Klerus der Erzdiözese München.[5]

Am 7. Mai 1945 unterschreibt Generaloberst Alfred Jodl die bedingungslose Kapitulation, die am 9. Mai in Kraft tritt. Knapp einen Monat später irritiert ein gefeierter Widerstandsheld die Amerikaner: Martin Niemöller, der gerade die Haft im Prominenten-Bunker in Dachau überstanden hat, erläutert ausländischen Reportern, wie er sich bei Kriegsausbruch aus dem KZ zur Kriegsmarine meldete. Er habe sich den Nazis aus religiösen Gründen widersetzt, als Lutheraner aber für sein Vaterland kämpfen müssen. Im übrigen komme eine demokratische Regierungsform für die Deutschen nicht in Frage: »The Germans like to be governed.« Die amerikanische Militärregierung ist so geschockt, daß der Widerstandskämpfer der »Bekennenden Kirche« für Hitler in den Krieg ziehen wollte, daß sie ihn als unverbesserlichen Nationalisten kurzzeitig arrestiert.[6]

Am 21. Juni 1945 beklagt der Mainzer Bischof Albert Stohr in einem Brief an Papst Pius XII. die »radikale Beseitigung aller Nazis aus der Wirtschaft, den Ämtern, den Berufen«. In Frankfurt/Main seien fast dreitausend Nazis aus der Stadtverwaltung vertrieben worden. Der amtierende Bürgermeister und eine ganze Reihe Frankfurter Herren hätten ihm herzzerreißend die Sinnlosigkeit dargelegt, die ganze Verwaltung zusammenbrechen zu lassen: Nur der Kommunismus könne daran Freude haben.

Stohr berichtet, über die Freundlichkeit der amerikanischen Behörden könne er zwar nicht klagen, aber fast »der einzige Befähigungsnachweis zur Besetzung eines Amtes scheint der Aufenthalt eines Kandidaten in Dachau oder sonstwo im Gefängnis zu sein«. Nur der »Antifaschist« werde als geeignet angesehen. Als solcher gelte »ungefähr nur der Bierbankpolitiker«, der sich gegen die Nazis geäußert habe, aber nicht jene aufrechten Christen, die all die Jahre einen »grundsätzlichen« Widerstand gelebt hätten.[7] Die wahren Widerstandskämpfer hatten demnach Widerstand »grundsätzlich« gelebt, das heißt: geschwiegen.

Millionen sind zu dieser Zeit interniert. Unter den Inhaftierten entdecken jetzt viele die Kirchen. So schreibt zum Beispiel am 6. Juli 1945 Sturmbannführer Dr. Matuscyk aus der SS-Lazarett-Abteilung Traunstein an »Seine Excellenz«, den bayerischen Landesbischof Hans Meiser, der Zusammenbruch des Nationalsozialismus stelle den größten Teil der SS-Angehörigen vor ein seelisches Nichts. Nicht ohne Dünkel meint der verantwortliche Arzt der Lazarett-Abteilung und Fürsprecher der inhaftierten SS-Männer: »Geblendet von dem Strohfeuer eines nationalen Aufstiegs ohnegleichen, hatten sich viele ausgewählte Menschen der SS angeschlossen (dazu gehöre auch ich), und wir sollten der auserlesene Orden der Nation sein.«

Einst auserlesen, nun selbst ausgemustert, gibt sich der SS-Sprecher reuig. Im Kampfe gegen Christentum und Kirche habe sich die SS schwer versündigt. Nun müßten die SS-Männer »den Weg zum Kreuz Christi wieder zurückfinden«. Dies sei die einzige Möglichkeit, »den Haß und die Rachsucht unserer Feinde zu mildern« und die Möglichkeit herbeizuführen, »eine Hand zu finden, die in die unsere einschlägt«.

Matuscyk, wahrscheinlich Kommandoführer beim SK 4a, mahnt Meiser, die SS-Männer in die Seelsorge einzuschließen, damit sie dem Volke nicht verlorengehen: »Was Körper und Geist anbetrifft, so stellte die SS im großen und ganzen eine gute Auslese dar.« Wendig schließt der SS-Sturmbannführer mit einem Bibelwort: »Bittet, so wird euch gegeben; suchet, so werdet ihr finden; klopfet an, so wird euch aufgetan.«[8]

Der »ergreifende Bericht« erinnert die Bayerische Kirchenleitung an den

»Der auserlesene Orden der Nation«: SS-Führer im Sporttrikot.

Ruf des Paulus: »Komm herüber und hilf uns.« Deshalb soll alles geschehen, was getan werden kann. Meiser vermeidet wegen der amerikanischen Militärregierung eine direkte Antwort, läßt aber Matuscyk das Christus-Wort ausrichten: »Wer zu mir kommt, den will ich nicht hinausstoßen.« Andreas Wittmann, Pfarrer in der Nürnberger Kirchengemeinde St. Jobst und Meisers Entnazifizierungs-Spezialist: »Sowenig die Kirche sich geweigert hat, einem Sozialdemokraten den Dienst, den sie auszurichten hat, zu erweisen, genau so wenig wird sie es hier tun.«[9] Wittmann merkte wahrscheinlich nicht einmal, daß er die Verfolger mit den Verfolgten gleichsetzt: Schließlich hatten Sozialdemokraten in den Konzentrationslagern des Reichsführers-SS gesessen.

Den bayerischen Landesbischof Hans Meiser, im Mai 1933 mit Zustimmung der »Deutschen Christen« zum Landesbischof gewählt, verbindet mit den internierten NS-Gläubigen unausgesprochen ein Stück Vergangenheit: Er hatte schon 1926 die Meinung vertreten, daß Juden Volksverderber und Mischehen mit ihnen nicht zu billigen seien. Billigen konnte er dagegen, daß die völkische Bewegung an die »Pflicht gegen die eigene Art und das eigene Blut« erinnerte.[10] Der bayerische Landeskirchenrat hatte 1933 dem Hitler-Staat mit Glockenläuten, Grußadressen und bei Aufmärschen gehuldigt.[11] Wie in anderen Landeskirchen waren auch hier die Überfälle auf Polen und die westlichen Nachbarn (Westfeldzug) als Gottessiege gepriesen und der Einmarsch in Rußland als abendländischer Kreuzzug gegen das jüdisch-bolschewistische System begrüßt worden. – Nur die totale Niederlage wollte niemand als Gottes Gericht anerkennen.

Beide Kirchen sind in der Niederlage zunächst die politischen Gewinner. Sie haben trotz Verfolgung und aufgrund massiver Anpassung als einzige intakte Organisationen den Krieg überlebt. Die Besatzungsmächte nehmen Bischöfe und protestantische Kirchenführer als Ansprechpartner, bestellen vielfach Pfarrer zu Bürgermeistern. Das Ansehen der Kirchen ist – ganz anders als nach dem Ersten Weltkrieg – groß, so groß wie noch nie in diesem Jahrhundert. Entsprechend ist auch ihr Auftreten.

Am 18. Juli ist der Kölner Erzbischof Joseph Frings ins englische Hauptquartier zu einem Gespräch geladen. Nach einigem protokollarischen Hin und Her erscheint Frings zwar, protestiert jedoch zugleich: »Der Vertreter einer Kulturnation hätte meinen Rang respektieren und mich aufsuchen müssen. Eine solche Behandlung ist mir in den drei Jahren, seit ich Bischof bin, noch nicht widerfahren.« Und noch eine Belehrung fügt er an: »Auf Grund meiner Stellung gebührt mir der Rang und die Ehren eines Generals.« Die Alliierten werden noch öfter zu hören bekommen, was unter Hitler so nicht geschehen sei.

Frings erklärt den Engländern, im Rheinland habe es nur wenige überzeugte Nazis gegeben. Deshalb müsse das Problem der (internierten) Parteigenossen gelöst werden, wolle man sie den Kommunisten nicht in die Arme treiben.[12] Am selben Tag schreibt der Regensburger Bischof Michael Buchberger ganz ähnlich an die amerikanische Militärregierung: Viele hätten »nur äußerlich und nur infolge schweren Druckes zur Partei« gehört. Gerade in der ersten Zeit seien viele der NSDAP in dem guten Glauben beigetreten, »daß die Nazi ihre Regierung auf den Boden des Christentums stellen werden«.[13]

Zwei Tage später, am 20. Juli, verfassen der Münchener Kardinal Faulhaber und Landesbischof Meiser eine gemeinsame Eingabe an die amerikanische Militärregierung. Sie haben drei Punkte vorzubringen: 1. Keine pauschale Verurteilung ehemaliger Parteigenossen. 2. Keine pauschale Verurteilung von SS-Leuten. 3. Freilassung der inhaftierten Bankiers und Industriellen. Faulhaber/Meiser beteuern, sie sprächen im Namen der Humanität, wenn sie darauf hinwiesen, »wie schwer diese Industriellen, zum Teil höheren Alters, unter den Entbehrungen der Gefängnisse und ihre Familien unter dieser Trennung leiden«.[14]

Am 26. Juli stattet der englische Gouverneur der Stadt Köln, Colonel Hamilton, Erzbischof Frings einen Besuch ab. Der Colonel beklagt den Mangel an Initiative auf deutscher Seite. Die Deutschen müßten immer erst angestoßen werden. Der Erzbischof hat dafür eine Erklärung: »Das hängt unter anderem zusammen mit der Behandlung der Pg-Frage. Gerade die unternehmenden, tüchtigen, erfahrenen Kräfte sind jetzt ausgeschaltet.«[15]

Einen Tag später stellt der Fuldaer Bischof Johannes Baptist Dietz den Menschen seiner Diözese einen kirchlichen Persilschein aus: 90 Prozent in Stadt und Land seien »ausgesprochene Gegner« der Partei gewesen. Der Beitritt zur Partei sei oft die einzige Möglichkeit gewesen, einflußreiche Stellen nicht völlig in die Hände fanatischer Parteigenossen fallen zu lassen. Darum hätten selbst Geistliche den Beitritt zur Partei angeraten.[16]

Der Würzburger Bischof Matthias Ehrenfried: »Es gab tatsächlich Parteigenossen, die den Nazi-Lehren und Methoden fernstanden, ja sogar größere Gegner der Partei waren und rühriger gegen die Nazis arbeiteten als viele Nicht-Parteigenossen.«[17]

Die Behauptung, gerade NSDAP-Mitglieder seien die eigentlichen Widerstandskräfte gewesen, hatte Ende Juli schon der württembergische Landesbischof Theophil Wurm gegenüber der Militärregierung aufgestellt: Viele Pg's hätten einen »offenen oder heimlichen Kampf« gegen das NS-Regime geführt. Mehr noch: »Viele Nicht-Parteigenossen, die sich heute breit machen, waren einst ohne Halt und Charakter und stellten auch als Beamte, die aus irgendeinem Motiv nicht Parteigenossen werden konnten, keineswegs immer eine Elite dar.«[18] Die Diffamierung

der Nicht-Pg's und die Glorizifierung der Pg's hat bei Wurm wohl auch
ganz persönliche Gründe: Ein Sohn des Landesbischofs, Dr. Hans
Wurm, war bereits 1922 der NSDAP beigetreten. Er wird 1946 verhaftet
und zu einem Jahr Gefängnis verurteilt, weil er einen Fragebogen ge-
fälscht und als Beitritt zur NSDAP das Jahr 1938 eingetragen hatte.[19]
Beide Kirchen formulieren 1945 so etwas wie ein »Schuldbekenntnis«.
Die katholischen Bischöfe entledigen sich dieser Pflicht anläßlich ihrer
ersten Nachkriegs-Konferenz vom 21. bis 23. August in Fulda. Im Hirten-
wort des deutschen Episkopats vom 23. August 1945 bescheinigen sich die
Oberhirten, Widerstand geleistet zu haben. Sie räumen ein, Furchtbares
sei schon vor dem Kriege in Deutschland und während des Krieges durch
Deutsche in den besetzten Ländern geschehen: »Wir beklagen es zutiefst:
Viele Deutsche, auch aus unseren Reihen, haben sich von den falschen
Lehren des Nationalsozialismus betören lassen..., viele leisteten durch
ihre Haltung den Verbrechen Vorschub, viele sind selber Verbrecher ge-
worden.«[20]
Die katholischen Bischöfe leben 1945 im Einklang mit Papst Pius XII.,
der selbst keinen Grund hat, die Oberhirten wegen ihres Schweigens zu
Nazi-Verbrechen zu tadeln, hatte er doch selbst geschwiegen.
Bei den Protestanten ist die Situation schwieriger. Sie sind auf das Wohl-
wollen der bisherigen Kriegsgegner angewiesen. Aus der Zentrale des
Weltrats der Kirchen in Genf wissen die evangelischen Kirchenführer:
Ohne Schuldbekenntnis gibt es keine Gemeinschaft und keine Hilfe.
Die Formulierung des Schuldbekenntnisses steht im Oktober 1945 bei
einem Treffen in Stuttgart auf der Tagesordnung. Nach langem Proze-
dere und unter dem Druck der aus Genf angereisten Vertreter des Ökumenischen Rates der Kirchen verabschieden die Kirchenführer am
19. Oktober 1945 ein Dokument, das als »Stuttgarter Schuldbekenntnis«
in die Kirchengeschichte eingeht.[21]
Das »Schuldbekenntnis« verschweigt, daß gerade die evangelische Kirche
die Vertreibung der »Nichtarier« aus Beruf und Verbänden freudig begrüßt hatte. Es verschweigt auch, daß viele Pfarrer Mitglied der NSDAP
oder der SA gewesen waren und die in der Diakonie beschäftigten Diakone
zum Beitritt in die SA regelrecht genötigt hatten. Statt dessen wird behauptet, man habe lange Jahre hindurch gegen den nationalsozialistischen Geist
gekämpft, klage sich aber an, »nicht mutiger bekannt, nicht treuer gebetet,
nicht fröhlicher geglaubt und nicht brennender geliebt« zu haben.
Die protestantischen Kirchenführer geben sich dem Trugschluß hin, das
Schuldbekenntnis sozusagen als Privatbeichte geheimhalten zu können.
Als der Text durch die Presse bekannt wird, hagelt es Proteste, zumal die
Oberbefehlshaber der Besatzungsmächte (Alliierter Kontrollrat) per Ge-
setz und mittels Fragebogen gerade die »Entnazifizierung« Deutschlands

versuchen. Als »Werkzeuge der Alliierten« wollen die Vertreter der
Evangelischen Kirche in Deutschland (EKD) nicht dastehen.[22]
Deutlich wird dies an Martin Niemöller, der noch im Januar 1946 von der
Erlanger Studentenschaft ausgebuht worden war, weil er an die Ermordung der Juden und die Entvölkerung Rußlands erinnert hatte und dennoch den NS-Reichsamtsleiter Mattes (Matthäus) Ziegler, Mitherausge-
ber der NS-Monatshefte, als Pfarrer der Hessen-Nassauischen Landeskirche einstellt.[23] Am 23. März 1946 schreibt Niemöller im Auftrag des Rates
der EKD an den Ökumenischen Rat der Kirchen, das Gesetz zur Befreiung von Nationalismus und Militarismus (vom 5. März 1946) legalisiere
die Verfolgung einer bestimmten Gesinnungshaltung, »wie sie selbst unter dem Naziregime niemals gewesen ist«.[24] Auf einer Kirchenführerkon-
ferenz am 1./2. Mai 1946 im hessischen Treysa wird das Befreiungsgesetz
als »verkappte Form eines innerdeutschen Bürgerkrieges« diskutiert.[25]
Der württembergische Landesbischof und EKD-Vorsitzende Theophil
Wurm spricht sogar von einem »unblutigen Bürgerkrieg«.[26]
Beinahe komisch mutet der Versuch des hannoverschen Landesbischofs
August Mahrarens an, die SA zu einem Christlichen Verein alter Männer
zu stilisieren. Im April 1946 verfaßt Mahrarens (»um der Wahrheit wil-
len«) eine Stellungnahme, wonach sich die SA nicht an den Judenpogro-
men des Jahres 1938 (»Reichskristallnacht«) beteiligt habe:
»Vielmehr wurden die Terrormaßnahmen von weitesten Kreisen ihrer
Mitglieder mißbilligt und eine Beteiligung an ihnen geradezu abgelehnt.«
Es sei im Volk allgemein bekannt, »daß die Mitglieder der SA zum größten Teil vernünftig denkende Menschen und keine Parteifanatiker...
waren. Sie erstrebten lediglich eine innere Erneuerung des deutschen
Volkes auf vaterländischer Grundlage und wurden durch die spätere Entwicklung bitter enttäuscht.« Mit der »innerlichen reaktionären Haltung«,
zumal der älteren Mitglieder (SA-Reserve), habe sich bei vielen ein reli-
giöser kirchlicher Sinn verbunden: »Weil sich hier eine Möglichkeit der
christlichen Verkündigung bot, fanden sich auch überzeugte Christen und
Theologen zur Mitgliedschaft in der SA bereit.« Am Ende sind auch sie
nicht Täter, sondern Opfer, nicht zu verurteilen, sondern zu bedauern.
Mahrarens: »Die Betrüger und nicht die Betrogenen darf die Schuld und
die ganze Härte einer gerechten Strafe treffen.«[27]

»Ich bin von Verbrechern vom Schlage eines Hitler oder Goebbels
getäuscht worden. Ich bin geistig genau so mißbraucht worden, wie
viele andere körperlich.«

Hans Fritzsche, Ministerialdirektor im NS-Propagandaministerium, Chefkommentator des Rundfunks und Leiter der Abteilung Presse.[28]

Wer heute die nachgelassenen Akten der Kirchenführer liest, findet kaum einen Hinweis, daß während der Nazi-Zeit unfaßbare Verbrechen begangen wurden. Das Leid der ermordeten Juden, das Elend der russischen Kriegsgefangenen, die die deutsche Wehrmacht verhungern oder erschießen ließ, die Verzweiflung der sowjetischen Frauen und Kinder, die als »Bandenverdächtige« brutal abgeschlachtet, oft lebend verbrannt wurden, finden keine Erwähnung.[29] Voll sind die Aktenbestände dagegen mit Eingaben angeblich unschuldig Inhaftierter. Alle fühlen sich unschuldig, als hätten Hitler und Himmler die Millionen Menschen eigenhändig erschossen, vergast oder der Vernichtung zugeliefert.

Unschuldig fühlen sich zum Beispiel die Beamten. Im Namen einer großen Zahl »nach unserer Überzeugung zu Unrecht aus dem Staatsdienst entfernten Beamten« schreibt bereits am 8. September 1945 Hermann Vogel, ehemals Regierungsdirektor im Bayerischen Staatsministerium des Innern, an Landesbischof Meiser. Der Nationalsozialismus sei schließlich – »gestützt auf demokratische Wahlzettel (Frauenstimmrecht!)« – formal legal zur Herrschaft gekommen. Die Beamten seien auf ihren Posten geblieben, um nach Möglichkeit die bewährte Ordnung aufrechtzuerhalten.

Vogel klagt, Leute, die anderen ihr Verbleiben im Dienst oder die Abwehr politischer Gefahren verdankten, weil sich Beamte »vermöge der schweren Herzens eingegangenen Parteimitgliedschaft für sie eingesetzt haben«, kennten ihre Helfer nicht mehr und sähen unbewegt ihrer Vernichtung zu: »Ist diese Verfolgung nicht fast schlimmer wie die Verfolgung Andersdenkender durch die Nationalsozialisten im Jahre 1933?«[30]

Unschuldig fühlt sich auch ein Geheimrat Bastian. Er schreibt dem bayerischen Landesbischof Meiser: »Das seelische Elend der Nur-Pg's und ihrer Familien schreit zum Himmel... Zünden Sie eine große Fackel an, marschieren Sie voran.« Der »Nur-Parteigenosse«: »Lassen Sie Ihre Pfarrer verkünden, der Landes-Bischof ist unablässig am Werk, einer auf Tatsachen gestützten Gerechtigkeit zur Anerkennung zu verhelfen. Schuld erfordert Sühne, aber eben nur Schuld.«[31]

Eine Stufe höher als die »Nur-Pg's« standen ohne Zweifel die Ortsgruppenleiter der NSDAP. Doch unschuldig wollen auch sie sein. Im Namen der »ländlichen Ortsgruppenleiter« der Internierungslager Bayerns schickt der ehemalige Ortsgruppenleiter Matthäus Karrer an Landesbischof Meiser einen Hilferuf: »Am Rande seelischer Bedrückung drängt es uns, an die höchste Geistlichkeit eine Bitte zu richten, welche nach Gerechtigkeit dürstet.« Die große Mehrzahl der Ortsgruppenleiter, insbesondere im ländlichen Raum, sei überwiegend unbescholten. In christlicher Gesinnung hätten sie mit der dörflichen Gemeinschaft vereint gelebt und »nebenbei« den vermeintlich ehrlichen Belangen von Partei und Staat dienen wollen. Schmerzlich empfänden sie nun, daß niemand gegen das Unrecht ihrer Internierung die Stimme erhebe. Gewiß erkennten sie »manche« Übergriffe der hohen Partei und Staatsgewalt als beklagbar an, jedoch nicht, »daß unsere untergeordnete Tätigkeit der Vergeltung wert ist«.

Auch die Ortsgruppenleiter fühlen sich als verkannte Opfer: »Wenn der Herrscher eines Volkes zum Betrüger wurde, können die Betrogenen *nicht* verurteilt werden.«[32]

»Warum Kreisamtsleiter?« heißt es in einem weiteren Rechtfertigungsschreiben an Meiser. Die Antwort: »In meinen Händen war das Amt des Kreisamtsleiters kein Instrument der Partei. Ich war dasselbe, was der Agent ist, der sich in das feindliche Lager begibt und zu diesem Zweck eine Uniform des Feindes anzieht.« Er habe durch seine Tätigkeit die Nazis nicht gefördert, sondern ihnen geschadet: »Wer das Amt des Kreisamtsleiters für Kommunalpolitik als ein hohes Parteiamt ansieht, wird folgerichtig den Schaden nicht gering einschätzen, der der Partei dadurch entstand, daß ein Rädchen stille stand.«[33]

Als Unschuldige melden sich sogar ehemalige Gestapo-Beamte, die während der Nazi-Zeit das Terrorregime repräsentiert hatten. In einem Schreiben der »Berufspolizeibeamten des unteren und einfachen mittleren Vollzugsdienstes der ehemaligen Geheimen Staatspolizei« behaupten

»Vom Verbrechen erst aus der Presse erfahren.« Ein Umtrunk in Lublin.

sie, neben ihrer »körperlichen und geistigen Eignung« sei ihre persönliche Unbescholtenheit die Voraussetzung ihres Dienstverhältnisses gewesen. Sie hätten sich streng an Gesetze und Vorschriften gehalten:
»Grundsätze des Berufsbeamtentums wie Pflichterfüllung, Gehorsam,
Wahrheitsliebe und Ehrlichkeit waren uns Richtschnur bei allen unseren
Amtshandlungen.« Der größte Teil habe sich überhaupt nicht politisch
betätigt. Von Verbrechen hätten sie erst aus der Presse erfahren:
»Warum sollte ausgerechnet der kleine Beamte der Geheimen Staatspolizei, der nur eine engbegrenzte untergeordnete Tätigkeit ausübte, Kenntnis von solchen Vorkommnissen gehabt... haben?«[34]
Wenn schon die ehemaligen Gestapo-Beamten nichts gewußt, gesehen
oder gar getan haben wollten, kann es nicht verwundern, daß auch andere
ihre Freilassung begehren. Besonders unschuldig geben sich die in Hammelburg internierten ehemaligen »SS-Unteroffiziers-Dienstgrade«. »Alles, was man uns vorwerfen kann«, schreiben sie, »ist ein politischer Irr-
tum, für den wir aber genug gebüßt haben.« Von den Verbrechen hätten
sie erst aus Presse und Rundfunk erfahren. Die wahren Schuldigen sollten
bestraft werden, sie aber hätten nur ihren Dienst getan. Der Dienst in der
SS habe sich vom Dienst in anderen Organisationen in keinem wesentlichen Punkte unterschieden: »Es war tatsächlich nur die andere Uniform, die den Unterschied ausmachte.«[35]
Um die SS macht sich auch Hans Asmussen, Leiter der Kirchenkanzlei
der EKD, Gedanken. In einem Brief an die protestantischen Kirchenführer meint er, besonders schwierig sei es, an die jungen internierten
SS-Führer heranzukommen. In der Zuwendung mancher ihrer älteren
Kameraden zur Kirche erblickten sie Abtrünnigkeit und Verrat. In
diesem Zusammenhang sei von einem Lagerseelsorger angeregt worden, junge Theologen, die das gleiche Erlebnis des Kriegseinsatzes und
der Jugendjahre hatten, probeweise in diesen Lagern entweder in den
Universitätsferien oder nach Abschluß des Studiums einzusetzen. Asmussen: »Ich halte diese Anregung für beachtlich und bitte daher, die
Möglichkeit eines derartigen Einsatzes in Ihrer Landeskirche zu über-
prüfen.«[36]
Am 12. November 1946 treffen sich württembergische Lagerpfarrer in
Ludwigsburg. Die deutschen Wachtposten, heißt es im Tagungsproto-
koll, stammten »meist aus üblen Elementen, früheren KZ-Häftlingen, die
nicht in erster Linie politisch Verfolgte, sondern allgemein üble Elemente
waren«. Die seelsorgerliche Lage bei den Internierten werde schwieriger,
»weil der Widerstand gegen Kirche und Christentum sich versteift, zugleich der nationalsozialistische Zusammenschluß sich verfestigt. Es gibt
wieder Hitlerkult und Kult einzelner Persönlichkeiten.«[37]
Etwa einen Monat später erstattet Kirchenrat Kurt Hutten vom württem-

bergischen Evangelischen Presseverband Landesbischof Wurm einen Bericht. Nach einem Vortrag im Internierungslager 75 in Kornwestheim
habe er mit einer Anzahl der Internierten sprechen können. Im Lager
existiere eine sehr lebendige evangelische Gemeinde, vielen sei »eine
echte Umkehr zu Christus geschenkt worden«. Nach ihrer Entlassung
würden sie wertvolle und aktive Mitglieder der Gemeinden sein.

Hutten, während der Nazi-Zeit Geschäftsführer des Evangelischen Pres-
severbandes und 1933 eine Zeitlang Mitglied der Deutschen Christen [38],
sieht die freudige Botschaft jedoch getrübt: Die meisten seien kleine
Parteifunktionäre, die keinerlei Spezialschuld fühlten. Sie seien bereit
gewesen, »in neuer Weise ihrem Vaterland zu dienen«. Doch die lange
Haftdauer habe die Bereitschaft, sich vom Nationalsozialismus zu lösen,
in eine »Verstockung« umschlagen lassen. Sie würden in eine trotzige
Ablehnung der Demokratie hineingetrieben und antisemitische Parolen
gingen wieder um. Parallel vollziehe sich eine Verschließung gegenüber
der Kirche und ihrer Verkündigung. Es drohe die Gefahr, daß sie »nicht
nur der Kirche verloren gehen, sondern für unser Volk zu einem Gefah-
renherd werden«. Internierte aus der Ostzone machten sich mit dem Gedanken vertraut, nach der Entlassung in die alte Heimat der kommunistischen Partei beizutreten.

»Geblendet von dem Strohfeuer eines nationalen Aufstiegs.« Deutsche Besatzer in
Rußland.

Wurms Pressemann ist anscheinend völlig entgangen, daß er Opportunisten vor sich gehabt hatte. Menschen, die bei den Nazis funktionierten und schon wieder bereit waren, bei den Kommunisten zu funktionieren – sollte ihnen die Kirche dabei dienlich sein, dann würden sie eben auch »evangelisch«. Hutten freilich sieht dies jedoch ganz anders: »Da es sich bei ihnen weithin um Männer im besten Alter, geistig hochstehend und von gutem Willen beseelt, handelt, und um Menschen, die ein wichtiges Neuland der Kirche darstellen, bitte ich Sie herzlich und dringend, die Hilferufe, die aus den Internierungslagern schallen, aufzunehmen und nach Kräften zu erfüllen.«[39]

Selbst die KZ-Schergen von Buchenwald etc. werden zu Idealisten verklärt. So heißt es in einem Bericht über die in Dachau Festgesetzten (zu 80 bis 90 Prozent Wachmannschaften aus den Konzentrationslagern!), sie seien »aus idealistischer Grundhaltung heraus tatkräftige und einsatzbereite *Feinde* jeder Vermassung, Kollektivierung und Bolschewisierung«. Wenn die christlich-bürgerlichen Kreise Deutschlands auf diese »wertvollen Menschen« und »positiven Kräfte« verzichteten, »dann werfen sie eine maßgebliche Waffe achtlos beiseite, die sie von wo anders her nicht werden ersetzen können«.[40]

Am 21. Mai 1947 wendet sich Professor Werner Villinger an Wurm. Villinger ist Psychiater, der auf Mitarbeiterlisten der Nazis als »Euthanasie«-Gutachter geführt wird, demnach Kranke und Behinderte für die Gaskammer selektiert hatte.[41] Er erlaubt sich, Wurm den »anliegenden Notschrei eines der fähigsten Mitglieder der ehemaligen Breslauer Medizinischen Fakultät vorzulegen«, der zur Zeit im Internierungslager Moosburg festgehalten werde. Der Mann habe nicht nur Widerstand geleistet, sondern auch Nachteile erlitten – allerdings »eine Zeit lang der Allgemeinen SS angehört«.

Der Bericht des Unbekannten trägt den Titel »Die Wahrheit über Moosburg« und beginnt folgendermaßen: »In der Weltöffentlichkeit wird immer wieder behauptet, die Deutschen hätten wissen müssen, was in den Konzentrationslagern des Dritten Reiches geschehen ist. Wissen denn nun jetzt wenigstens die Deutschen oder auch die Angehörigen der Siegermächte, was gegenwärtig in den Konzentrationslagern der Demokratie geschieht?«

Es folgt eine Mängelliste: vieles im Lager sei in primitivster Weise geordnet, die Häftlinge müßten in zerlumpter Kleidung und abgerissenem Schuhwerk gehen, hätten weder Wäsche noch gar Bettwäsche erhalten: »...in den Konzentrationslagern des Dritten Reiches gehörte das zur Ausstattung der Gefangenen.«

Villingers Kronzeuge weiter: »Was wird man in der Weltöffentlichkeit und insbesondere in der amerikanischen Öffentlichkeit sagen, wenn man hört und erfährt, daß die für die Konzentrationslager der Demokratie verantwortlichen Schergen gelehrige Schüler sind der für die Konzentrationslager des Nazismus verantwortlichen Nazis. Wer soll dann wohl noch an eine humanitäre deutsche Demokratie zu glauben vermögen?«[42]

Über das Lager Moosburg gibt es den Jahresbericht eines dort selbst internierten Pfarrers. Dem Bericht zufolge sind dort 10000 bis 12000 Menschen festgehalten, Parteifunktionäre, höhere Beamte, SS- und Gestapo-Leute, Generäle. Die Internierten können sich innerhalb des Lagers frei bewegen. Zwangsarbeit gibt es nicht. Das Lager hat Selbstverwaltung. Veranstaltet werden Sprachkurse, Vorträge, und die »Moosburger Akademie«, eine Lager-Hochschule, bestehend aus rund hundert ehemaligen Universitätsdozenten. Die Lager-Bühne inszeniert Stücke wie »Urfaust«, »Kabale und Liebe« und sinnigerweise »Was ihr wollt«.

Negativ erwähnt ist das unverhüllte Werben der katholischen Lagerseelsorge, die von einem internierten österreichischen Benediktinerpater (»ein Demagoge großen Stils«) und von zwei ebenfalls internierten slowakischen Prälaten betrieben werde. Die Erörterung der Schuldfrage im Lager sei ein heikler Punkt. Das Gros betrachte sich allenfalls als Opfer unkluger Politik oder der Sabotage anderer. Die katholische Seite wirke leider nur propagandistisch: Es sei unmöglich, »vor Menschen, etwa unsern kulturlosen Gegnern, eine allgemeine Schuld zu bekennen. Ein Schuldbekenntnis gehöre nur vor Gott, nicht einmal vor den Hl. Vater!«[43]

Der als »Demagoge großen Stils« Bezeichnete ist Professor Dr. phil. Petrus Mayrhofer, OSB. Eine seiner Predigten ist erhalten. »Ich würde nicht verdienen, zu Euch, meine Kameraden, sprechen zu dürfen«, beginnt sie, »wenn mich nicht meine geistliche Idee, die ich durch meine Priesterweihe vor 15 Jahren aus dem Munde des Papstes in Rom übernommen habe, verpflichtete, stets vor aller Welt im Sinne des Christentums von der Wahrheit Zeugnis abzulegen ohne Rücksicht auf persönliche Schädigungen und Gefahren.« In Europa, so die Wahrheit, die der Benediktiner-Pater bezeugt, gäbe es heute mehr Konzentrationslager als zur Zeit des Dritten Reiches. Die Häftlinge in den KZs des Dritten Reiches hätten »täglich 1000 Kalorien mehr zu essen bekommen, als heute die freien Deutschen unter dem Protektorat der Befreier«. Die Predigt gipfelt in dem Satz:

»Wenn die Gaskammern von Auschwitz noch in Betrieb wären, so würden wohl heute Millionen geängsteter Menschen dorthin pilgern wie zu einem Wallfahrtsort, um dort einen raschen Tod zu finden, anstatt mit unschuldigen Kindern Tag für Tag dem Hunger ins Auge zu schauen und um dem Würgegriff der Befreier entrinnen zu können.«[44]

Am Ende seines »Feldgottesdienstes« verkündet Petrus Mayrhofer jedoch eine gute Botschaft: »Die Zeit ist unsere Freundin geworden, sie
arbeitet heute für uns.« Nicht nur die Predigt des unmäßigen Benedikti-
ners – Abschriften fand ich in mehreren kirchlichen Archiven – dokumentiert: Die Kirche ist wieder da angekommen, wo sie schon 1933 gewesen
war: an der Seite der Täter. Nicht nur bei der Entnazifizierung, wie sich
erweisen wird.

Der begehrte Ausweis des Internationalen Roten Kreuzes, mit dem u. a. Adolf
Eichmann nach Südamerika fliehen konnte. (nächste Seite)

»Mit falschen Ausweisen ihren Peinigern entrissen«
Paß- und Fluchthilfe in Rom

COMITÉ INTERNATIONAL
DE LA CROIX-ROUGE

COMITÉ INTERNATIONAL
DE LA CROIX-ROUGE

DÉLÉGATION A Via Gregoriana, 28
ROMA

Documento provvisorio, rilasciato in attesa dell'emissione del documento di viaggio, previsto dall'Accordo di Londra del 15 ott. 1946, o di altro equipollente.

Ce document est intransmissible et ne constitue pas une pièce d'identité; il est délivré à titre gratuit.

The present document is not transmissible and is not an identification paper; it is issued free of charge.

Dieses Dokument ist unübertragbar und gilt nicht als Personalausweis; die Ausstellung erfolgt unentgeltlich.

Questo documento non è trasmissibile e non costituisce un documento d'identità; è rilasciato gratuitamente.

Este documento, personal e intransmisible, no constituye una cartilla de identidad y es facilitado gratuitamente.

Настоящий документ непередаваем другим лицам и не является удостоверением личности; он выдается бесплатно.

Dokument niniejszy nie może być odstąpiony innej osobie i nie stanowi dowodu osobistego. Wydaje się bezpłatnie.

Rom ist in den Nachkriegsjahren der beliebteste Wallfahrtsort flüchtiger Nazis. In der Ewigen Stadt finden sie Unterschlupf und falsche Papiere zur Flucht ins Ausland. Von Rom nach Argentinien ist zum Beispiel Adolf Eichmann (Tarnname »Ricardo Klement«) geflohen, der Organisator der »Endlösung«. Geholfen hat ihm der deutsche Pallottiner-Pater Anton Weber, der mit dem Polen Wojciech Turowski den St. Raphaels-Verein leitet, der während des Krieges eine Hilfsstelle für »katholisch getaufte Nichtarier« gewesen war.

Der Pallottiner-Pater hat der Journalistin Gitta Sereny erzählt, wie er seinerzeit prüfte, daß nur wirklich Getauften zur Ausreise verholfen wurde: »Ich ließ sie das Vaterunser und das Ave-Maria aufsagen; da stellte sich schnell genug heraus, wer echt war und wer nicht.«[45] Als Eichmann, vom Dialekt her unüberhörbar Österreicher, Pater Weber erzählt, er sei Ostdeutscher und wolle nicht zu den Bolschewiken, muß er kein Ave-Maria aufsagen, gibt es keinen Glaubenstest.[46]

Eichmann ist laut »SS-Stammrollen-Auszug« evangelisch. Nach seiner Flucht läßt er in seinen argentinischen Paß »Katholik« eintragen: ». . . Ich erinnerte mich in tiefer Dankbarkeit an die Hilfe katholischer Priester bei meiner Flucht aus Europa und entschied, den katholischen Glauben zu honorieren, indem ich Ehrenmitglied wurde.«[47]

Zu den prominenten Nazi-Flüchtlingen gehört auch SS-Standartenführer Walter Rauff, der die Gaswagen, fahrbare Gaskammern, bauen ließ, in denen Hunderttausende elend verendeten. Ebenso Auschwitz-Arzt Josef Mengele, Franz Stangl, Kommandant der Vernichtungslager Sobibor und Treblinka, und sein Vertreter Gustav Wagner. SS-Obersturmführer Friedrich Warzok, Leiter des KZ Lemberg-Janowka, flüchtete von Rom aus nach Kairo. Auch Dr. Kurt Christmann, Führer des Sonderkommandos 10 a, floh aus der Ewigen Stadt wie der ehemalige SS-Hauptsturmführer Dr. Gerhard Bohne, einst Organisator der Nazi-Euthanasie. Durch einen Zufall sei er Anfang 1948 »mit einer unter Führung eines katholischen Geistlichen stehenden Organisation« in Verbindung gekommen, »welche die verschiedensten Sachverständigen für die argentinische Regierung illegal nach dort beförderte. Und zwar ging ich mit der Ingenieur-Gruppe des Flugzeugkonstrukteurs Prof. [Kurt] Tank, Generalleutnant Galland, nach drüben.«[48]

Der General der Jagdflieger Adolf Galland betätigt sich in Argentinien als Militärberater (kehrt 1954 jedoch als Industrieberater in die Bundesrepublik Deutschland zurück). Von Rom nach Argentinien zieht es ebenso Werner Baumbach, erfolgreichster Bomberpilot in Hitlers Luftwaffe (er stirbt 1953 bei einem Flugzeugabsturz in der Nähe von Buenos Aires).

»Zwischen Deutschland und Argentinien« heißt ein Buch, das Hans-Ulrich Rudel im »Dürer-Verlag« in Buenos Aires herausgebracht hat. Der 1916 in Schlesien geborene Kampfflieger war Hitlers höchstdekorierter Soldat und ist noch heute ein Idol von Neo-Nazis. Im Kapitel mit dem Titel »Viele Wege führen nach Rom« schildert Rudel, wie er 1948 mit seinem Gruppenkommandanten Herbert Bauer, seinem Bordschützen Ernst Niermann, dem Technischen Offizier Katschner und dem »Geschwaderkameraden« Zeltmann über die Alpen flüchtet und via Südtirol in Rom ankommt.[49]

Rudel registriert die Ablehnung vieler Italiener: »Aber das erschütterte uns nicht. Diese Menschen, auch die Verhetztesten unter ihnen, würden bald erkennen, unter welchem Regime sie besser gefahren waren, dem faschistischen oder dem jetzigen. Auch die Erinnerungstafeln an vielen Häusern für ›von den Deutschen erschossene‹ Partisanen konnten uns nicht bedrücken.«[50]

> »Man mag sonst zum Katholizismus stehen, wie man will. Was in diesen Jahren durch die Kirche, vor allem durch einzelne menschlich überragende Persönlichkeiten innerhalb der Kirche, an wertvollem Menschentum unseres Volkes gerettet worden, oft vor dem sicheren Tode gerettet worden ist, soll billigerweise unvergessen bleiben!«
> Hans-Ulrich Rudel[51]

In Rom bekommt der ehemalige Oberst der Luftwaffe ein Papier, ausgestellt angeblich auf den Namen Emilio Meier. Rudels Lob: Diese Hilfe sei nicht etwa nur Katholiken zugute gekommen und sei auch nicht oder nur selten zum Seelenfang mißbraucht worden. Noch hier in Rom sei »unendlich vieles« geschehen: »Die Kirche ließ in eigener Regie viele nach Übersee fahren.«[52]

Schon früh entdeckt (und später selbst genutzt) wird die Fluchthilfe für die Nazis vom amerikanischen Geheimdienst CIC (Army Counterintelligence Corps). Am 22. Juli 1946 waren aus dem Internierungslager Rimini vierzig Gefangene geflohen, unter ihnen zwanzig Deutsche, wahrscheinlich auch SS-Standartenführer Walter Rauff. Schon nach wenigen Tagen sichtet der CIC zwei der Geflüchteten in Rom: Hans Vorköper und einen Mann, der später als Walter Füting identifiziert wird.[53] Vorköper und Füting kontaktieren zunächst einen ehemaligen Mitarbeiter von Himmlers Sicherheitsdienst (SD), der unter dem Decknamen Franco (Haas) arbeitet. Sie treffen zwei weitere Geflohene, Benno Kettler und Giovanni Ludwig, besuchen die frühere Deutsche Botschaft am Vatikan und zweimal auch Priester. Durch Postüberwachung erfahren die Amerikaner, daß Vorköper einen Empfehlungsbrief an einen Pater Filiberto benutzt.

Dieser hilft mit Nahrung, Unterbringung und Kontakten zu deutschen und vatikanischen Stellen.

Kettler und Ludwig reisen nach Genua, nehmen dort Quartier. Ihre Post wird vom CIC abgefangen. Als die Amerikaner den Umschlag öffnen, staunen sie nicht schlecht: Es sind Pässe, ausgestellt vom Komitee des Internationalen Roten Kreuzes (IRK). Die amerikanische Abwehr versucht nun selbst, an einen dieser Ausweise zu kommen. Ein V-Mann mit dem erfundenen Namen Mirko Baucech wird beauftragt, sich einen IRK-Paß zu besorgen. Beim Roten Kreuz wird dem V-Mann erklärt, er benötige eine schriftliche Bestätigung seiner Identität. Diese bekommt »Mirko Baucech« von einem vatikanischen Monsignore, der sich den zu Identifizierenden nicht einmal ansieht. Wenige Tage später hat »Mirco Baucech« seinen Rot-Kreuz-Paß.

Mit dieser – stark verkürzten – Schilderung beginnt der Untersuchungsbericht des CIC-Sonderagenten Leo J. Pagmotta, der als eine wichtige Figur der Fluchthilfe den deutschen »Padre Don Carlos« ausmacht. Gemeint ist der schlesische Priester Karl Bayer (1915–1977). Prälat Bayer arbeitet seit 1946 in der »Päpstlichen Hilfskommission« für Kriegsgefangenenbetreuung. 1950 macht er Karriere, wird Generalsekretär von Caritas Internationalis. »Don Carlos«, noch heute als Abenteurer-Natur beschrieben[54], war selbst als Angehöriger einer Fallschirmjäger-Einheit

Paß-Hilfe für Friedrich Warzok (links), Leiter des KZ Lemberg-Janowka. Das Foto zeigt ihn auf dem Weg zu einer Exekution. Rechts die Häftlingskapelle.

interniert gewesen und aus dem norditalienischen Lager Ghedi geflohen.[55]

Am 15. Mai 1947 berichtet der amerikanische Sicherheitsbeamte Vincent La Vista »top secret« von Rom nach Washington: Der Vatikan sei die »größte Einzelorganisation, die in die illegale Bewegung von Auswanderern verwickelt ist«. Geholfen werde Leuten aller politischen Überzeugungen, »so lange sie Anti-Kommunisten und für die Katholische Kirche« seien.[56] La Vista legt seinem Geheim-Bericht eine Liste katholischer Organisationen bei, die illegale Fluchthilfe betreiben oder zumindest verdächtig sind. An erster Stelle steht das österreichische Hilfs-Komitee (»Assistenza austriaca«), an zweiter das kroatische, es folgen u. a. Letten, Polen, Rumänen, Serben, Slowaken, Russen, Ukrainer, Ungarn, Deutsche und Litauer.

La Vista schildert aus eigener Anschauung, wie einfach Rot-Kreuz-Pässe mit falschen Personalien zu erlangen sind. Er begleitet zwei ungarisch sprechende V-Leute, die den Leiter der ungarischen Hilfsorganisation, Padre Gallov, aufsuchen. Der erste erzählt eine tränenreiche Geschichte, warum er keine Papiere besitze, der zweite bestätigt die Erzählung. Gallov hilft mit einem kurzen Empfehlungs-Schreiben, wenig später hat der V-Mann seinen IRK-Paß. Eine Woche später besuchen die beiden V-Leute erneut Pater Gallov. Diesmal erzählt der zweite V-Mann dieselbe Geschichte, der andere bestätigt sie. Am Ende bekommt auch der zweite V-Mann seinen Rot-Kreuz-Paß.

Warum die Ausweise so begehrt sind, wird jedem klar, der einen solchen Paß einmal in der Hand gehabt hat. Dort ist nämlich gedruckt zu lesen: »Dieses Dokument wurde auf Ersuchen des Inhabers ausgestellt, da dieser erklärt, weder einen gewöhnlichen oder einen provisorischen Paß zu besitzen, noch sich einen solchen beschaffen zu können.«

Das Dokument bescheinigt lediglich: »Unterzeichneter Delegierter des Internationalen Komitees vom Roten Kreuz erklärt, er habe dieses Schriftstück ausgestellt, um dem Inhaber zu gestatten, seine Anwesenheit an seinem gegenwärtigen Aufenthaltsort zu rechtfertigen und ihm die sofortige oder spätere Rückkehr in sein Ursprungsland oder seine Auswanderung zu erleichtern. Er bestätigt, von ihm nachstehende Angaben über seine Personalien erhalten zu haben.«

Echte oder falsche Namensangaben können nach eigenem Gutdünken selbst eingetragen werden. Mehr noch: Da die Fotos nur mit einem Hefter befestigt sind, lassen sie sich bequem austauschen.

Die größten Nutznießer dieser Paßschieberei, so La Vista, sei eine große Gruppe von Nazi-Deutschen, die allein deshalb nach Italien kämen, um hier fiktive Identitätspapiere und Visa zu bekommen. Über Genua und Barcelona verließen sie Italien sofort wieder in Richtung Südamerika. In

den lateinamerikanischen Ländern, »wo die [katholische] Kirche ein kon-
trollierender oder dominierender Faktor ist, hat der Vatikan Druck ausgeübt... Hauptsache, sie sind Antikommunisten. Das ist die derzeit in
den lateinamerikanischen Konsulaten und Vertretungen in Rom geübte
Praxis.«

Im Rom der Nachkriegsjahre haben viele Menschen Gründe, unterzu-
tauchen und ins Ausland zu entkommen. Zum Beispiel jene sowjetischen Hilfswilligen, die auf deutscher Seite in der sogenannten Wlassow-
Armee gekämpft hatten. Wer von ihnen zurück mußte, wurde – wie der
in deutscher Gefangenschaft »umgedrehte« Generalleutnant Andrei
Andrejewitsch Wlassow – von Stalin hingerichtet oder nach Sibirien deportiert.
In La Vistas Aufstellung der nationalen Hilfskomitees ist als Leiter der
Ukrainer ein Monsignore Bucko erwähnt. Erzbischof Iwan Butschko,
Ukraine-Spezialist beim Vatikan, ist zu dieser Zeit vollauf beschäftigt,
seine Landsleute vor der Auslieferung an die Sowjets zu retten. Allein
im Internierungslager Rimini sieht eine ganze Division der ukrainischen
Waffen-SS, mehr als 10000 Mann, einer ungewissen Zukunft entge-
gen.[57]
Viele Ukrainer hatten als Mordschützen bei den deutschen Einsatzkom-
mandos gedient, andere waren in den Vernichtungslagern eingesetzt. In
Treblinka, wo mindestens 700000 Juden in den Gaskammern ermordet
wurden, bestand die deutsche Funktionärs-Schicht aus 35 bis 40 Mann.
Der Mordbetrieb wurde von 90 bis 120 ukrainischen Hilfswilligen in Gang
gehalten, eingekleidet in schwarze Uniformen, bewaffnet mit Karabinern
und Lederpeitschen.
Die in Rimini internierten Ukrainer werden von General Pavlo (Paul)
Schandruck befehligt, der sich noch am 12. März 1945 von Ostminister
Alfred Rosenberg zum alleinigen Repräsentanten des ukrainischen Vol-
kes hatte küren lassen.[58] Schandruck drängt Erzbischof Butschko, sich
beim Papst für »die Blüte der ukrainischen Nation« einzusetzen.[59]
Butschko erreicht, daß sich Pius XII. persönlich bemüht. Das Ergebnis:
Die Ukrainer werden nicht als Kriegsverbrecher repatriiert, sondern sie
dürfen als »freie Kolonisten« bleiben. Später können sie in die USA, nach
Kanada, Australien und in andere Commonwealth-Staaten auswandern.
So erreichen dank der päpstlichen Initiative zahlreiche Judenmörder das
rettende Ausland.[60]

Gegenüber dem Mausoleo Augusto befindet sich in einem düsteren Ge-
bäude das Instituto di St. Jeronimus. Hier, in der Via Tomacelli 132, sind
die kroatischen Ustascha-Faschisten zu Hause. Die »Aufständischen«, so

die wörtliche Übersetzung, waren von dem katholischen Rechtsanwalt
Ante Pavelic gegründet worden. Nach der Zerschlagung Jugoslawiens
hatte er im April 1941 den »Unabhängigen Staat Kroatien« gegründet,
der freilich so unabhängig nicht war, weil er von Hitlers und Mussolinis
Gnade lebte.

In der Ustascha, die einige hunderttausend Serben und etwa 30 000 Juden
ermordete[61], hatten Priester und Mönche Leitungsfunktionen. Leiter des
berüchtigten Konzentrationslagers Jasenovac war zum Beispiel der Fran-
ziskaner Miroslav Filipovic, und auch sein Nachfolger Ivica Brklacic war
Priester.

Zentrale Figur der kroatischen Hilfsorganisation in Rom ist Theologie-
Professor Krunoslav Draganovic. Er hatte während des Krieges als »Um-
siedlungs«-Beamter die Deportation von Juden und Serben verantwortet
und war 1944 in den Vatikan geflohen. In Rom hatte er die Fluchthilfe für
die Ustascha aufgebaut.[62] Sein prominentester kroatischer Flüchtling ist
Ex-Staatschef Ante Pavelic, der sich bis Ende 1947 in Österreich und bis
Ende 1949 in Italien verborgen hatte. Pavelic flieht wie so viele nach Argentinien, wo er 1951 eine Exil-Regierung gründet.[63]

Zu dieser Zeit ist Draganovic längst Geschäftspartner des CIC in Österreich, der dort lebende »Emigranten« und »Informanten« aus dem Ost-
block »betreut«. Draganovic schmuggelt die CIC-Protegierten auf der
im Agentenjargon »rat line« genannten Fluchtroute von Österreich nach
Italien. Sein Flucht-Service (»escape service«) schließt Pässe vom Roten
Kreuz und Visa für südamerikanische Länder ein. Die Pässe besorgt zunächst ein Amerikaner aus dem Büro der IRO (International Refugee
Organization), einer Hilfsorganisation der Vereinten Nationen, die ihrem Auftrag gemäß nicht den Tätern, sondern den Opfern helfen soll.
Später greift Draganovic auf die National Catholic Welfare Organization zurück.

Die Flucht auf der Rattenlinie kostet den CIC die stattliche Summe von
1000 Dollar. Über 60jährige sind etwas teurer, Kinder zahlen die Hälfte.
Bei prominenten Flüchtlingen (»VIP treatment«) werden 1400 Dollar fäl-
lig.[64] Eine zusätzliche Gegenleistung des CIC: Er holt von Draganovic
ausgewählte Ustascha-Faschisten aus der amerikanischen Besatzungszone heraus.[65]

1950 hat der CIC in Deutschland ein Problem zu lösen: Klaus Barbie. Der
ehemalige Gestapo-Chef von Lyon hatte Juden zur Vernichtung deportieren lassen und französische Widerstandskämpfer gefoltert und ermordet. Barbie war zunächst vom CIC gesucht, Anfang 1947 aber klamm-
heimlich als Leiter eines Spionagenetzes in Dienst genommen worden.
Eine absurde Situation: Auf den Fahndungslisten der Amerikaner und
der deutschen Polizei als Kriegsverbrecher ausgeschrieben und vom fran-

zösischen Geheimdienst gesucht, führte Barbie schon wieder Agenten, die u. a. den französischen Geheimdienst, ukrainische Emigrantengruppen und bayerische Kommunisten ausspionieren.[66] 1950 ahnen die Franzosen, wo sie den »Henker von Lyon« zu suchen haben. In der amerikanischen Besatzungszone tauchen mehr und mehr französische Geheimagenten auf. Barbie hat Angst, nach Frankreich entführt zu werden. In dieser Situation, so jedenfalls die Darstellung des amerikanischen Justizministeriums, die den Fall Barbie viele Jahre später untersuchte, erfährt die für Barbie zuständige CIC-Abteilung von der Geheimoperation ihrer Schwesterorganisation in Österreich.

Im Dezember 1950 beschließt der deutsche CIC, Barbie mit einer neuen Identität (»Klaus Altmann«) auszustatten und via Italien nach Südamerika zu bringen. Nach einer Zwischenstation in Salzburg trifft die Familie Barbie am 12. März 1951 in Genua ein. »Altmanns« werden in einem Hotel untergebracht und von Draganovic übernommen. Sie bekommen Visa nach Bolivien und die bekannten Pässe des Internationalen Roten Kreuzes. Am 23. März gehen sie an Bord der »Corrientes« und verlassen Italien Richtung Bolivien.[67]

Draganovic bleibt bis 1956 in Rom. Dann wird er österreichischer Bürger und läßt sich als »Historiker« in Wien nieder (Thema: die Verbrechen von Tito-Partisanen). Sein Ende paßt ins Geheimdienstniveau: 1967 melden kroatische Emigranten aufgeregt, ihr Priester sei von Titos Agenten entführt, gefoltert und schließlich hingerichtet worden. In Wahrheit lebt er bis zu seinem Tode 1983 völlig unbehelligt in seiner alten Heimat.[68] Draganovic, einst Ustascha-Faschist, dann Agent beim CIC-Flucht-Service, hatte offenbar ein letztes Mal die (Ratten-)Linien gewechselt und für Titos Geheimdienst gespitzelt.

Die Piazza Navona in Rom ist ein beliebtes Fotomotiv für Touristen. Unbeachtet bleibt ein Kirchturm ganz in der Nähe. Es ist der Turm der Santa Maria dell' Anima, kurz Anima genannt. Mitten im alten Rom ist auf der Turmspitze der Deutsche Reichsadler mit Krone und Kreuz zu sehen. Die Anima, im 14. Jahrhundert als Armen-Hospiz gegründet, ist seit dem 15. Jahrhundert die Nationalkirche der Deutschsprachigen in Rom. Das Wahrzeichen der Kirche ist die heilige Maria und zwei flehende arme Seelen. Martin Luther ist bei seinem Romaufenthalt 1511 hier gewesen, 1523 wurde hier sein Gegner, Papst Hadrian VI., begraben. »Proh dolor, quantum refert, in quae tempora vel optimi cuiusque virtus incidat!« steht auf dem Grabmal. Auf deutsch: »Ach, wieviel hängt davon ab, in welche Zeitverhältnisse die Manneskraft auch des Besten fällt.« Seit 1859 beherbergt die Anima in der Via della Pace ein Priesterkolleg, das Collegio Teutonico. Rektor des Priesterkollegs ist seit 1923 der Gra-

zer Theologie-Professor für Altes Testament Alois Hudal. Er ist 1933 von
Staatssekretär Eugenio Kardinal Pacelli, dem späteren Papst Pius XII., in
der Anima zum Bischof geweiht worden und trägt den Titel eines Titular-
bischofs von Ela. 1937 war sein Buch »Die Grundlagen des Nationalsozialismus« erschienen, das er Hitler mit der Widmung schickte: »Dem Siegfried deutscher Größe.«[69] Hudal, klein von Statur, träumte von einem
»christlichen Nationalsozialismus«. Sein Wahlspruch: »Ecclesiae et Na-
tioni«, das heißt: »Für Kirche und Nation.«

Alois Hudal, mit dem früheren Vizerektor der Anima, Kardinal Faulhaber, persönlich befreundet[70], sieht sich veranlaßt, »nach 1945 meine
ganze karitative Arbeit in erster Linie besonders den sogenannten
›Kriegsverbrechern‹ zu weihen, die von Kommunisten und ›christlichen‹
Demokraten verfolgt wurden«. Die Verfolgten seien »vielfach persönlich
ganz schuldlos, nur die durchführenden Organe der Befehle ihnen über-
geordneter Stellen« gewesen. Er habe »nicht wenige mit falschen Aus-
weispapieren ihren Peinigern durch die Flucht in glücklichere Länder entrissen«.[71]

Hudal hat anfangs die Möglichkeit, flüchtigen Nazis eine »Ausweiskarte«
(»Carta di riconoscimento«) zu besorgen, die das »Österreichische Bureau« ausstellt: ein Pseudo-Konsulat, das aus einem 1944 gegründeten
österreichischen »Befreiungskomitee« hervorgegangen ist. Die Pässe des
»Bureaus« werden von italienischen und alliierten Behörden zunächst anerkannt. Als Identitäts-Nachweis genügt eine eidesstattliche Versicherung.[72] Hudal in seinen Lebenserinnerungen: »Ich habe gegen tausend
unterschrieben, aber weitherzig nicht wenige Reichsdeutsche miteinbe-
zogen, um sie in diesen schwierigen Monaten vor KZ und Gefängnis zu
bewahren.«[73]

Es ist in der Anima üblich, daß der Rektor Österreicher, der Vizerektor
Deutscher ist. So gibt es in der Via della Pace neben der Anlaufstelle für
österreichische Flüchtlinge auch eine eigens für Deutsche. Sie untersteht
Hudals Stellvertreter, dem deutschen Pfarrkurat (Seelsorgekaplan) Carl
Heinemann. Bei Heinemann landen zum Beispiel die vom CIC beschatte-
ten Hans Ludwig und Walter Füting.[74]

Heinemann kann zur Legalisierung von Flüchtlingen anfangs auf das
»Zentralbüro für Deutsche in Italien« (ZDI) zurückgreifen, ebenfalls ein
Pseudo-Konsulat, jedoch für die in Rom lebenden Deutschen. Die Amerikaner lassen auch dieses Büro zunächst gewähren. Sie dulden sogar dessen frei erfundenen »Italien-Ausweis« als Kennkarte, vielleicht deshalb,
weil das Büro aus der 1944 gegründeten »Deutschen Antinazistischen
Vereinigung« (DAV) hervorgegangen ist. In einem Sieben-Zeilen-Brief,
gestempelt mit »Katholische Ausländerseelsorge Rom«, empfiehlt Heinemann zum Beispiel dem Präsidenten des ZDI »angelegentlichst« ein

Fräulein Schulze und Mutter, »in der Erwartung, daß Sie deren Angelegenheit regeln können, da sie jeder Hilfe würdig sind«.[75] Eine Begründung fehlt. Der volle Namen der jeder Hilfe Würdigen findet sich im Telefon-Verzeichnis von Heydrichs Sicherheitsdienst.

Empfänger des Briefes ist der Präsident der DAV und des ZDI, Dr. Willi Nix, ein Mann mit bewegter Vergangenheit: Nach eigenen Angaben KZ-Häftling in Sachsenhausen, ausgebürgert und über Österreich nach Italien gekommen, kann er einen Brief an Hudal auch mit dem klangvollen Namen »Dr. Willi Nix von Lilien-Waldau« unterschreiben.[76] Der Bericht des CIC-Sonderagenten Leo J. Pagmotta[77] beschuldigt Nix, er habe den im Juli 1946 aus Rimini Entflohenen mit Pässen ausgeholfen.

Die österreichischen Ausweiskarten können bis 1946, die deutschen Pseudo-Pässe bis Frühjahr 1947 ausgestellt werden. Doch Paß- und Fluchthilfe florieren auch danach – schließlich gibt es ja die Ausweise des Roten Kreuzes. Die kirchliche Paßhilfe funktioniert sehr einfach: Die päpstlichen Hilfsstellen bezeugen die Identität und besorgen die Visa, das Rote Kreuz beschafft die Pässe.

Auf den Vordrucken der Assistenza Pontificia Profughi Esteri, der Päpstlichen Hilfsstelle für ausländische Flüchtlinge, ist die Frage »In quale paese volete emigrare?« (»In welches Land wollen Sie ausreisen?«) bereits ausgedruckt. Das Dokument kann von den nationalen Hilfskomitees ausgefüllt werden. In einem von Hudal unterzeichneten Formular hat ein Antragsteller als Reiseziel zum Beispiel angegeben: »Argentinien zu Verwandten.«

Der Papst hatte ursprünglich die Pontificia Commissione Assistenza (PCA), die Päpstliche Hilfskommission, mit der Flüchtlings- und Gefangenenbetreuung beauftragt. Seit 1944 ist die praktische Arbeit jedoch auf die nationalen Unterkomitees verteilt. Zumindest teilfinanziert wird deren Arbeit vom »War Relief Service« (Kriegs-Hilfsdienst) der »National Catholic Welfare Conference« in Washington.[78]

Der amerikanische »War Relief Services – National Catholic Welfare Conference« arbeitet auch mit Hudal zusammen. In einem Schreiben des Leiters, Monsignore Andrew P. Landi, heißt es zum Beispiel: »Hochwürdigste Exzellenz: In Beantwortung Ihrer Empfehlung zugunsten des Herrn Victor Mayer haben wir die Ehre, einen Scheck der Banco di Roma Nr. 1634480 über den Betrag von Lire 29 180 schicken zu dürfen, damit die genannte Person die nötigen Visa für seine Emigration erhalten kann.«[79]

Hudal, der spätestens nach dem Erscheinen seiner Selbstbezichtigungs-Autobiographie gerne als Einzeltäter dargestellt wird, handelt im Rahmen der allgemein üblichen Hilfe für internierte Ausländer. So schickt ihm beispielsweise das Italienische Rote Kreuz, Abteilung Rechtsbeistand für Ausländer, die Emigrations-Formulare der Herren Wilhelm

ASSISTENZA PONTIFICIA
PROFUGHI ESTERI

SEZIONE EMIGRAZIONE
Piazza Cairoli 117 - Tel. 50.039

Cognome: ....   Nato il: ....

Nome: ....   a: ....

abitante (¹) a: ....   nazionalità: ....

Via: ....   religione: ....

Celibe, sposato, divorziato, fidanzato? ....

Moglie: Nome .... nata il .... a ....

Figli: Nome .... nato il .... professione ....

       „ .... „ „ .... „ ....

       „ .... „ „ .... „ ....

Professione: .... Scuole ....

Che lingua parlate? ....

Siete già stato all'estero? Dove? Quando ....

Da quando siete in Italia? ....

Permesso di soggiorno della questura di ....

Passaporto .... valevole fino ....

In quale paese volete emigrare? ....

Avete parenti o conoscenti all'estero che possono procurarvi il visto? ....

Indirizzo ....

Avete il danaro necessario (²), in lire ital. o in valuta, per il biglietto di viaggio e altre spese dell'emigrazione? ....

Quali informazioni desiderate riguardo all'emigrazione?

....

Quanto precede è attestato da ....

(Indirizzo della persona che raccomanda) ....

.... Tel. ....

(firma)...

(¹) Per eventuali informazioni si prega di comunicare ogni cambiamento di indirizzo.
(²) Si fa presente che le possibilità di emigrazione sono maggiori per chi dispone di mezzi finanziari.

Krartic und Theodor Schwaiger. Beide sind im Internierungslager Lipari und wollen nach Venezuela auswandern:»Während unser Büro sich die Reisedokumente für die betreffenden Personen verschafft«, so das Rote Kreuz,»bitten wir Eure Exzellenz, deren Verfahren für die Emigration zu fördern, um die Freilassung derselben zu beschleunigen.«[80]

Auch das»Päpstliche Hilfswerk für ausländische Flüchtlinge«, die Pontificia Commissione Assistenza (PCA), bittet Hudal um Hilfe:»Hochwürdigste Exzellenz, ich erlaube mir, Ihnen den beigefügten Brief des österreichischen Untertans Belan, Eduard, der im Lager Alberobello interniert ist, zu übersenden mit der Bitte, ihm die gewünschten Informationen, die er für die Emigration benötigt, zukommen zu lassen. Geneigt zum Kuß des Heiligen Ringes verbleibe ich Ihrer Hochwürdigsten Exzellenz ergebenster Diener des Herrn, Ferdinando Baldelli.«[81]

Wie einfach es für Hudal ist, Ausreise-Visa zu bekommen, zeigt ein Schreiben vom 11. Juli 1949. Es lautet zeilenknapp:»Hochverehrter argentinischer Bevollmächtigter – Immigration. Rom. Der obengenannte Flüchtling Friedrich Hammer, geboren am 16.3.1922, Fachmann für Keramik, möchte nach Argentinien emigrieren, um eine neue Existenz zu gründen. Da es sich um einen qualifizierten Arbeiter handelt, empfehlen wir ihn gerne. Mit freundlichen Grüßen und Danksagung. Bischof Aloys Hudal.«

Hudal startet Anfang 1948 einen Versuch, die Flüchtlings-Arbeit auf seine Person zu konzentrieren. Am 20. Januar 1948 unterbreitet er dem polnischen Pallottiner-Pater Wojciech Turowski (zusammen mit Pater Anton Weber im Generalat der Pallottiner) den Vorschlag, die Ausländer-Arbeit beim»Raffaels-Verein« zu konzentrieren. Durch die Zentralisierung der bisher von ihm, Pater Leopold von Gumppenberg und Monsignore Heinemann geleisteten Arbeit werde mehr Einheitlichkeit, Erfahrung und Informationsmöglichkeit in diese Sache hineinkommen. Selbstverständlich sei er jederzeit bereit,»nachdem die südamerikanischen Staaten auf eine bischöfliche Empfehlung besonderen Wert legen, mich dieser römischen Zweigstelle ganz zur Verfügung zu stellen«.

Bei Hudal muß keiner der Hilfesuchenden seine braune Biografie verstecken. Ein Beisiel ist Dr. Borante Domizlaff, ein ehemaliger Untergebener des deutschen Polizeichefs von Rom, Herbert Kappler. Er schreibt am 8. März 1949 als Gefangener Nr. 2925 aus dem Lager Fraschette/Alatri:»Euer Exzellenz! Unser lieber Pater Hawars überbrachte mir von Ihnen 300.– Lire. Sie haben uns damit eine große Freude bereitet, und ich

»In welches Land wollen Sie ausreisen?« Paß-Hilfe der Päpstlichen Hilfsstelle für ausländische Flüchtlinge. (linke Seite)

möchte Ihnen von Herzen meinen Dank schreiben.« Eine noch größere
Freude habe ihm Pater Hawars aber mit der Ehre gegeben, daß er sich bei
Hudal um eine Stellung bewerben dürfe. Denn es sei ja sein Hauptpro-
blem, endlich einmal wieder in die Freiheit und in geregelte Verhältnisse
zu kommen. Es habe ihn besonders gefreut, daß sich Hudal nicht an seinem Prozeß in Rom (Kappler-Prozeß) gestoßen habe. Er dürfe darauf
hinweisen, daß ihn in Rom nur sehr wenige Menschen kennten, »so daß
die Möglichkeit von Schwierigkeiten durch Wiedererkennen sehr gering
ist. Daher erlaube ich mir, einen kurzen Lebenslauf beizufügen mit dem
Bemerken, daß es mir eine hohe Ehre sein würde, die vorgesehene Stellung bei Ihnen einnehmen zu können.«

Der Lebenslauf des Dr. jur. Borante Domizlaff: Am 1. Oktober 1933 in
die SS, am 1. Mai 1937 in die NSDAP eingetreten. Ab 1939 beim Sicherheitsdienst des Reichsführers-SS, ab September 1943 in Rom, wo
er SS-Obersturmbannführer Herbert Kappler unterstellt ist. Januar
1944 zum SS-Sturmbannführer im SD befördert, wird Domizlaff zuletzt
im April 1945 beim SS- und Polizeiführer Oberitalien-West in Monza
eingesetzt. Die religiöse Laufbahn ist weniger gradlinig: Im Mai 1937
ist der Dottore aus der evangelischen Kirche aus- und nach 1945 im Internierungslager Sandbostel wieder eingetreten. Nun, im katholischen
Italien, hat er »nach langem Suchen« in die katholische Kirche »heim-
gefunden«.

Hudals Drang, den Engel der Nazi-Internierten zu spielen, kann Menschen, die unwissend seinem Bischofs-Titel vertrauen, auch Peinlichkei-
ten bereiten. So geht in Bonn Ende September 1949 ein Schreiben Hudals
an Bundeskanzler Adenauer ein. Er betreue im Militärgefängnis vier
»reichsdeutsche« Offiziere, unter ihnen einen Generalmajor Wagener.
Der Vatikan habe für die vier bereits etwas unternommen. Nun müsse die
Bundesregierung beim italienischen Staatspräsidenten vorstellig werden,
damit diese »armen Landsleute«[82] freikommen könnten. »Ich würde es
aufrichtig begrüßen«, so Hudal am Ende seines Schreibens, »wenn meine
lieben Freunde das Glück erfahren, nach 4 Jahren die Heimat und ihre
Familien wiederzusehen.«[83] Weil Hudal der ranghöchste deutsche Geistliche in Rom ist und »eine sehr angesehene Persönlichkeit«, wie es in
einer Vorlage des Bundeskanzleramtes heißt, antwortet Adenauer persönlich.

Dank Hudals Initiative und Adenauers Eintreten werden die vier Ende
Mai 1951 entlassen. Die einzige Auflage: Sie haben alles zu unterlassen,
was dazu beitragen könnte, daß die Entlassung öffentlich bekannt wird.[84]
Ende Juli 1951 dankt Wagener dem Staatssekretär des Auswärtigen Amtes, Professor Walter Hallstein, für die Freilassung. Zugleich bittet er um
eine Audienz, bei der er den Fall eines noch in Gaeta inhaftierten Kame-

raden – es handelt sich um den ehemaligen SS-Obersturmbannführer Herbert Kappler – vortragen möchte. Inzwischen ist jedoch im Nachrichtenmagazin »Der Spiegel« eine Serie erschienen, die Hudals »liebe Freunde« mit schlimmsten Mißhandlungen, Hungertoten, der Errichtung des »KZ Calitea« und anderen Scheußlichkeiten auf der Insel Rhodos in Verbindung bringt.[85] Hudals Freunde sind nicht immer gesellschaftsfähig.

Bei der Hilfe für NS-Internierte konkurrieren die katholische und die protestantische Kirche. Dies ist z. B. dem Brief eines Hans Richwitz an Monsignore Bruno Wüstenberg (später Nuntius in den Niederlanden) zu entnehmen, der als Adresse die Via della Pace 20, die Hausnummer der Anima, angibt. Richwitz schreibt am 15. Dezember 1949 an Wüstenberg (Citta di Vaticano, Secretaria di Stato), auf Empfehlung Seiner Exzellenz, Bischof Hudal, erlaube er sich folgendes zu unterbreiten: Er sei Hauptmann der deutschen Wehrmacht gewesen und 1947 aus englischer Gefangenschaft entlassen worden. Danach sei er in die deutsche Ostpolizei eingetreten, wegen »Sabotage« jedoch verhaftet worden und geflohen. Seit Oktober 1949 befinde er sich nun in Italien. Monsignore Prof. Draganowitch (sic) sei willens und in der Lage, ihm die sofortige Einreise nach Südamerika zu vermitteln, sofern er 350 Dollar für Visa und Passage stelle.

Auf Draganovic's und Hudal's Anraten habe er sich an »The Lutheran World Federation Service to Refugees« in Rom gewandt, »mit dem Ersuchen, mir einen Teil der benötigten Summe als Darlehen zur Verfügung zu stellen; wegen des anderen Teils wollte ich ein Gesuch an die zuständige Stelle meiner Kirche richten«. In einer Unterredung mit dem Vertreter der »Lutheran World Federation«, Dr. Oppenheim, habe er seine Verhältnisse geschildert. Oppenheim habe sich jedoch zu der Äußerung verstiegen: »Ich kann es einfach mit meinem Gewissen nicht vereinbaren, über Mittel, die mir von evangelischen Christen zur Verfügung gestellt werden, für einen Katholiken zu verfügen...«

Auf seine Frage, ob er nicht wisse, daß von katholischer Seite schon oft auch evangelischen Christen geholfen worden sei, habe Oppenheim mit der überraschenden Aufforderung eingelenkt: »Bringen Sie mir ein schriftliches Ersuchen einer maßgebenden katholischen Stelle, man sei selbst nicht in der Lage, den ganzen Betrag aufzubringen und bitte daher ›The Lutheran World Federation‹ um Beihilfe... Dann können wir weiter reden«.

Oppenheim habe auf einem schriftlichen Ersuchen bestanden. Die Begründung: »Es ist uns von katholischer Seite schon oft der Vorwurf gemacht worden, wir versuchten, mit klingender Münze Proselyten zu machen. Deswegen will ich dieses ausdrückliche Ersuchen...« Kommentar

Richwitz: »Nach wie vor stehe ich also vor der Frage: Wie finanziere ich meine Auswanderung?«

Nun, Richwitz ist ein Mann mit einer offenbar komplizierten Biographie. Wie seine Ausreise ausging, weiß ich nicht. Ob Richwitz wirklich Richwitz heißt, ebenso. Ob sich der Vorfall so ereignet hat, ist fraglich. Er deutet jedoch darauf hin, daß die Kirchen gegeneinander auszuspielen waren und sich auch gegenseitig ausgespielt haben. So heißt es beispielsweise in einem Bericht des deutschen Zentralbüros des Hilfswerks der EKD über die Zustände im Internierungslager Lipari:

»Der italienische Pfarrer von Lipari, der im Lager Gottesdienst abhielt, lehnte jede praktische Seelsorge ab... Dagegen war er eifrig bemüht, eine Anzahl zum Übertritt zum katholischen Glauben zu gewinnen.« Auf das ausgestreute Gerücht, jeder werde beim Glaubenswechsel einen neuen Anzug erhalten, hätten sich etwa 15 völlig zerlumpte Jungens bereit gefunden, freilich vergebens. Während der Vatikan Tag für Tag vor den Gefahren des Ostens warne, habe sich ein junger Gefangener »von einem deutschen Geistlichen im Vatikan«, Monsignore Heinemann, anschreien lassen müssen: Er solle in die Ostzone gehen, dort sei es gar nicht so schlimm.[86]

Ein Gelage im Vernichtungslager Sobibor. In der Mitte Kommandant Franz Stangl, ganz links sein Vertreter Gustav Wagner. Beide entkommen mit kirchlicher Hilfe nach Südamerika.

Von Heinemann weiß auch der Österreicher Franz Stangl. Stangl, zunächst stellvertretender Büroleiter der Anstalt Hartheim/Linz, in der Kranke, Behinderte und KZ-Häftlinge vergast wurden, dann Kommandant der Vernichtungslager Sobibor und Treblinka, ist bei Kriegsende wegen seiner Hartheimer Tätigkeit in Linz interniert. Dort hört er, daß ein »Bischof Hulda« in Rom katholischen SS-Offizieren helfe. Gitta Sereny, die Stangl viele Jahre später im Gefängnis interviewte, fragte ihn, ob er auch einen Protestanten kenne, der SS-Offizieren geholfen habe? Stangl: »O ja. Der war auch in Rom. Propst Heinemann.«

Stangl, der Heinemann irrtümlich für einen Protestanten hält, war Ende Mai 1948 über Südtirol nach Rom geflohen: »Ich war in Rom angekommen und schlenderte über eine der Tiberbrücken, als ich mich plötzlich einem alten Kameraden gegenüberbefand.« Der habe ihn gleich gefragt: »Sind Sie auf dem Weg zu Hulda [sic!]?« Als Stangl eine halbe Stunde später in der Anima ankommt, streckt ihm Hudal beide Hände entgegen und sagt: »Sie müssen Franz Stangl sein. Ich hab' Sie erwartet!« Hudal beschafft ihm eine Unterkunft, etwas Geld, nach zwei Wochen einen Rot-Kreuz-Paß, danach eine Schiffskarte, ein Visum für Syrien und eine Stelle in einer Weberei in Damaskus.[87]

Gitta Sereny hat über Stangl lange recherchiert und viele Augenzeugen befragt. Unter ihnen war auch Pater Burkhart Schneider, der einer jesuitischen Historikergruppe angehörte, die Dokumente des Heiligen Stuhls zum Zweiten Weltkrieg zusammenstellte. Schneider beteuerte der Journalistin gegenüber, der Vatikan habe für die Unterstützung der Flüchtlinge »überhaupt kein Geld« gegeben. Er stempelt Hudal zum Einzeltäter.

Gitta Sereny hat in den siebziger Jahren viele irreführende Auskünfte bekommen. Hätte sie in Hudals Nachlaß forschen dürfen, hätte sie zum Beispiel ein Schreiben des späteren Papstes Paul VI. gefunden. Da schreibt Giovanni Montini – unter der Adresse des »Staatssekretariats seiner Heiligkeit« – am 4. April 1949 an »Seine Hochwürdigste Exzellenz, Monsignore Luigi Hudal«:

»Hochwürdigste Exzellenz, ich habe die angenehme Pflicht, Ihrer hochwürdigsten Exzellenz den Betrag von 30 000 Lire zu überreichen, der hier beigelegt ist, als außerordentliche Unterstützung, die der Heilige Vater gütig Österreichern zu überlassen geruht.« Weiterhin dürfe er Hudal mitteilen, daß der Papst »diesem Geschenk, Ausdruck seiner väterlichen Güte, den Päpstlichen Segen für Eure Exzellenz und Euren Mitarbeitern hinzufügt. Ich nutze diese Gelegenheit, Ihnen den Heiligen Ring zu küssen und verbleibe mit vorzüglicher Hochachtung Eurer Exzellenz ergebenster Diener.«[88]

»...das gütige Verstehen der katholischen Kirche«
Dankschreiben aus Bischof Hudals Archiv

Bischof Alois Hudal, einer von vielen Fluchthelfern in Rom.

Hudals Nachlaß lagert heute noch nahezu ungeordnet in der Anima.[89] Die vielen Kartons, aufgereiht in einem Wandregal, füllen eine ganze Raumseite. Sie enthalten die Dankschreiben an Hudal und jene Zeugnisse, die Nazis von aller Schuld reinwaschen und nach einem bekannten Waschmittel deshalb »Persilscheine« genannt werden. Als ich mit meinem Kollegen Hansjakob Stehle im November 1990 die Anima besuchte, wurden wir von dem jetzigen Rektor der Anima, Dr. Johannes Nedbal, nicht gerade begeistert willkommen geheißen.

Im Nachlaß befindet sich ein Foto, das einen ordensbehängten SS-Obersturmbannführer zeigt: Dr. Waldemar Meyer. Die Widmung auf der Rückseite des Fotos: »Exzellenz Bischof Hudal in engster geistiger Verbundenheit an Rom im Nov. 42.« Der Obersturmbannführer hatte für ein Sonderkommando gearbeitet, das Kunstschätze aus Rußland raubte. Nebenbei betätigte er sich für das Reichssicherheitshauptamt als Spion. Meyer und Hudal hatten im Herbst 1942 über einen »kirchenpolitischen Befriedungsplan für Großdeutschland« gefachsimpelt, ohne von irgend jemandem legitimiert zu sein.[90]

Nach dem Krieg meldet sich Meyer wieder. Hudal bescheinigt ihm am 22. November 1946, daß er »über Auftrag einer Widerstandsbewegung gegen den Terror des NS, besonders Bormanns, in Rom geweilt hat, um mit mir in großen Umrissen jene Richtlinien festzulegen, die zu einer Neuordnung auch auf kirchlich-religiösem Gebiet und besonders einer sofortigen Aufhebung der Rassengesetzgebung den Anstoß geben sollte«. Diese Vorbesprechungen hätten das Leben des Herrn Dr. Meyer ständig gefährdet. Hudal habe ihn als einen im Grundsatz durchaus antinazistischen Menschen schätzen gelernt und empfehle ihn deshalb wärmstens den alliierten und deutschen Stellen. Meyer sei jeder Förderung würdig.

Am 28. Januar 1947 sucht der Ex-Obersturmbannführer den Münchener Weihbischof Johannes Neuhäusler auf, »der sich in entgegenkommender und liebenswürdiger Weise meiner annahm und mir ein Empfehlungsschreiben an den Herrn Staatskommissar für das Flüchtlingswesen zwecks Zuweisung einer Unterkunft aushändigte«.[91] Meyer zeigt sich ein bißchen fromm (»Nur im Glauben an Gott kann die kranke Seele Ruhe finden«), scheut aber auch die triviale Bitte nicht, ihm »einige Briefmarken der Vatikan-Post zu beschaffen, neue und gebrauchte«.[92]

Am 24. Dezember 1947, sozusagen als Weihnachtsgeschenk, bescheinigt Hudal dem ehemaligen Obersturmbannführer wahrheitswidrig, »daß Herr Dr. Waldemar Meyer-München in meinem Auftrag ehrenamtlich die Niederschrift besorgt über Vorgänge von geschichtlicher Bedeutung (Friedensvermittlung), die den Gegenstand wiederholter Aussprachen in Rom bildeten«. Das ganze Material solle, sobald vollendet, in der Vatikanischen Druckerei verarbeitet und mit einem Kommentar offizieller Stellen versehen werden. Deshalb bitte er alle deutschen und alliierten Stellen, »diese Arbeiten gütigst *in jeder Weise* fördern zu wollen«. Auf dem Dokument steht unten links als Zusatz: »Auch unsererseits wärmstens befürwortet. München, den 3.3.48. J. Neuhäusler, Weihbischof.«

Meyers politische Lagebeurteilung entspricht dem beiderseitigen Horizont: Der Kommunismus gewinne an Einfluß, ohne ein stark bewaffnetes Deutschland sei die bolschewistische Welle nicht aufzuhalten. Die Kirche sei aufgerufen, der tödlichen Gefahr entgegenzuwirken. Meyers Nachsatz in einem Brief vom 26. März 1948: »Auch der Antisemitismus ist infolge des provozierenden Benehmens der eingewanderten Ostjuden stark im Anwachsen. Ostjuden, die in Lumpen hier ankamen, verfügen heute über erhebliche Vermögen.« Man nenne sie »Maden im todkranken Volkskörper«.

Im Herbst 1949 schreibt Meyer, der inzwischen »Export-Import«-Geschäfte betreibt, erneut an den Rektor der Anima. Dank Hudals Empfehlungen habe er sich mit Monsignore Lang vom Bayerischen Zentralkomitee für Pilgerfahrten ins Benehmen gesetzt. Dieser habe sich bereit erklärt, für die Pilgerfahrten ins schweizerische Einsiedeln »eine größere Anzahl Kreuze und Rosenkränze zum Verkauf zu übernehmen«.[93] Vom Kunstraub zum Rosenkranz-Vertrieb: eine Nachkriegs-Karriere.

Meyer legt die Abschrift eines Briefes der »Pilgerabteilung« des Deutschen Caritasverbandes bei, der ihm den Empfang einer »Mustersendung mit Rosenkränzen und Kreuzen« dankend bestätigt. Die Angelegenheit sei auf der Sitzung des Deutschen Nationalkomitees für das (1950 ausgerufene) Heilige Jahr vorgetragen worden. Es sei beabsichtigt, den Teilnehmern der Rom-Pilgerfahrten vor Überschreiten der deutschen Grenze Gelegenheit zu geben, »sich mit Devotionalien deutscher Herkunft einzudecken, um damit den ohnehin geringen Devisenbetrag für kleinere Taschenauslagen zu entlasten und Flüchtlings-Industrie-Unternehmungen Aufträge zukommen lassen zu können.«[94]

Meyer wandert 1951 nach Santiago de Chile aus. Der Versuch, sich dort eine neue Existenz aufzubauen, scheitert. 1956 kehrt er schwerkrank nach München zurück, wo er im selben Jahr 72jährig stirbt.[95]

Zu den Dankschreiben in Hudals Archiv gehört ein Brief, den ein »Max Führer«, Sao Paulo, am 8. August 1948 an Hudal verfaßt hat: »Ich bitte Eure Exzellenz vor allem, nochmals meinen innigsten Dank für die großen Hilfe und Unterstützung, die mir Exzellenz angedeihen ließen, entgegennehmen zu wollen. Wer weiß, ob ich nicht noch heute in Italien sitzen würde, wenn Sie, Exzellenz, mich nicht so tatkräftig unterstützt hätten.«

Viele Leidensgenossen aus dem Lager Alatri-Fraschette bestürmten ihn, eine Anstellung zu besorgen. Das Problem sei die Bezahlung der Überfahrt, nicht die Unterbringung. In Buenos Aires wohne ein Wiener Rechtsanwalt, der sehr leicht Einreisebewilligungen beschaffen könne: »Er arbeitet mit der hiesigen Geistlichkeit sehr eng zusammen, die sehr viel Geld hergibt, um Leuten von drüben das Herüberkommen zu ermöglichen.«

Den Weg nach Argentinien hat ein Helmut Meyer aus dem Land Salzburg dagegen noch nicht geschafft, obgleich er einen IRK-Paß hat und auch eine Einreisebewilligung: »Die Einreisebewilligung beschaffte mir die Caritas Suiza in Buenos Aires, die sich auch weiterhin für mich verwenden will.« Wo die Caritas Suiza versagt, soll Hudal helfen. Meyer am 21. August 1949 an Hudal:

»Eminenz! Nachdem ich aus Wien noch immer nur hinhaltenden Bescheid erhalte, wage ich es, von Ihrem Anerbieten Gebrauch zu machen und Sie zu bitten, fürsprechend beim argentinischen Konsulat in Venedig anzufragen, ob ich dort das Visum erhalten würde.« Ob Helmut Meyer tatsächlich Helmut Meyer heißt, ist nicht bekannt. Vielleicht ist er identisch mit dem Gefangenen gleichen Namens, den die Amerikaner unter der Nr. 29-5676 in Dachau als Mitglied der »Leibstandarte SS Adolf Hitler« erfassen.

Am 9. Januar 1951 schreibt ein Mann namens Kiefer dem Herrn General a. D. Eberbach nach Bad Boll, wo er eine eindrucksvolle Soldatentagung erlebt hatte. Kiefer sucht die Vollstreckung von Hinrichtungen im Landsberger Kriegsverbrecher-Gefängnis abzuwenden. Seine Empfehlung: »Ich unterstütze seit Jahren die Bestrebungen der verehrungswürdigen Prinzessin Isenburg und ich habe in den letzten Wochen ungezählte Briefe geschrieben, um von den Männern in Landsberg das Unglück abzuwenden.« Kiefer am Ende des Briefes: »Morgen schicke ich an den Vatikan und an Bischof Hudal eine Depesche.«[96]

Kiefers Brief vom 11. Januar 1951 an den Rektor der Anima ist erhalten. Längst schulde er eine Antwort auf Hudals letzten Brief, »aber ich gab diesen Brief der Prinzessin Franz Joseph von Hohenzollern als Ausweis mit, da ich ihr dringend nahegelegt hatte, Ew. Exzellenz anläßlich ihres kurzen Aufenthaltes in Rom vor Weihnachten zu besuchen. Auch hatte ich ihr ans Herz gebunden, sich in der Privataudienz beim Heiligen Vater für die Männer in Landsberg einzusetzen.« Dies habe der Heilige Vater auch versprochen.

Zu Beginn des neuen Jahres 1952 gestattet sich Walter Tubenthal aus Martinez, Buenos Aires-Provinz, einen Rückblick: Er sei von Januar

1934 bis 1945 Landrat des Kreises Treuburg in Ostpreußen gewesen. 1949 sei das polnische Auslieferungsverfahren gegen den ehemaligen Gauleiter Koch angelaufen. Als Beweisstücke seien auch Bekanntmachungen vorgelegt worden, »die von den Landräten mit Namenszug unterzeichnet waren«. Nach der Auslieferung Kochs habe er Deutschland »auf illegalem Wege« verlassen.

Vor anderthalb Jahren, so Tubenthal weiter, habe er die Ehre gehabt, Hudal vorgestellt zu werden:»Dann stand ich Ihnen, Exzellenz, persönlich gegenüber, empfohlen durch Dr. Spakler« (Dr. Wolfgang Spakler, SS-Hauptsturmführer, war von 1942 bis 1944 bei der Deutschen Botschaft in Rom beschäftigt gewesen). Der dankbare Landrat außer Dienst: »Ich durfte Ihnen meine Sorgen und Nöte vortragen, und Exzellenz standen mir mit Rat und Tat zur Seite, sodaß mir der Weg nach Südamerika geöffnet wurde. Männer aus allen Teilen Europas, ohne Rücksicht auf Konfession und Stand, suchten und fanden Ihren Rat, – Männer, die bis 1945 im Kampf gegen den Bolschewismus, für Europa standen und deren einziges Verbrechen darin bestand, daß sie ihr Vaterland liebten, ihre Pflicht an der Front und in der Heimat erfüllten und unbeugsam und kompromißlos während dieser gewaltigen Auseinandersetzung mit dem Kommunismus waren.«

Hudal, so der Ex-Landrat weiter, habe für ihn damals an Dr. Maler, Buenos Aires, geschrieben, und Monsignore Draganovic habe ihn nach Südamerika gebracht:»Durch ihn lernte ich die kirchliche und weltliche Größe und Machtfülle, Toleranz und das gütige Verstehen der kath. Kirche kennen.«[97]

Noch nicht in Sicherheit ist dagegen ein Dr. Schweinheimer aus Wien. Er schreibt Hudal am 11. August 1954, trotz seiner Angst vor der Polizei sei er nun nach Österreich zurückgekehrt. Er bittet Hudal, nur hauptpostlagernd zu antworten, da er nicht gemeldet sei. Sein Anwalt habe ihm gesagt, daß ein Auslieferungantrag aus Jugoslawien vorliege.

An einem 22. November, die Jahresangabe fehlt, dankt ein Major a. D. Wegner, er habe 1948/49 wiederholt die Ehre gehabt, »mit Eurer Exzellenz persönlich zu sprechen, und mir Rat und Hilfe zuteil werden zu lassen, ich hatte damals die Absicht, nach Argentinien auszuwandern, wurde aber durch die 1948 verhängte Einreisesperre daran gehindert. Eure Exzellenz gab mir den Rat, nach Deutschland zurückzukehren, da Deutschland in Kürze eine Wehrmacht besitzen und ich dann wieder Verwendung finden würde.«

In Hudals vielen Kartons befindet sich auch der Rot-Kreuz-Paß eines Mannes, der seinen Namen mit Rudolf von Luden, Sohn eines Rudolf von Luden angibt. Als Berufsangabe hat er »Student« eingetragen. Unter dem Datum des Heiligendreikönigstages 1950 und unter dem Absender »Rudolf von Luden bei den ehrwürdigen Kapuzinern des Klosters Brixen« meldet er: »Im Herrn! Mit Seiner Hohen exzellenten Erlaub möchte ich bekanntgeben, daß ich ans Reiseziel angelangt bin.« Die ehrwürdigen Patres hätten ihn liebevoll aufgenommen, vor allem Magister Leopold, womit der ehemalige Fallschirmjäger Pater Leopold von Gumppenberg (1901–1982) gemeint ist, der mit Hudal zusammenarbeitet. Auch Student »von Luden« zeigt sich dankbar: »Für die übergroße, so reiche Unterstützung und väterliche Fürsorge danke ich Seiner Exzellenz von meinem ganzen Herzen und werde jeden Tag im Gebet seiner Hohen Exzellenz gedenken.«

Die Widmung »Seiner Exzellenz, dem Hochwürdigsten Herrn Bischof Dr. Alois Hudal in Verehrung und Dankbarkeit«, findet sich auf der Rückseite einer Postkarte. Ein Johannes P. Greil hat sie Silvester 1949 verfaßt. Greil wählt ein Motiv zum Heiligen Jahr 1950: ein strahlendes Kreuz, das sich aus der Kuppel des Petersdomes erhebt und Stacheldraht zerschneidet. Greil hat eine Lieblingsidee Hudals gezeichnet: Das »Heilige Jahr« sollte als Anlaß dienen, Nazi-Täter durch eine General-Amnestie vor Verfolgung und Gefangenschaft zu bewahren.

Drei Jahre später, am 4. März 1953, schickt Greil einige wenige Zeilen: »Hochverehrte Exzellenz! General Remer, der bekannte Mann des 20.7.1944, hält sich vorübergehend in Rom auf und bittet Sie, ob sein Besuch Ihnen angenehm wäre.« Nachsatz: »Die Herren reisen inkognito!«

Otto-Ernst Remer ist in rechten Zirkeln tatsächlich der »bekannte Mann des Zwanzigsten Juli«. Der junge Major, Kommandeur des Wachbataillons Berlin, hatte nach den Putschplänen den Befehl, Goebbels zu verhaften. Goebbels überredete ihn jedoch, Hitler anzurufen, der Remer auf der Stelle zum Obersten beförderte und mit der Verhaftung der Verschwörer beauftragte. Remer, der Hitlers Sturz verhinderte, war bei Kriegsende Generalmajor. 1949 gehört er zu den Mitbegründern der »Sozialistischen Reichspartei« (SRP), die 1952 wieder verboten wird. Remer war im Juni 1950, auf dem ersten Parteitag, zum stellvertretenden Vorsitzenden gewählt worden.

Am 4. Dezember 1954 weiß Greil frohe Kunde: »Ew. Exzellenz! Den Großteil dieses Jahres hielt ich mich in Norditalien auf. Zwischendurch war ich zweimal in Deutschland, wobei ich jedesmal Kopf und Kragen riskierte. Aber die Exkursionen waren wenigstens nicht für die Katz. Ich

besitze nun endlich alle Papiere, die nun einmal für den Sprung nach Süd-Amerika notwendig sind.« Greil beabsichtigt, Rom zu verlassen und sich einige Tage später in Genua auf der »Corrientes« nach Buenos Aires einzuschiffen. Frohgelaunt schreibt er:
»Ich werde mir gestatten, auf den Wogen des Atlantik schaukelnd, in einer Sylvesternacht auf Ew. Exzellenz besonderes Wohl ein Fläschchen zu leeren. Es bewegt mich aber darüber hinaus noch, Ew. Exzellenz tausend Dank zu sagen für all Ihre Güte u. Hilfe, die Sie mir in den vergangenen 6 Jahren in so reichem Ausmaß zuteil werden ließen. Wo wäre ich heute, wenn ich nicht so oft in Zeiten schlimmer Not unter die schützenden Fittiche Ew. Exzellenz hätte kriechen können.«

Hudal hat im März 1948 ein »Merkblatt für Auswanderer« verfaßt, das Tips zur Flucht enthält: Zur Auswanderung kämen fast nur die Staaten Südamerikas in Frage. Notwendig sei vor allem ein österreichischer oder vom Roten Kreuz ausgestellter Paß, letzterer besonders für Flüchtlinge oder Personen, deren Staatszugehörigkeit nicht abgeklärt sei. Wer ohne Permesso di soggiorno, also schwarz, die Grenze überschreite, sei in Gefahr, »in einem der verschiedenen Konzentrations(!)lager Monate lang interniert zu werden«. Hudals Rat: »Man bediene sich für die Beschaffung der Dokumente eventuell der Mithilfe der katholischen *Charitassekretariate* in den einzelnen größeren Städten.«
Einer von denen, die sich der Caritassekretariate bedienen, ist Dr. Hans Hefelmann. Er hatte sich schon 1931 der NSDAP angeschlossen und während der Nazi-Zeit den Massenmord an behinderten Kindern organisiert. Hefelmann erhält von der Apostolischen Nuntiatur Österreich in Wien am 26. Juni 1947 den Rat: »Überlegen Sie noch, ob es nicht für Sie besser wäre, in ein anderes Land mit gemäßigterem Klima, wie Argentinien, Chile, Peru, auszuwandern. Indem ich Sie von Herzen segne, verbleibe ich in Hochachtung...«
Hefelmann folgt den Segenswünschen. Am 24. Juni 1948 schickt ihm Caritas Internationalis aus Buenos Aires ein kurzes Schreiben: »In der Anlage übersende ich Ihnen die Originaleinreiseerlaubnis No 31 769... zur gefälligen Bedienung und erbitte Empfangsbestätigung.«[98]
In Buenos Aires sucht Hefelmann die Redaktion der Zeitschrift »Der Weg« auf, weil er angeblich seine Sammlung mit Briefkuverts veräußern will, die an die »Kanzlei des Führers« adressiert sind. Dort erfährt er, daß Dr. Gerhard Bohne der Redaktion angehöre[99], wie Hefelmann ein führender Funktionär der Nazi-Euthanasie. Hefelmann verurteilt den »Weg« als eine »neo-faschistische Zeitschrift«, ja er behauptet: »Diese Zeitschrift gilt als das Verderbteste und Verbrecherischste, was es nach dem Kriege auf der ganzen Welt gegeben haben soll oder gibt.«[100]

Just zu dieser Zeitschrift pflegt jedoch Hudal engen Kontakt. Am 21. Dezember 1948 nimmt Dr. Juan (Hans) Maler das bevorstehende Weihnachtsfest und den Jahreswechsel zum Anlaß, Hudal endlich einen ausführlichen Brief zu schreiben. Er sei erst seit einem Vierteljahr in Argentinien, arbeite tagsüber in einer Metallwarenfabrik und vier Abende die Woche als Korrektor bei der hiesigen Tageszeitung. Er schildere dies so eingehend, »da ich ja unter Vorweisung Ihrer Empfehlung in Südtirol das Fahrgeld für die Überfahrt leihen konnte«.

Vor kurzem habe er den Schriftleiter des Dürer-Verlages, Fritsch, kennengelernt. Ab Februar arbeite er in der Redaktion der wertvollen Zeitschrift »Der Weg«, die ja auch Hudal erhalte. Der »Weg« sei die einzige Möglichkeit auf der ganzen Welt, nicht nur den Unwahrheiten bezüglich der jüngsten Vergangenheit entgegenzutreten, sondern auch »die ewigen Werte unserer christlichen abendländischen Kultur in einer völlig verwahrlosten Zeit wenigstens in einem kleinen Kreis von Anständigen wach zu erhalten«.

Als Zeichen des Verfalls nennt Maler »Feindbesetzung mit Bluturteilen, Rechtsbeugungen, Geschichtsfälschungen und UNESCO-Gleichmachung (= Zersetzung!)«. Einzig dem Wahren und Echten wollten die Herausgeber der Zeitschrift folgen: »Wir sind weder ›katholisch‹ noch ›evangelisch‹ im Prinzip. Wir sind deutsch und damit in jedem Falle Christen.«

Zum Schluß bittet Maler, Hudal möchte doch auch einen Artikel zur Verfügung stellen. Seine einleuchtende Begründung: »Hunderte von Flüchtlinge hier im Lande erhielten einmal von Ihnen die Unterschrift zum Antragsformular für den Rotkreuzpaß (und mehr).« Welche Freude wäre es, wenn ein Gruß ihres Bischofs aus Rom sie erreichen und (»ähnlich wie auf der vorjährigen Weihnachtsfeier bei den Kapuzinern«) ihnen den Segen für den Weg in eine neue Zukunft erteilen würde.

Tatsächlich wird Hudal, der Oberhirte der Ewiggestrigen, nicht nur einen Gruß, sondern gleich einen ganzen Artikel schreiben. Hudal arbeitet zu dieser Zeit an einer »Eidesstattlichen Erklärung« zugunsten des früheren Vizekanzler Franz von Papen. Der Persilschein für von Papen ist auf Weihnachten 1948 datiert und dokumentiert Hudals Geschichtsbild: Es habe einen linksradikalen, christentumsfeindlichen Flügel der Nazis gegeben und einen rechten Flügel »von Idealisten und höchst anständigen, das Vaterland und ihr Volk heiß liebenden Menschen«. Diese »rechtsstehenden sauberen Elemente« innerhalb der Nationalsozialisten hätten keine Unterstützung aus dem Ausland erfahren.

Der Rektor der Anima: »Ich bin tief überzeugt, daß schon in wenigen Jahren die Epoche deutscher und gesamteuropäischer Geschichte seit

1918 objektiv, abgeklärt, ohne Leidenschaft und Rachegefühle, wesentlich anders beurteilt werden wird.« Dann werde »ein einheitliches, starkes, christliches, nationalbewußtes und sozial an der Spitze aller Völker Europas schreitendes Deutschland die feste Burg« sein, um die höchsten Kulturgüter gegen die Mächte der Unterwelt des Nihilismus zu verteidigen. Hudal am Ende des Papen-Papiers: »Gott segne Deutschlands Wiederaufstieg!«

In seinem Artikel für den »Weg« variiert Hudal nur noch das Thema. Unter dem Titel »Drei Wünsche« und auf Silvester 1948 datiert, wird er in Heft 2/1949 abgedruckt. Der Beitrag beginnt mit der Anrede »An meine lieben Landsleute in Argentinien!« und der Erinnerung: »Viele von Euch kenne ich persönlich. Manchen, vielleicht nicht wenigen, konnte ich in den schwierigsten Wochen ihres Romaufenthaltes helfend zur Seite stehen.«

»Unserem Volke«, meint Hudal, noch immer in den Grenzen von Großdeutschland denkend, sei in den letzten Jahren viel und großes Unrecht geschehen, auch wenn niemand die Irrtümer, Verfehlungen und Untaten leugnen wolle. Aber es sei schließlich »ein Daseinskampf um Sein oder Nichtsein« gewesen. Hudal hält es für ein »politisches Verbrechen«, die deutsche Armee (die »bestdisziplinierte, die die Weltgeschichte jemals gesehen hat«) 1945 völlig zu zerstören. Die lieben Landsleute (»Reichsdeutsche und Österreicher«!) sollten nicht den »Haß- und Rachegeistern« glauben: »Glaubt auch nicht ohne weiteres allen Prozeßakten von Nürnberg, Landsberg und manchen Spruchkammern... Nur wenige Jahre werden vergehen, und die große Revision der deutschen Geschichtsschreibung der letzten 30 Jahre wird beginnen, um auch unserem Volke wieder zu Recht und Gerechtigkeit zu verhelfen.«

Hudals abschließende Botschaft an die braune Gemeinde: »Bekennt Euch stolz und furchtlos überall zu Eurer christlichen Weltanschauung. Viele von Euch haben die stille, opferfreudige Hilfsarbeit der Kirche gegenüber allen Flüchtlingen und politisch Verfolgten ohne Unterschied ihres Glaubensbekenntnisses und der Rasse mit eigenen Augen in Rom und anderswo gesehen und viele haben auch diese Liebestätigkeit im eigenen Leben persönlich wohltuend erfahren.«

Hudal ist von seinen publizistischen Freunden so überzeugt, daß er überlegt, seine Memoiren im Dürer-Verlag erscheinen zu lassen (wo auch die Erinnerungen des Stukafliegers Rudel verlegt werden). Eberhard Fritsch, Herausgeber und Hauptschriftleiter, bittet vorab um ein Kapitel, wobei der Hinweis nicht fehlt, daß auch Professor von Leers zu den Interessenten zähle. Was als Empfehlung gemeint ist, enthüllt den Geist des »kleinen Kreises von Anständigen«: Johann von Leers, ehemals Hauptschriftleiter der NS-Zeitschrift »Wille und Weg«, ist sozusagen hauptberuflich Antisemit. Auch Leers, der schon die Weimarer Republik als »Judenrepublik« verunglimpft hatte, war via Italien nach Argentinien gereist. In den fünfziger Jahren verabschiedet er sich in Richtung Ägypten, tritt dem Islam bei und agitiert weiterhin gegen die Juden.

Hudals »Drei Wünsche« werden von etwa vierzig Zeitungen und Zeitschriften zumindest auszugsweise nachgedruckt [101] und provozieren internationale Proteste. Das Päpstliche Staatssekretariat erteilt einen Verweis. Der »junge italienische Vatikan-Monsignore«, der Hudal ermahnen soll, erhält jedoch eine Abfuhr: Er werde keine Zeile zurücknehmen, so der Rektor der Anima, da er überzeugt sei, »daß schon nach fünf Jahren alle anständigen Deutschen so denken werden, wie ich vielleicht zu früh es ausgesprochen habe«. [102]

Die Wogen haben sich noch nicht geglättet, da sorgen Zeitungsberichte für einen neuen Skandal. Hudal in seinen Lebenserinnerungen: »Im römischen Spital Santo Spirito«, es liegt nahe am Vatikan, »starb in meinen Armen, von mir bis zum Ende betreut, der Vizegouverneur von Polen... Freiherr von Wächter, der von alliierten und jüdischen Stellen überall gesucht wurde.« Hudal bedauert in keiner Weise, daß er SS-Obergruppenführer Otto Wächter, zunächst Gouverneur von Galizien, ab Herbst 1943 Chef der Militärverwaltung in Italien, versteckt hatte: »Während sein Chef Frank in Nürnberg gehängt wurde, gelang es Wächter, nicht zuletzt auch dank der rührenden selbstlosen Mithilfe italienischer Ordensgeistlicher, unter fremdem Namen in Rom monatelang zu leben.« [103]
Als die Umstände von Wächters Tod 1949 erstmals bekannt werden, tut sie Hudal am 12. September in einem Schreiben an das Päpstliche Staatssekretariat als Verleumdung eines »Journalisten jüdischer Rasse und protestantischer Konfession« ab. [104] Als Ruhmestat ist die Wächter-Aktion erst posthum in Hudals Memoiren beschrieben. Dort heißt es:
»Wächter, der den Angriff der SS auf den Ballhausplatz im Juli 1934 kommandierte, bei dem der Bundeskanzler Engelbert Dollfuß gefallen war, bekannte mir vor seinem Tode: ›Wie sehr bedauere ich es, daß der NS nicht zu einer Verständigung mit der Kirche gekommen ist. Vieles wäre heute ganz anders in Deutschland und Europa. Die Kraft des Bolschewismus wäre gebrochen.‹« [105] Hudal über die letzten Worte Wächters: »Dieses Bekenntnis eines sterbenden SS-Mannes an höchster Stelle möge der deutschen Jugend stets Mahnung und Richtung sein.« [106]
Der Rektor der Anima wird 1949 ins Päpstliche Staatssekretariat zu Giovanni Battista Montini einbestellt. Dabei will er Montini ins Gesicht gesagt haben: »Wenn diese meine Handlung im Falle Wächter nicht Christentum, und zwar heroisches, darstellt, dann hatte ich mich in der Wahl

dieser Religion geirrt.«[107] Hudal dankt 1952 als Rektor der Anima verbittert ab. Er hat jedoch auch danach noch manchem zum Ticket nach Südamerika verholfen. Sein Fehler war, daß er im »Weg« öffentlich bekannte, was andere – zum Beispiel die Kroaten – ebenfalls im großen Stil betrieben: Fluchthilfe für Ex-Nazis.

Hudal stirbt am 19. Mai 1963. Seine Grabstätte befindet sich auf dem Deutschen Friedhof »Campo Santo Teutonico«, direkt am Petersdom.

Hudal ist in bestimmten Kreisen derart zur Legende geworden, daß ihm sogar die Flucht von Martin Bormann zugeschrieben wurde. Alfred Jarschel, ein ehemaliger HJ-Führer und überzeugter Nazi, hat unter dem Pseudonym »Werner Brockdorff«[108] ein Buch über »Pläne und Organisation der Fluchtwege der NS-Prominenz im ›Römischen Weg‹« geschrieben. Dort ist nachzulesen, wie Bormann bei Hudal auftaucht und einen Kredit erhält, um an der brasilianisch-paraguayischen Grenze eine Urwald-Kolonie zu kaufen. Dort nachzulesen ist auch, daß Bormann den Kredit sogar zurückgezahlt haben soll.[109] Die braune Legende hat nur einen Nachteil: Bormann beendete am 2. Mai 1945 sein Leben – mit Zyankali.

»Es war beglückend zu sehen, wie der Heilige Geist an einigen dieser Männer arbeitete«
Der Nürnberger Prozeß und die Folgeprozesse

Dr. Hans Eisele, u. a. SS-Arzt von Buchenwald, bei der Anhörung seines Todesurteils während des Prozesses vor dem Obersten Militärgericht in Dachau am 14.8.1947.

Noch ehe der Zweite Weltkrieg zu Ende war, hatten die Sieger beschlossen, die Schuldigen zu bestrafen. Sie ließen die Nazi-Größen nicht einfach standrechtlich erschießen, sie machten ihnen den Prozeß: in Nürnberg, der Stadt der Reichsparteitage und der Rassengesetze. Eine Goldgrube für Verteidiger im übrigen, denn jeder Anwalt bekommt pro Monat rund 3500 Mark und 1750 Mark für einen zweiten Mandanten, ebenso eine Stange Zigaretten, Essensbon und Alkoholika.
Die Anklage des Internationalen Militärgerichtshofs Nr. 1 ist auf den 6. Oktober 1945 datiert. Der Prozeß gegen 24 sogenannte Hauptkriegsverbrecher ist der einzige, in dem die Alliierten gemeinsam richten. Angeklagt sind, in der Reihenfolge der Anklageschrift:
Hermann Göring, Reichsmarschall, Oberbefehlshaber der Luftwaffe, der »zweite Mann im Dritten Reich«, morphium- wie ordenssüchtig.

Joachim von Ribbentrop, Hitlers willfähriger Reichsaußenminister, der seinen Adelstitel durch Adoption und sein Vermögen durch Einheirat in das Sekthaus Henkell erworben hatte.

Rudolf Heß, der »Stellvertreter des Führers«, lange Jahre Hitlers ergebenster Gefolgsmann.

Ernst Kaltenbrunner, SS-Obergruppenführer, ab 1943 Chef des Reichssicherheitshauptamtes, für Gestapo, Konzentrationslager und die »Endlösung« zuständig.

Alfred Rosenberg, Hauptschriftleiter der Parteizeitung »Völkischer Beobachter«, Autor des Buches »Der Mythus des zwanzigsten Jahrhundert«, Cheftheoretiker der NS-Rassenlehre, ab 1941 Reichsminister für die besetzten Ostgebiete.

Hans Frank, Generalgouverneur von Polen, der in seinem »Wandalengau« brutal morden ließ und selbst im Luxus schwelgte.

Martin Bormann, Leiter der Parteikanzlei, einer der einflußreichsten Männer um Hitler.

Wilhelm Frick, Reichsinnenminister, dessen Gesetze die Nazi-Verbrechen legalisierten, 1943 zum Reichsprotektor von Böhmen und Mähren ernannt.

Robert Ley, ein brutaler Antisemit (Spitzname »Reichstrunkenbold«), Leiter der Deutschen Arbeitsfront (DAF), der staatliche Kontrolleur der Arbeiterschaft.

Fritz Sauckel, Gauleiter von Thüringen und Reichsbevollmächtigter für den Arbeitseinsatz, verantwortlich für die Deportation von Millionen Zwangsarbeitern.

Albert Speer, der die NS-Massenfeiern perfektionierte und als Reichsminister für Rüstung und Kriegsproduktion für den Massentod von Zwangsarbeitern und KZ-Häftlingen mitverantwortlich.

Walther Funk, 1938 Reichswirtschaftsminister, ab 1939 Reichsbankpräsident, für die »Arisierung« jüdischer Betriebe, die Ausbeutung der besetzten Gebiete und der Zwangsarbeiter mitverantwortlich.

Hjalmar Schacht, in den ersten Jahren des Dritten Reiches Reichsbankpräsident, Reichswirtschaftsminister und als Generalbevollmächtigter für die Kriegswirtschaft an der Aufrüstung der Wehrmacht beteiligt.

Franz von Papen, der Hitler an die Macht gebracht, als Vizekanzler gedient und später, obwohl in Ungnade gefallen, als Botschafter in Wien den »Anschluß« Österreichs vorbereitet hatte.

Gustav Krupp von Bohlen und Halbach, Spendenbeschaffer der deutschen Industrie für Hitlers Aufrüstung (»Adolf-Hitler-Spende«), Wehrwirtschaftsführer, 1940 mit dem Goldenen Parteiabzeichen dekoriert.

Konstantin Freiherr von Neurath, Reichsaußenminister und ab 1939 Reichsprotektor für Böhmen und Mähren.

Baldur von Schirach, der als Reichsjugendführer die deutsche Jugend zu blindem Gehorsam gedrillt hatte, ab 1940 Gauleiter und Reichsstatthalter in Wien.

Arthur Seyß-Inquart, Reichsstatthalter der Ostmark (Österreich), ab 1940 Reichskommissar für die Niederlande, aus der er etwa 270000 Niederländer als Zwangsarbeiter verschleppen und mehr als 100000 Juden in die polnischen Vernichtungslager deportieren ließ.

Julius Streicher, Gauleiter von Franken, ein käuflicher Zeitungs-Zar, der 1940 in Ungnade fällt, nachdem er Göring der Impotenz geziehen und dessen Tochter als Produkt künstlicher Besamung ausgegeben hatte. Dennoch bis zuletzt Herausgeber des antisemitischen Hetzblattes »Der Stürmer«.

Wilhelm Keitel, Generalfeldmarschall und Chef des Oberkommandos der Wehrmacht, der u. a. Dezember 1942 den Befehl gegeben hatte, im Kampf gegen die Russen sei die Truppe verpflichtet, »ohne Einschränkung auch gegen Frauen und Kinder jedes Mittel anzuwenden, wenn es nur zum Erfolg führt«.[110]

Alfred Jodl, Generaloberst, Chef des Wehrmachtführungsstabes, Hitlers »persönlicher Stabschef«.

Erich Raeder, Großadmiral, bis 1943 Oberbefehlshaber der Kriegsmarine.

Karl Dönitz, Großadmiral, 1943 Nachfolger Raeders, 1945 Nachfolger Hitlers als Reichspräsident und Oberbefehlshaber der Wehrmacht.

Hans Fritzsche, Abteilungsleiter im Reichspropagandaministerium und Chefkommentator des Nazi-Rundfunks.[111]

Bei Prozeßbeginn am 20. November 1945 fehlen drei Angeklagte. Robert Ley hat sich am 25. Oktober 1945 in seiner Zelle erhängt. Bormann ist nicht aufzufinden: Er hatte sich im Mai 1945 durch Selbsttötung jeder Gerichtsbarkeit entzogen. Krupp ist nach einem Schlaganfall im Frühjahr 1942 verhandlungsunfähig.[112]

Am 1. Oktober 1946, nach monatelangen Verhandlungen, fällt das Gericht sein Urteil: Fritzsche, Papen und Schacht werden freigesprochen. Dönitz wird zu einer Freiheitsstrafe von 10 Jahren, Neurath zu 15 Jahren, Schirach und Speer zu 20 Jahren verurteilt. Lebenslänglich sollen Heß, Funk und Raeder büßen. Sie werden in Berlin-Spandau inhaftiert und verbleiben unter dem Vier-Mächte-Status.[113] Gegen die anderen werden Todesurteile gefällt und am 16. Oktober durch einen Henker vollstreckt. Nur einer, Göring, entzieht sich dem Galgen: Er nimmt drei Stunden vor der Hinrichtung eine Zyankali-Kapsel. Die Leichen werden verbrannt, ihre Asche wird in einen Bach geschüttet.

Am 4. November 1946 berichtet Pastor Henry F. Gerecke aus St. Louis in Missouri, der evangelische Seelsorger am Alliierten Militärgerichtshof, vor der Nürnberger Pfarrkonferenz, von den 21 Hauptkriegsverbrechern seien 6 katholisch und 15 evangelisch gewesen. Heß und Rosenberg hätten nie einem Gottesdienst beigewohnt. Zwölf der Evangelischen hätten sich zum christlichen Glauben bekannt.

Über Hermann Göring berichtet er: »Göring verleugnete den Plan der Erlösung, lehnte das Kreuz ab... Er war frech bis zum Ende, ganz frech.«

Das Seelsorger-Urteil über den Chef-Ideologen der NS-Bewegung, Alfred Rosenberg: »Rosenberg weigerte sich immer wieder, den Plan der Erlösung anzuerkennen.«

Über Hitlers ergebenen Reichsaußenminister Joachim von Ribbentrop urteilt Gerecke: »v. Rippentrop bereute aufrichtig seine Verachtung der Kirche und des Herrn Jesus, und er studierte eifrig die Bibel und den Katechismus: letzten hat er fast noch ganz auswendig gelernt. Eifrig bemühte er sich, in der Bibel Worte über die Vergebung zu finden.«

Über den Reichsbevollmächtigten für den Arbeitseinsatz, Fritz Sauckel, referiert der Feldgeistliche: »Sauckel feierte oft das Abendmahl... Vor dem Tode noch erklärte er unter Tränen seinen Glauben an die Liebe Gottes in Jesus Christus, seinem persönlichen Heiland.«

Über den Chef des Oberkommandos der Wehrmacht, Generalfeldmarschall Wilhelm Keitel, im Dritten Reich spöttisch »Lakaitel« genannt, heißt es: »Keitel hielt täglich seine eigene Andacht. Noch am Nachmittag seines Todes durfte ich mit ihm beten; ich habe nie einen Menschen beten hören, wie er betete. Er nahm die ganze Versicherung der Erlösung durch das Blut Jesu an.«

Seelsorger Gerecke über Frick: »Mit Frick hatte ich täglich Andachten. Er behauptete, er glaube an Christus als seinen Erlöser.«

Von den Katholiken werden zwei erwähnt: »v. Schirach ist ein Christ geworden. Er hat jetzt eine ganz andere Vorstellung vom Christentum und sieht die schwere Sünde des Kampfes gegen die Kirche ein... Auch Frank ist ein bußfertiger Christ geworden.«[114]

»Wie sollte ich an diesen Gefangenen arbeiten, ohne das Wirken des Wortes Gottes in ihren Herzen zu hindern? Wie würden sie sich verhalten? – Mein Kollege schlug vor, mit unseren Besuchen bei den Anführern der Gruppe zu beginnen. Er führte mich zu Görings Zelle... Bei unserem Eintritt sprang Göring auf und schlug die Hacken zusammen.«

Henry F. Gerecke, Seelsorger am Alliierten Militärgerichtshof, in dem Traktat »Geister-Scheidung«

Die Bekehrung der Nazis unter dem Galgen ist später unter dem Titel »Geister-Scheidung« als christliches Traktat gedruckt worden.[115] Die Bekehrungs-Bilanz dort: »Streicher, Jodl, Heß und Rosenberg besuchten nie die Gottesdienste. Frank, Seyß-Inquart, Kaltenbrunner und von Papen besuchten den katholischen Gottesdienst, Keitel, Ribbentrop, Raeder, Dönitz, Neurath, Speer, Schacht, Frick, Funk, Fritzsche, Schirach, Sauckel und Göring kamen zu meinen Gottesdiensten. Folgende feierten während ihres Aufenthaltes im Gefängnis das Abendmahl: Keitel, Ribbentrop, Sauckel, Raeder, Speer, Fritzsche und Schirach.«

Sein erster Abendmahlsgast sei Sauckel gewesen. Danach seien Fritzsche, Schirach und Speer gekommen: »Es rührte mich tief, als ich die drei breitschultrigen Männer vor dem Altar knien sah.« Rührung übermannt Gerecke auch beim Oberbefehlshaber der Wehrmacht: »Keitel war immer andächtig... Er schämte sich auch nicht, an seinem Bett kniend, mir seine Sünden zu beichten.«

Vor dem Urteilsspruch, so Gerecke, seien die Protestanten täglich bei der Andacht geeint gewesen, »und immer war Göring unter ihnen. Es war beglückend zu sehen, wie der heilige Geist an einigen dieser Männer arbeitete.« Vor der Hinrichtung habe Ribbentrop seine Frau ernstlich gebeten, daß seine drei (während der Haftzeit getauften) Kinder in der Kirche bleiben und »in der Zucht und Vermahnung zum Herrn erzogen werden sollten«. Frau Sauckel habe ihrem Mann versprochen, »daß ihre zehn Kinder bei dem gekreuzigten Jesus bleiben sollten«. Ribbentrop, Keitel und Sauckel hätten vor der Hinrichtung noch das Abendmahl gefeiert: »Gott hatte während der ganzen Zeit ihre Herzen gewandelt.«

Nur Rosenberg und Streicher mochten den Bekehrungseifer des alliierten Pfarrers nicht unterstützen. Als Streicher die dreizehn Stufen zum Galgen hochgeht, grüßt er seinen toten Führer ein letztes Mal mit: »Heil Hitler!« Kirchgänger Kaltenbrunner bedauert unter dem Galgen, daß Verbrechen begangen worden seien und lügt ein letztes Mal: »Ich hatte keinen Anteil an ihnen.« Frick, der Pastor Gerecke vor der Hinrichtung mitgeteilt hatte, er glaube, daß Jesu Blut »seine Sünden hinweggewaschen habe«, verkündete als letzten Glaubenssatz: »Es lebe das ewige Deutschland!« Und Sauckel, der so begierig das Abendmahl verlangt hatte, gibt sich gar nicht als reuiger Sünder. Noch angesichts des Strickes behauptet er: »Ich sterbe unschuldig.«

Die rührselige Geschichte von den bekehrten Nazi-Größen, die »ihren Jesus« gefunden haben wollten, scheint auch Hans Asmussen, den Leiter der Kirchenkanzlei der EKD, gerührt zu haben. Ende November 1946 legt er den Entwurf einer kirchlichen Generalamnestie vor. Asmussen, der ehemalige Star-Theologe der Bekennenden Kirche: »Und so verkünden wir all denen, die ihre und unseres Volkes Schuld bekannt haben und

an das Verdienst Jesu Christi glauben, Gottes Vergebung aller der Sünden, durch die sie mitschuldig geworden sind am Nationalsozialismus und an seinen Werken. Dies gilt auch denen, die der irdische Richter noch zur Verantwortung zieht...«[116]
Der Rat der EKD lehnt Asmussens Gedankengänge nicht rundweg ab, ist aber klug genug, mit Blick auf die Wirkung in der Ökumene den Entwurf nicht abzusegnen.[117]

Mit dem Urteil des Nürnberger Militärtribunals ist die gemeinsame alliierte Gerichtsbarkeit beendet. Die vier Besatzungsmächte urteilen fortan in eigener Regie. Die bekanntesten Verfahren sind die Nürnberger Folgeprozesse gegen insgesamt 185 Angeklagte. Mehr als 200 Anwälte, darunter zahlreiche ehemalige NSDAP-Mitglieder und etliche Angehörige der SS, übernehmen die Verteidigung.
Der Ärzteprozeß, der am 9. Dezember 1946 beginnt, ist der erste Fall, der verhandelt wird. Es geht um die entsetzlichen Menschenversuche in den Konzentrationslagern und um die Ermordung von Kranken und Behinderten (»Euthanasie«).[118]
Es folgt der Prozeß gegen Erhard Milch, der trotz jüdischer Abstammung (Göring: »Wer Jude ist, bestimme ich«) Generalfeldmarschall und Generalinspekteur der Luftwaffe gewesen war und die »Negerbewachung« in Nürnberg als »schwarzes Gesindel« bezeichnet haben soll.[119]
Der dritte, der Juristen-Prozeß, will jene Reichsjuristen zur Rechenschaft ziehen, die den Unrechtsstaat repräsentiert hatten. Sie zeigen nun ein rechtsstaatliches Bewußtsein, das viele vor 1945 vermißt hatten.
Der vierte befaßt sich mit SS-Obergruppenführer und General der Waffen-SS Oswald Pohl und den Funktionären des Wirtschafts- und Verwaltungshauptamtes der SS (SS-WVHA), das u. a. die Konzentrationslager verwaltet hatte.
Der fünfte Prozeß richtet sich gegen den Flick-Konzern, der sechste gegen zahlreiche Manager der I.G. Farben.
Das siebte Verfahren beschäftigt sich mit Geiselerschießungen auf dem Balkan und betrifft zwölf hohe Offiziere (»Geisel«- oder »Südost-Generale«-Prozeß).
Der achte, der »RuSHA-Prozeß«, befaßt sich mit Angehörigen des Rasse- und Siedlungshauptamtes der SS. Hier geht es um die Ausrottung von Polen und Juden und um die Verschleppung von »rassisch wertvollen« Kindern.
Der neunte Fall betrifft den Hauptangeklagten Otto Ohlendorf, Chef der Einsatzgruppen D, und weitere Führer der zur Judenvernichtung verwendeten Einsatzkommandos (»Ohlendorf«- oder »Einsatzgruppen-Prozeß«).

Der zehnte Prozeß richtete sich gegen leitende Angestellte der Firma Krupp und v. a. gegen Alfried Krupp von Bohlen und Halbach, seit 1943 Eigentümer des Rüstungs-Konzerns.

Der elfte Prozeß betrifft Minister, Staatssekretäre und Funktionäre, deren Amtssitz meist in der Berliner Wilhelmstraße gewesen war (»Wilhelmstraßen-Prozeß«). Er wird am längsten dauern.[120]

Das zwölfte Verfahren wendet sich gegen Generäle des Oberkommandos der Wehrmacht, die sich am Überfall auf Rußland beteiligt hatten (»OKW-Prozeß«).

Bekannt ist heute noch der Prozeß gegen die Hauptkriegsverbrecher. Von den nachfolgenden zwölf Nürnberger Prozessen wissen historisch Interessierte. Daß aber im ehemaligen KZ Dachau gegen mehr als tausend Angeklagte aus den Konzentrationslagern verhandelt wurde, ist nahezu völlig in Vergessenheit geraten.[121]

Die »Dachauer Prozesse« lassen sich grob unterteilen: Die Verbrechen in den Konzentrationslagern Dachau, Flossenbürg[122], Mühldorf[123], Nordhausen[124] und Buchenwald[125] werden in sechs Hauptverfahren und zahlreichen kleineren Folgeprozessen gerichtet. Die Tötung von – vorwiegend amerikanischen – Kriegsgefangenen (»Fliegerprozesse«) werden in mehr als 200 kleineren Verfahren behandelt. Eine Ausnahme bildet der Hadamar-Prozeß, der im Oktober 1945 in Wiesbaden stattfindet: Dort wird Personal der Psychiatrischen Klinik Hadamar abgeurteilt, das an Tuberkulose erkrankte polnische und russische Zwangsarbeiter ermordet hatte.[126]

Bereits am 13. Dezember 1945 werden im Prozeß gegen den ehemaligen Kommandanten des KZ Dachau Martin Gottfried Weiß und 39 weitere KZ-Angehörige 36 Todesurteile gefällt.[127] Im Mauthausen-Prozeß (dem noch 60 kleinere Prozesse nachfolgen) ergeht das Urteil am 13. Mai 1946: Von 61 Angeklagten erhalten drei eine lebenslängliche Strafe, alle anderen werden zum Tode verurteilt (wenn auch später nicht hingerichtet).

Kritik an den Urteilen gibt es zu dieser Zeit kaum, sind doch die Tatsachen zu schrecklich: Allein in Mauthausen waren weit mehr als 100000 Menschen an Hunger gestorben oder erschlagen, erschossen, abgespritzt, vergast oder zu Menschenversuchen mißbraucht worden. Der Holländer Alexander Katan wurde 1943 zum Beispiel nur deshalb mit einer Herzinjektion getötet und skelettiert, weil er als Kleinwüchsiger ein gutes »Präparat« darstellte.

Eine Wende in der öffentlichen Meinung bringt jedoch im Jahre 1946 ein Verfahren, das später zahlreiche amerikanische Untersuchungskommissionen beschäftigen wird: der »Malmedy-Prozeß«.

Was war geschehen? Am 16. Dezember 1944 hatte die Ardennen-Offensive begonnen, ein Versuch Hitlers, den verlorenen Krieg doch noch zu wenden. Die entscheidende Rolle ist der 6. SS-Panzerarmee zugedacht, die SS-Obergruppenführer und Generaloberst der Waffen-SS Sepp Dietrich befehligt. Er kommandierte von 1933 bis 1943 die Leibstandarte-SS »Adolf Hitler« und war an den Erschießungen der SA-Führer beim sogenannten Röhm-Putsch beteiligt.

An vorderster Front kämpft eine Panzer-Gruppe der 1. SS-Panzer-Division »Leibstandarte-SS Adolf Hitler«. Sie wird von Himmlers ehemaligem Adjutanten, dem SS-Standartenführer Joachim Peiper[128], befehligt. Eines der Bataillone der Kampfgruppe hatte sich (unter dem persönlichen Kommando Peipers) nach amerikanischen Ermittlungen an der Ostfront den Spitznamen »Brandstifterbataillon« verdient, weil es zwei Dörfer niedergebrannt und deren Bewohner ermordet hatte.[129] Bei einem Italien-Einsatz im Herbst 1943 soll die Kampfgruppe Peiper zudem im italienischen Piemont das Dorf Cuneo zerstört und zahlreiche Zivilisten erschossen haben.

Am zweiten Tag der Ardennen-Offensive fallen Peipers Männern an einer Straßenkreuzung nahe der belgischen Stadt Malmedy 71 zum Teil verwundete GI's in die Hände. Die amerikanischen Soldaten hatten sich zwar ergeben, werden aber dennoch erschossen. Insgesamt mordet die Kampftruppe, so die US-Ermittlungen, von Mitte Dezember 1944 bis Mitte Januar 1945 an die 350 amerikanische Kriegsgefangene und etwa 100 belgische Zivilisten.

Bei Kriegsende fahnden die Amerikaner in allen Gefangenenlagern und Lazaretten nach den Angehörigen der Kampfgruppe Peiper, selbst in den USA werden sie fündig. Die SS-Veteranen lassen sich zunächst zu keiner Aussage bewegen. Sie werden deshalb im Internierungslager Zuffenhausen (bei Stuttgart) interniert. Dies ist ein Fehler, denn nun können sich die Beschuldigten in ihren Aussagen abstimmen. Das Ergebnis: Alle machen einen Major Poetchke für die Malmedy-Morde verantwortlich, der in den letzten Kriegstagen gefallen war (die Taktik, Tote als Schuldige zu benennen, wird später auch in anderen Verfahren praktiziert).

Um das Kollektiv zu sprengen, transportieren die Amerikaner über 400 Mann der Leibstandarte im Dezember 1945 in das Gefängnis von Schwäbisch-Hall. Dort werden sie in Einzelzellen gesperrt und getrennt verhört. Am Ende der Vernehmungen liegen zahlreiche Geständnisse vor, zu Papier gebracht, unterschrieben und beschworen. Im April 1946 werden 74 Mann nach Dachau überführt, um sie vor Gericht zu stellen.

In Dachau, so später die Recherchen einer amerikanischen Untersuchungskommission, bekommen sie von der Verteidigung einen Fragebogen vorgelegt, dessen Fragen sich u. a. auf etwaige körperliche Mißhandlungen oder Nötigungen beziehen. Noch vor Beginn der Hauptverhandlung am 16. Mai unterbreitet die Verteidigung den Vorwurf, Gefangene seien zu belastenden Aussagen genötigt worden. Eine Untersuchung beginnt. Etwa 20 bis 30 klageführende Beschuldigte werden vernommen. Vier von ihnen berichten, sie seien von Wachtposten auf dem Wege von einer Zelle zur anderen geschlagen oder gestoßen worden. Von Folterungen ist zu dieser Zeit noch nicht die Rede, aber von Scheinverhandlungen, in denen sie angeblich zu Aussagen gezwungen wurden.[130]

Von den Angeklagten sagen während der Verhandlung – auf Anraten ihrer Verteidiger – nur neun aus. Der Stellvertreter des Chefverteidigers, Oberstleutnant John S. Dwinnell, hat die Männer der Waffen-SS nicht gerade als gute Kameraden beschrieben. Sie hätten so gelogen, daß man sie mit »einem Haufen ertrinkender Ratten« vergleichen könne: »Nein, ich war nicht an der Straßenkreuzung«, hätten sie sich gegenseitig beschuldigt, »ich bin dessen ganz sicher, aber der und der war da.«[131]

Am 16. Juli 1946 fällt ein amerikanisches Militärgericht in Dachau sein Urteil: Von 73 Angehörigen der 1. SS-Panzerdivision »Adolf Hitler« werden 43 zum Tode, 22 zu lebenslänglicher Haft und die anderen zu längeren Zeitstrafen verurteilt (ein Angeklagter war den Franzosen ausgeliefert worden, weil er französischer Staatsbürger ist). Hier droht nicht irgendwelchen KZ-Schergen der Galgen, sondern einer Elite-Truppe der Waffen-SS.

Zwei Monate nach dem Malmedy-Urteil, am 27. September 1946, schreibt der bayerische Landesbischof Hans Meiser an die Kirchenkanzlei der EKD. Unter dem Betreff: »Erfahrungen aus der Lagerseelsorge« mahnt er, die Kirche habe im Dritten Reich »gegen das Unrecht gezeugt, und wir möchten meinen, daß sie auch jetzt die berufenen Stellen an ihre letzte Veranwortung zu erinnern hat«.

Meiser hatte zwar einst nicht gegen die Judenvernichtung »gezeugt«, nun aber will er gegen das Unrecht, das dem KZ-Personal angetan werde, protestieren: Zahlreiche Angehörige aus verschiedenen KZ-Lagern, gegen die jetzt Prozesse durchgeführt würden, seien nur deshalb in schwerste Gewissensnot gekommen, weil sie »ohne befragt zu werden, als Soldaten (!) zum Lagerdienst abkommandiert wurden und dort Befehle zu vollziehen hatten«. Unter den Wachmannschaften hätten sich viele ältere, zum Teil auch jüngere, für den Frontdienst nicht mehr verwendbare Leute befunden. Sie seien zur SS ausgehoben und für den Dienst im KZ-Lager abgestellt worden: »Eine Reihe von sehr ordentlichen Gemeindegliedern der verschiedenen Kirchen waren unter ihnen, auch ein Diakon.«

Meiser weiß auch schlimme Vorwürfe aus der Voruntersuchung im Malmedy-Prozeß zu berichten. Es habe Scheinhinrichtungen gegeben: »Eine

Schlinge wurde ihm um den Hals gelegt, ein Mann trat zu dem scheinbar
Verurteilten, stellte sich vor als Geistlicher, der bereit sei, die Beichte
abzunehmen; danach wurde der Strick gezogen, bis dem Betreffenden
das Bewußtsein zu schwinden begann.«[132]
Wie wir noch sehen werden, sitzt Meiser den Märchen eines der Angeklagten auf. Monate später werden nahezu alle im Malmedy-Prozeß Verurteilten behaupten, ihre Geständnisse seien durch grausame Folter erpreßt worden, sie seien arme Opfer der Siegerjustiz. Eine Legende ist in
der Welt und wird fortan gerne geglaubt.

»Warme und ehrende Worte«
NS-Industrielle und kirchliche Lobbyisten

KZ-Gedenkstätte Buchenwald

Anfang 1948 stehen in Nürnberg u. a. noch die Manager von IG Farben und Krupp, Einsatzgruppen-Führer und die Diplomaten aus der Wilhelmstraße vor Gericht.[133] Doch die Nazi-Sympathisanten spüren Aufwind. Die im Malmedy-Prozeß Verurteilten widerrufen ihre Geständnisse. In Eidesstattlichen Erklärungen behaupten sie nun, ihre Geständnisse seien grausam erfoltert worden.[134]

Die Kirchenvertreter, die sich mit den NS-Prozessen befassen, werden spätestens 1948 Anwalts-Gehilfen der Nazi-Verteidiger. So hält beispielsweise Oberkirchenrat Hannsjürg Ranke von der Kirchenkanzlei der EKD am 12. Februar 1948 in einem Vermerk fest, er habe die Angelegenheiten der Nürnberger Prozesse mit dem Generalsekretär der Verteidigung im IG-Farbenprozeß, Rechtsanwalt Dr. Müller besprochen. Die Hauptverteidiger stünden in dauernden Verhandlungen. Die »Nürnberger Verteidigung« sei übereinstimmend der Ansicht, es sei bald an der Zeit, »Anregungen in der Richtung von Gnadenerweisen zu geben. Die Verteidiger«, so der Vermerk weiter, »haben zu diesem Zweck einen

Entwurf eines Briefes von Kardinal Frings an Präsident Truman (oder
General Clay) angefertigt«, der nach einer inzwischen stattgefundenen
Besprechung zwischen Rechtsanwalt Dr. Becker und Kardinal Frings die-
sem in kurzer Zeit vorgelegt werden solle. Das heißt: Die »Nürnberger
Verteidigung« betätigt sich als Ghostwriter des Vorsitzenden der Deut-
schen Bischofskonferenz!

Die Eingabe an Truman behauptet, die Neuartigkeit der amerikanischen Militärtribunale liege darin, »daß der einzelne Bürger verantwortlich gemacht wird für Maßnahmen seiner Regierung, an denen er im
Rahmen seiner staatsbürgerlichen Pflichten teilnahm.« Die Mehrzahl
der Verurteilten hätten »persönlich weder gemeine Verbrechen noch
Grausamkeiten begangen oder angeordnet«. Es handele sich um »Menschen, deren Verantwortlichkeit nur durch schwierige und neuartige
Auslegungen des Rechtes begründet werden konnte«. Diesmal bitte
Frings nicht für zum Tode Verurteilte, wie er das schon mehrfach getan
habe, sondern die »ernste Sorge vor den Gefahren, die den höchsten
Gütern der Menschheit drohen«, drängten ihn zu der inständigen Bitte,
»mit einem großzügigen Gnadenerweis für die in Nürnberg Verurteil-
ten, die nicht gemeine Verbrecher sind, vielen gutgesinnten Deutschen
neuen Antrieb und der Welt ein Beispiel zu geben«.[135] Später wird
Frings in einem Brief an McCloy behaupten, die Taten seien »nicht aus
einer kriminellen Disposition heraus« geschehen. Und für die in Dachau
Verurteilten reklamiert er »die Kriegsverhältnisse, unter welchen die
Tat stattgefunden hat«.[136]

»Eine besondere Tätigkeit erforderte damals die Sorge für die sogenannten Kriegsverbrecher, also Soldaten, denen man irgendein (!)
Verbrechen zur Last legte.«

Aus: Für die Menschen bestellt. Erinnerungen des Alterzbischofs Joseph Kardinal Frings. Köln 1973, S. 50.

Der Vorsitzende der katholischen Bischofskonferenz profiliert sich 1948
mit zahlreichen Eingaben zum mächtigsten katholischen Fürsprecher der
verurteilten Kriegsverbrecher. Am 14. März 1948, drei Tage nachdem das
vatikanische Staatssekretariat u. a. wegen der Malmedy-Verurteilten
beim amerikanischen Präsidenten vorstellig geworden ist, hält Frings in
Essen auf einer Männerkundgebung eine Rede: Die Essener seien immer
auf das Haus Krupp stolz gewesen. Die Familie Krupp habe stets großes
soziales Verständnis gehabt »und mit Liebe und Klugheit für das Wohl
der Arbeiter und Angestellten gesorgt«.[137] Gerührt dankt Krupp-Direktor Hans Kallen für die »warmen und ehrenden Worte«: »Es ist dies seit 3

Jahren der erste Einbruch in den Bann, unter dem die Fa. Krupp...
steht.«[138]
Anfang Mai, etwa drei Wochen nach dem Urteil im Einsatzgruppen-Prozeß, fährt der württembergische Landesbischof Theophil Wurm schweres
Geschütz auf. In einem Offenen Brief an den Nürnberger Hauptankläger
Dr. Robert M. W. Kempner behauptet er, in den Nürnberger und Dachauer Prozessen seien »schwere kriminelle Tatbestände berührt. Am
meisten beeindruckt wurde ich von Dokumenten, aus denen zu ersehen
war, daß bei den Vorbereitungen der Anklage in diesen Prozessen, die
hernach mit Todesurteilen geendet haben, verbrecherische Quälereien
angewandt worden sind, um Aussagen und Geständnisse zu erpres-
sen«.[139]
Kempner antwortet, Wurm habe doch gerade das Nürnberger Gefängnis
besuchen können und in einem Brief vom 30. März bestätigt, daß sich
seine Befürchtungen hinsichtlich Behandlung und Verpflegung der Gefangenen als nicht begründet erwiesen hätten. Er bedaure lebhaft, daß
Wurm keinerlei Beweismaterial beigefügt habe. Leider habe Wurm keinen Anlaß genommen, auch nur einer Gerichtsverhandlung beizuwoh-
nen oder »sich auf Grund unserer Ihnen offen stehenden Akten zu orientieren«.
Kempner weiter: »Wie Sie sich aus dem Prozeßmaterial selbst hätten
überzeugen können, gibt es hier keine Verurteilten, die erpreßte Geständnisse abgelegt haben. Die in Nürnberg wegen Mordes usw. verurteilten Kriegsverbrecher – Fälle an anderen Orten kann ich nicht überse-
hen – haben fast ausnahmslos überhaupt kein Geständnis abgelegt. Sie
sind auf Grund der amtlichen deutschen Dokumente aus der Hitlerzeit
verurteilt worden, in denen sie sich selbst schon längst ihr Urteil schrieben.«
Hoffentlich, so Kempner, habe niemand gewagt, einen Mann von Wurms
Stellung zum gutgläubigen Sprecher einer Anti-Nürnberg-Kampagne zu
machen, die eine Sühne der furchtbaren Mordtaten des Naziregimes aus
naheliegenden Gründen ablehne: »Ich bin sicher, daß Sie mit mir auch
die neuerdings stärker werdende Propaganda zurückweisen, daß nämlich
nicht die Mörder, sondern die Ermordeten an der Katastrophe Deutschlands schuldig sind.«[140]
Der Appell an Wurms Einsicht ist vergeblich. Am 20. Mai 1948 behauptet
der greise Kirchenführer auf dem Evangelischen Landeskirchentag in aller Öffentlichkeit:»Wir kennen... bei der Liste der Männer, die als Führer sogenannter Einsatzgruppen in besetzten Ländern wegen angeblich
begangener Verbrechen zum Tode verurteilt worden sind, solche Männer, bei denen es äußerst unwahrscheinlich ist, daß sie wirkliche Verbrechen begangen haben.« Angebliche Verbrechen, angebliche Täter: Der

Vorsitzende des Landeskirchentags dankt Wurm daraufhin von Herzen, daß er sich mit seiner ganzen Person »für Wahrheit, Recht und Gerechtigkeit« einsetze.[141]

Gleichfalls am 20. Mai 1948 schreiben die protestantischen Kirchenführer der amerikanischen Zone General Lucius D. Clay einen Brief. Es sind die Landesbischöfe Hans Meiser (Bayern), Julius Bender (Baden), Adolf Wüstemann (Kurhessen-Waldeck) sowie Kirchenpräsident Martin Niemöller (Hessen-Nassau). Ihr Amt nötige sie, darauf hinzuweisen, daß durch die gegenwärtige Praxis des Nürnberger Gerichtshofes eine »schwere Verdunkelung des öffentlichen Gewissens« entstehe. Die Verteidiger seien gegenüber der Anklage in der Vorbereitung, bei den technischen Hilfsmitteln und in finanzieller Hinsicht benachteiligt. Zeugen würden beeinflußt. Eine Überprüfung der Nürnberger Urteile durch ein unabhängiges Gericht sei nicht garantiert. Kriegsgefangene Offiziere würden durch Zivilrichter abgeurteilt: »Das zu diesem Zweck gebrauchte Mittel, die Offiziere vorher ihrer militärischen Ränge zu entkleiden, hat sein letztes geschichtliches Beispiel in der Behandlung der deutschen Offiziere des 20. Juli 1944 durch Adolf Hitler.«[142]

Am 22. Mai 1948 unterbreitet der Stuttgarter Rechtsanwalt R. Wacker Wurm neue Argumente. Die Beanstandungen an den Dachauer Prozessen richteten sich weniger gegen das Gericht als solches. Das Scheußliche liege gerade darin, daß die Vorbereitung der Prozesse mit solchen Mitteln erfolge, daß der Schein gewahrt bleibe: »So erfolgten die Mißhandlungen nie in Dachau selbst, sondern meist ehe die Leute nach Dachau verbracht wurden.« Die Protokolle im Falle Flossenbürg, Buchenwald und General Stroop sprächen jedoch hinsichtlich der Mißhandlungen eine deutliche Sprache.[143] Wacker erwähnt nicht, daß es sich bei dem »General« um SS-Obergruppenführer Jürgen Stroop handelt, der mit beispielloser Brutalität 1943 den Aufstand im Warschauer Ghetto niedergeschlagen hatte.

Bereits am 14. Dezember 1945 war im Nürnberger Kriegsverbrecher-Prozeß Stroops Bericht über die Vernichtung des Warschauer Ghettos verlesen worden: »Nur durch den ununterbrochenen und unermüdlichen Einsatz sämtlicher Kräfte ist es gelungen, insgesamt 56065 Juden zu erfassen und nachweislich zu vernichten.« Dieser Zahl hinzuzusetzen seien noch die Juden, »die durch Sprengungen, Brände usw. ums Leben gekommen sind, aber zahlenmäßig nicht erfaßt werden konnten«.[144] Die Verlesung des Stroop-Berichts hatte sogar Jodl erregt: »Das dreckige, arrogante SS-Schwein! Schreibt er doch tatsächlich einen protzigen 75-Seiten-Bericht über eine kleine Mordexpedition«.[145]

Die Aussagen eines Verbrechers wie Stroop gelten als glaubwürdig, als unglaubwürdig werden dagegen die Aussagen ehemaliger KZ-Insassen abgetan. Wie unverfroren argumentiert wird, zeigt eine Eingabe des

Nürnberger Nazi-Verteidigers Dr. Georg Fröschmann. Er bittet im Juni 1948 den amerikanischen Hohen Kommissar John McCloy, die Todesurteile von Dachauer Verurteilten auszusetzen. Seine Beweisführung: »Ich stützte dies Gesuch auf die mir von vielen Verurteilten in Landsberg unterbreiteten Versicherungen, daß die Prozesse... eine Reihe schwerer Verstöße gegen allgemein gültige strafprozeßrechtliche Verfahrensvorschriften aufwiesen.«[146] Sehr ähnlich klingen die Vorwürfe von 15 zum Tode Verurteilten aus dem Buchenwald-Prozeß. Sie schreiben im Juli an Wurm, durch Mißhandlungen »und andere Grausamkeiten« seien sie in ihrer psychischen Verfassung so beeinflußt worden, »daß sie einesteils dem unlauteren Verlangen der Anklagebehörden gegenüber widerstandslos wurden, andernteils jegliches Vertrauen in die Gerechtigkeit... der Amerikaner verloren und dadurch in einen Zustand der Gleichgültigkeit versetzt wurden«.[147]

»Das ist gewiß eine große Not: Früher mußten die Juden, jetzt müssen die Nazi an allem Bösen schuld sein.«

Prälat Wilfried Lempp, Schwäbisch Hall, am 21. Juni 1948 an die amerikanische Militärregierung in Stuttgart.[148]

Am 20. August 1948 nimmt eine durch den amerikanischen Armeeminister Kenneth Royal eingesetzte Kommission in München die Arbeit auf. Den Vorsitz hat Gordon Simpson, ein Richter am Obersten Gerichtshof in Texas; mit dabei sind Edward L. van Roden, ein Richter aus Pennsylvania, sowie Oberstleutnant Charles W. Lawrence Jr. vom amerikanischen Kriegsministerium. Es geht um die Überprüfung des Malmedy-Falles und anderer Dachauer Verfahren. Für die in Dachau und Nürnberg Verurteilten arbeitet inzwischen die Zeit. Berlin ist von der Versorgung abgeschnitten und muß über eine Luftbrücke mit den wichtigsten Gütern beliefert werden. Der kalte Krieg zeigt seine Wirkung. Da lassen sich auch Kriegsverbrechen in der Sowjetunion ganz anders darstellen. Charakteristisch ist das Schreiben eines Sprechers des Auslieferungslagers X, Fallingbostel, in dem ein Hungerstreik angekündigt wird:
»An Sie, Herr Gouverneur, richten wir die dringende Bitte, unsern Schrei nach Gerechtigkeit zu verstehen und sich dafür einzusetzen, daß kein Internierter mehr an die Oststaaten ausgeliefert wird. Alle westlichen Länder sammeln in verstärktem Maße Kräfte gegen den Bolschewismus. Wir bitten Sie daher weiter, auch keinen ausländischen Internierten, der in ehrlicher Überzeugung gegen den Bolschewismus gekämpft hat, als Landesverräter auszuliefern, sondern ihm Asylrecht zu gewähren.«[149] Die

Zeit scheint reif, im Osten begangene Verbrechen als ehrlichen Kampf gegen den Bolschewismus ausgeben zu können.

Am 26. August ergeht eine »Resolution der Fuldaer Bischofskonferenz an die amerikanische Militärregierung«: Das moralische Ansehen der Nürnberger und Dachauer Prozesse erscheine schwer bedroht. »Das Rechtsgefühl« sei dadurch beunruhigt, daß die Tribunale »den verhaßten Charakter von Sondergerichten annehmen«. Es würden »Strafurteile aufgrund eines Sonderrechts gefällt, das von den Siegermächten ausschließlich für das deutsche Volk geschaffen wurde«. Die Gerichtshöfe verurteilten deutsche Menschen »nach einem Recht, das bislang in Deutschland unbekannt war...«

Die Bischöfe: »Gebt dem Angeklagten das Recht zur Appellation!« Die in den Urteilen zutage getretene Rechtsunsicherheit könne durch Einschaltung einer »Obersten Appellationsinstanz überwunden werden, eine Instanz, die an die Stelle sondergerichtlicher Ausnahmenormen die Regeln des Straf- und Völkerrechts zur Anwendung bringt, wie sie seit langem Gemeingut aller zivilisierten Völker geworden sind.«[150]

Ein starkes Stück: Sollte es unbekanntes Recht gewesen sein, daß man keine Juden mordet? Menschen nicht in KZ's mißhandelt, demütigt, vernichtet? Millionen als Arbeitssklaven verschleppt? Die Aufforderung, zu den Strafregeln zivilisierter Völker zurückzukehren, offenbart zumindest die geistige Nähe zur Nürnberger Verteidigung. Oder sollten die Bischöfe wirklich glauben, in Nürnberg seien Unschuldslämmer zur Schlachtbank geführt worden?

Am 14. September 1948 liefert die Simpson-Kommission ihren Bericht ab. Grundsätzlich sei die Kritik an den Verfahren unberechtigt. Im Malmedy-Fall seien einige Geständnisse durch Scheinverhandlungen erlangt worden. Der Schuldspruch sei zwar gerechtfertigt, die Taten jedoch in der Hitze des Gefechts geschehen. Empfohlen wird die Umwandlung der Todesstrafen in lebenslängliche Haftstrafen, ebenso die Einrichtung einer ständigen Begnadigungsinstanz durch den Oberkommandierenden in Europa. Bei der überwiegenden Zahl der Todesurteile sei kein Grund ersichtlich, sie nicht zu vollstrecken.[151]

Begierig nehmen Kirchenvertreter in diesen Monaten die umlaufenden Parolen auf. Aufgeregt schreibt Bischof Heinrich Wienken vom Kommissariat der Fuldaer Bischofskonferenz am 20. Oktober an Frings, den in Spandau Inhaftierten drohe der Hungertod! Wienken: »Wird die katholische Kirche Deutschlands dazu schweigen können, daß hier in Berlin-Spandau 8 Menschen dem Hungertode preisgegeben werden?« Alle Häftlinge, so Wienken, nähmen am Gottesdienst des französischen Pfarrers teil, »mit Ausnahme von Heß. Letzterer hat aber auch schon vor mehreren Wochen um eine Bibel gebeten.«[152]

Einen Tag später schreibt Wienken erneut an Frings: Der bestehende
Stopp der Exekutionen sei von Clay aufgehoben, in der vorigen Woche
seien bereits zehn Häftlinge hingerichtet worden (unter ihnen Christian
Mohr und August Ginschel aus dem KZ Flossenbürg, sowie sogenannte
Fliegerfälle). Wöchentlich sollten weitere zehn folgen. Bischof Wurm[153]
und Weihbischof Neuhäusler hätten schon ein Protest-Telegramm an
den amerikanischen Armeeminister geschickt.

»Ist diese Angelegenheit nicht doch so wichtig«, mahnt Wienken, »daß
seitens der katholischen Kirche nicht nur Weihbischof Neuhäusler, sondern auch der Vorsitzende der Fuldaer Bischofskonferenz entspre-
chende Schritte unternehmen sollte? Vielleicht könnte sogar der Papst
angegangen werden? Es ist bekannt, daß er sich seinerzeit, nach der
Verurteilung von Gauleiter Greiser, mit einem Gnadengesuch an die
polnische Regierung wandte.«

Der Papst hatte sich für den Reichsstatthalter des Reichsgau Warthe-
land Arthur Greiser verwendet, der das Mordkommando im Vernichtungslager Chelmno (nach polnischen Schätzungen wurden dort 300000
Juden, Polen, Geisteskranke mit Gaswagen getötet) als »bestes Solda-
tentum« gelobt hatte.[154] Wienken setzt sich bei Frings für den KZ-Kom-
mandanten Alexander Piorkowski ein. Er entsinne sich, daß Piorkowski
damals die Kapelle im Lager Dachau eingerichtet und mit ihm wegen
der Beschaffung von Altargeräten, Kerzen, Meßwein usw. korrespon-
diert habe. Wienken: »Ich bin überzeugt, daß einige der zum Tode Verurteilten ganz unschuldig sind. Sie wurden verurteilt auf Grund von Ge-
ständnissen, die mit ungesetzlichen Methoden erpreßt worden sind.«[155]
Wienken weiß offenkundig nicht, daß SS-Sturmbannführer Piorkowski
im September 1942 von den Nazis selbst amtsenthoben und 1943 von
Himmler sogar aus der SS verstoßen worden war.[156]

Am 22. Oktober schickt Frings wegen der Aufhebung des Exekutionsstopps »im Interesse der Völkerverständigung« ein Protest-Telegramm an Clay. Am 26. Oktober beruhigt Giovanni Battista Montini
vom Staatssekretariat seiner Heiligkeit den Vorsitzenden der Bischofskonferenz, er behre sich mitzuteilen, daß seine Heiligkeit die Bitte um
Hilfe für die zum Tode verurteilten Deutschen erhalten habe. Der Heilige Vater habe bereits vieles getan, um das Leben der Verurteilten zu
retten. Er habe sein Amt beauftragt, neue Schritte zu unternehmen,
»um ihr Los, wenn möglich, abzuändern«. Tatsächlich hat das Staatssekretariat einen Tag zuvor, unter Hinweis auf Frings, beim amerikanischen Präsidenten gegen die Aufhebung des Exekutionsstopps Ein-
spruch erhoben.[157]

Nur wenige Tage später schreibt der Münchener Weihbischof Johann
Neuhäusler an Frings. Was ihm in den letzten Tagen von einigen »Sach-

bearbeitern« von Dachauer Prozessen mitgeteilt worden sei, sei erschüt-
ternd: »Ich verstehe darum immer mehr, daß man eine Appellation fast
nicht zulassen kann. Es käme zu viel Unangenehmes auf. Ich werde Ew.
Eminenz auch weiterhin auf dem Laufenden halten.« Was Neuhäusler,
bis 1945 selbst Häftling in Dachau, weiterhin berichtet, ist in den Akten
des Archivs des Erzbistums Köln nicht enthalten (oder vor fremden Ein-
blicken verborgen). Seine Motive sind unbekannt. Die Einsicht in seine
Akten wurde vom Archiv des Erzbistums München verweigert. Er
scheute sich nicht einmal, in einem Brief an das Office of U.S. Militäry
Government (OMGUS) in Germany, Zeugen aus dem Flossenbürg-Prozeß als Homosexuelle, Kinderschänder, Zuhälter, Kommunisten und
Berufsverbrecher zu bezeichnen.[158]
Neuhäuslers Dossiers haben innerkirchlich ihre Wirkung, wie ein Brief
des Apostolischen Visitators (Visitator Apostolicus in Germania) Aloi-
sius Muench zeigt. Er dankt Frings am 27. November 1948 für das über-
sandte Material »zur Praxis amerikanischer Kriegsgerichte« und meint:
»Man schämt sich wirklich, daß so etwas geschehen ist. Meine einzige
Genugtuung in der Sache ist, wie aus den Namen ersichtlich ist, es nicht
wirkliche Amerikaner waren, die die Vorverhöre führten.« Muench
hatte sich bereits im Juli bei der amerikanischen Militärregierung im
Malmedy-Fall eingesetzt.[159]
Im November meldet sich die »Wirtschaftsvereinigung Eisen- und Stahl-
industrie« (Düsseldorf) bei Frings. Dem Brief »Betr. Nürnberger Indu-
strieprozesse« ist eine Eingabe an General Lucius D. Clay beigefügt.
Der amerikanische Militärgouverneur wird darin um Nachprüfung der
Urteile im Falle Flick, Krupp und Röchling gebeten (Röchling war von
einem französischen Militärgericht 1947 zu zehn Jahren, Flick im Dezember 1947 zu sieben Jahren und Alfried Krupp im Juli 1948 zu zwölf
Jahren Haft verurteilt worden). Die Vertreter von Eisen & Stahl an den
Vorsitzenden der Bischofskonferenz: »Hoffentlich gelingt es den gemeinsamen Bemühungen doch noch, den Verurteilten das größtmög-
liche Maß objektiver Gerechtigkeit zuteil werden zu lassen.«[160]
In den mehr als spärlichen Akten des Erzbistums Köln befinden sich
einige Verteidigungsschriften, die Krupp-Anwalt Otto Kranzbühler verfaßt und zur Verfügung gestellt hat. Kurz vor Weihnachten 1948 bietet
er sogar Textvorschläge an, falls der Kardinal zum Jahreswechsel auf die
Nürnberger Prozesse hinweisen werde.[161]
Otto Kranzbühler, der Star-Verteidiger der Industriebarone, rechtfer-
tigte die Handlungen der Industriellen als Notwendigkeiten im Kampf
gegen »die rote Flut«.[162] Die so Gerechtfertigten dankten es ihm: Er
blieb Rechtsberater des Hauses Krupp. Auch Flick nahm ihn als Verteidiger.[163] Hermann Röchling, der Stahlkönig von der Saar, den Kranz-

bühler vor dem Rastatter Kriegsverbrecher-Tribunal verteidigt hatte,
erwies sich als besonders dankbar: Kranzbühler vertrat als Aufsichtsrat
die Röchling-Interessen im Hütten-Konzern Arbed und bei dem der
Röchling-Familie zugehörenden Rüstungs- und Maschinenbaukonzern
»Rheinmetall«.
Verdrängungskünstler und Rechtfertigungsartisten haben 1948 Kon-
junktur. Im März 1948 hatte Kardinal Frings die Familie Krupp gelobt,
immer »mit Liebe und Klugheit für das Wohl der Arbeiter und Angestellten gesorgt« zu haben. Wer aber erinnerte daran, daß Krupp in
Auschwitz eine Produktionsstätte für Granaten hatte errichten lassen
(die Produktion scheiterte an den Kriegsrealitäten)? Wer erinnerte an
den Massentod unter den mehr als 100 000 Zwangsarbeitern, Kriegsgefangenen, KZ-Häftlingen, die Krupp für die Kriegsproduktion beschäf-
tigte?[164] An die vielen Frauen und Männer, die an Typhus, Ruhr, Hun-
ger-Ödemen und unter den Schlägen von Krupp-Angestellten gelitten
hatten?[165]
Einer von ihnen ist Theodore Lehmann, der für Krupp im schlesischen
Fünfteichen schuften mußte. Lehmann, zunächst Häftling in Auschwitz,
über eine Selektion, die er als 16jähriger erlebte:»In der dritten Sep-
temberwoche 1943 kam ein Direktor der Krupp-Anlagen in Fünfteichen
ins Quarantänelager Birkenau bei Auschwitz, um kräftige Gefangene im
KZ für sein Werk auszusuchen. Die Gefangenen mußten vor ihm völlig
nackt paradieren...«[166]
Zu den NS-Industriellen, die in Nürnberg verurteilt wurden, gehört auch
Friedrich Flick, der sich durch Spekulationsgeschäfte und verschachtelte
Aktienbeteiligungen zu einem der führenden Industriellen hochge-
schafft hatte. Gegenüber den Nazis hatte er die Spendierhosen an:
Allein die NSDAP bekam mehr als 7 Millionen Mark, der »Freundes-
kreis des Reichsführers-SS Heinrich Himmler« wurde von Flicks Cousin
Konrad Kaletsch jährlich mit 100 000 Reichsmark bedacht.[167] Friedrich
Flick, wie sein Intimus Kaletsch 1937 der Partei beigetreten, 1938 zum
Wehrwirtschaftsführer ernannt, war von Himmler persönlich durch
Auschwitz geführt worden.[168] Für die geschundenen Zwangsarbeiter,
die den Terror überlebt hatten, mochte er, obgleich einer der reichsten
Männer der Welt, nicht einen Pfennig Entschädigung zahlen.[169]
Der bayerische Landesbischof Hans Meiser hatte sich schon 1945 für die
Freilassung der inhaftierten Industriellen eingesetzt. Im stark gelichte-
ten Nachlaß Meisers ist ein Brief verblieben, wonach sich der Landes-
bischof mit dem im Allgäu wohnenden Verteidiger der IG-Farben,
Dr. Hellmuth Dix, abgesprochen hat: »In der grundsätzlichen Frage«,
schreibt Dix, »die wir in Fischen besprachen, werde ich mich melden,
sobald die prinzipiellen Unterlagen für den Flick-Prozeß vorliegen.«

Nun aber hat Dix ein anderes Anliegen: Im Rahmen des Fremdarbei-
terproblems werde der Vorwurf erhoben, für ukrainische Kinder keine
Schulen errichtet und keine seelsorgerliche Betreuung der Fremdarbeiter
ermöglicht zu haben. Soweit er wisse, sei dies durch behördliche Be-
schränkungen gar nicht möglich gewesen:»Ich wäre Ihnen nun außeror-
dentlich zu Dank verpflichtet«, meint der Verteidiger,»wenn Sie die
große Freundlichkeit hätten, mir durch die gütige Vermittlung eines Ihrer
Herren die beschränkenden Vorschriften sowohl hinsichtlich des Gottesdienstes wie des Schulunterrichts zugänglich zu machen.« So wird ein
bayerischer Bischof zum Anwaltsgehilfen.[170]
Die Interessengemeinschaft Farbenindustrie hatte im besonderen Maße
zu den Nutznießern der NS-Vernichtungsmaschinerie gehört. Ab Frühjahr 1941 waren den IG-Farben z. B. Häftlinge aus dem Stammlager
Auschwitz zur Errichtung eines Buna-Werkes zur Verfügung gestellt
worden. Etwa 7 km hatten die ausgemergelten Häftlinge vom Lager zur
Baustelle zurückzulegen. Viele brachen auf dem Weg zusammen, starben
an Entkräftung, wurden erschossen. 1942 errichtete die IG-Farben in un-
mittelbarer Nähe des Buna-Werkes das Häftlingslager Monowitz. 1944
wurden neu eingetroffene Häftlinge begrüßt, sie seien nun im KZ der IG-
Farben, um»im Beton zu verrecken«.[171]
Allein in Auschwitz sind etwa 25000 der für die IG-Farben eingesetzten
Häftlinge zugrunde gegangen, totgeschlagen oder vergast worden. Scham
und Schuld plagen die Industriellen jedoch offenbar nicht. Drei Wochen
vor dem Urteil im IG-Farben-Prozeß möchte der ehemalige Leiter der
Zentralfinanzverwaltung, Max Ilgner, den EKD-Vorsitzenden Wurm für
seine Interessen einspannen:
»Herr Dr. Ilgner vom IG-Farbenprozeß macht darauf aufmerksam«, vermerkt Pfarrer Andreas Wittmann, vom bayerischen Landeskirchenrat
mit der Seelsorge an den Internierten der Nürnberger Prozesse beauftragt,»daß es wohl wertvoll wäre, wenn Herr Landesbischof D. Wurm
vor der Weltkirchenkonferenz in Amsterdam persönlich Einblick in die
Nürnberger Prozesse nehmen würde.« Oberkirchenrat Ranke, ein ehemaliger Regimentskamerad des IG-Farben-Verteidigers Dr. Rudolf Müller, sei vor kurzem in Nürnberg gewesen und könne Näheres vereinbaren.
Dr. Ilgner denke an kurze formelle Besuche bei General Taylor, Herrn
Kempner, die Hauptkläger im Krupp- und IG-Prozeß. Außerdem solle
am Abend ein Zusammensein mit den Anwälten erfolgen:»Herr Dr. Ilgner schlägt von den Verteidigern Dix I und Dix II sowie Kranzbühler
vor.«[172]
Am 2. August 1948, unmittelbar nach den Urteilen gegen die IG-Farben
(30. Juli) und Krupp (31. Juli) unterbreitet Wittmann Wurm erneut einen
Vorschlag. Professor Carl Lautenschläger, im IG-Farben-Prozeß freige-

sprochen, frage an, »ob die in den Industrieprozessen verurteilten Herren nicht anderswo als in Landsberg untergebracht werden könnten. Er schlägt Kranzberg im Taunus vor, wo in einem geeigneten Haus die etwa 25 in Frage kommenden Herren von der IG, von Krupp und vom Flick-Konzern, allenfalls noch von Röchling sicher angenehmer untergebracht wären als in Landsberg.«[173]

Die Herren wollen angenehmer untergebracht sein. Benjamin B. Ferencz, Chefankläger im Einsatzgruppen-Prozeß und später von jüdischen Organisatoren beauftragt, für jüdische Zwangsarbeiter und KZ-Häftlinge bei deutschen Firmen Entschädigungen einzufordern, hat die zähen und entwürdigenden Verhandlungen geschildert, bis 1958 die IG-Farben den Zwangsarbeitern »freiwillig« etwa 5000 DM zahlten. Die Aussagen gipfelten in der Behauptung, Auschwitz-Monowitz sei ein »Erholungslager« gewesen.[174]

»Psychose der Schuldlosigkeit«
Ein kirchliches Hilfskartell entsteht

»Christ ist erschienen, uns zu versühnen. Freue, freue dich, o Christenheit!«

Landsberg am Lech ist eine bayerische Kleinstadt mit Tradition. Hitler saß hier 1924 in Festungshaft, nachdem ein Putsch gegen die bayerische Landesregierung gescheitert war. In seiner Zelle – die es heute nicht mehr gibt – schrieb er den ersten Teil seines Buches »Mein Kampf«. So wurde Landsberg zum nationalsozialistischen Wallfahrtsort und zum Zielpunkt des alljährlichen Adolf-Hitler-Marsches der Hitler-Jugend (HJ). Die Amerikaner wählten deshalb das Landsberger Gefängnis als Straf- und Hinrichtungsstätte für Hitlers Gefolgsleute.

Das Relief am Eingang zur neo-byzantinischen Anstaltskirche zeigt reuige und bußfertige Seelen. Doch die als Kriegsverbrecher Verurteilten waren weder reuig noch bußfertig. Einer, der sich in Nürnberg für »schuldig« erklärt hatte, ist der ehemalige Chef der Auslandsorganisation der NSDAP, Gauleiter Ernst Wilhelm Bohle. Er muß in Landsberg in den Vorzimmern beschäftigt werden, weil ihn die Mitgefangenen als »Verräter« bedrohen.[175]

Reue und Buße ist auch nicht das Thema der in Landsberg amtierenden Geistlichen. Nach Kriegsende, so ein Bericht des evangelischen Anstalts- pfarrers, hätten sich die Auswirkungen der in den Siegerstaaten geschür- ten Haßpropaganda bemerkbar gemacht. Unter dem Vorwand »Verfol- gung und Bestrafung von Kriegsverbrechern« sei ein Riesenapparat von Vernehmern und Dolmetschern – größtenteils Emigranten – auf die La- ger und die Zivilbevölkerung losgelassen werden. »Mißhandlungen und Folterungen selbst bei wehrlosen und kranken Frauen« seien üblich ge- wesen, um Geständnisse oder Unterschriften unter bereits vorgeschrie- bene »eidesstattliche Erklärungen« zu erhalten. Alles, was irgendwie mit einem KZ in Verbindung gestanden habe, sei erfaßt und »oftmals unter Folterungen übelster Art« überprüft worden. So seien schließlich viele hingerichtet worden, »unschuldig, ein Opfer der damaligen Verhältnisse« oder »durch den Meineid bezahlter Berufszeugen an den Galgen« ge- bracht.[176]

Der erste hauptamtliche evangelische Anstaltspfarrer ist August Eckardt (sein Vorgänger Siegfried Müller hatte den Gefangenendienst neben Stadtgemeinde, Schulunterricht und Krankenhausseelsorge besorgen müssen).[177] Eckardt, der an Hitlers Geburtstag 1933 in die SA eingetreten war[178], wird bei seinem Amtsantritt am 16. Juni 1948 vom Leiter des Ge- fängnisses, Captain Lloyd A. Wilson, freundlich begrüßt. Er kann alle Gefangenen, auch die Todeskandidaten, ohne Einschränkung besu- chen.

Drei Wochen nach seinem Dienstbeginn erhält Eckardt einen ausführ- lichen Brief. Er stammt von dem Frankfurter Pfarrer Werner Hess, der selbst kurzzeitig in Landsberg interniert gewesen ist.[179] Daß in Landsberg eine ganz besondere Atmosphäre von Spannung, Nationalismus und haftpsychotischer Übersteigerung herrsche, werde Eckardt ja schon be- merkt haben. Es gehe darum, das Vertrauen der verschiedenen Gruppen zu erwerben. Zunächst sei da die Gruppe der SS, zu der auch die Nationa- listen gehörten, und eine Gruppe überzeugter Deutschheiden, von denen man draußen meine, sie seien auf ewig verschwunden. In Landsberg treffe man sie noch lauter an und scheue sich auch nicht, sich zu derglei- chen zu bekennen.

Eckardt werde die schauerlichsten Berichte über die Prozesse erzählt be- kommen, fährt Hess fort. Jeder werde ihn angehen, sich sofort persönlich für ihn einzusetzen. In Landsberg herrsche die »Psychose der Schuldlosig- keit«. Vorsicht geboten sei vor dem »betrügerischen und geistig hochsta- pelnden Katzen-Ellenbogen« (Dr. Edwin Katzenellenbogen hatte sich in Buchenwald als Häftling an Menschenversuchen beteiligt). Eine erfreu- liche Erscheinung sei dagegen der Fürst zu Waldeck. Er urteile zwar scharf nach Meinung der SS, sei aber als Brücke zur SS wichtig und als evangelischer Fürst der Kirche gegenüber aufgeschlossen. Hess wörtlich: »Ich hatte ihn zum Oberküster und Kirchen-Boy ernannt, was er mit großer Freude ausgeführt hat.«

Dann kommt Hess auf Sepp Dietrich zu sprechen, den Kommandeur der Leibstandarte SS Adolf Hitler, der beim Röhm-Putsch kaltblütig prominente SA-Führer hatte ermorden lassen. Sepp Dietrich schwanke in der Mitte, meint Hess, spiele eine Art Volksheld. Auf eine derbe kameradschaftliche Art, am besten mit einem kräftigen »Du Sepp, hör mal«, sei mit ihm klarzukommen.

Danach geht der Ex-Landsberger die wegen Menschenversuchen in den KZ's verurteilten Mediziner durch: Ansprechbar, obwohl ein »alter SS-Obermotz«, sei der Pfarrerssohn Karl Genzken (ehemals Chef des Sanitätswesens der Waffen-SS). Oskar Schröder (ehemals Generaloberstabsarzt, Chef des Sanitätswesens der Luftwaffe und Inspekteur des Luftwaffensanitätsamtes), sei ein ernster Christ, ebenso Hermann Becker-Freyseng (Referent für Luftfahrtmedizin im Amt des Sanitätsinspekteurs der Luftwaffe) und der »sehr intelligente« Dr. Fritz Fischer (Sturmbannführer der Waffen-SS). Oskar Schröder, der bei Himmler die menschlichen Versuchsobjekte für die Dachauer Meerwasser-Versuche geordert hatte, wird Eckardts »Schreiber« im Anstaltspfarramt.

Hess gibt seinem Amtsbruder den guten Rat, an einem Abend einmal den Krematoriumskapo von Dachau, Mahl, in der Zelle aufzusuchen und sich von seiner Tätigkeit an den Öfen erzählen zu lassen: »Vermutlich werden Sie anschließend genau so wenig schlafen wie ich nach dieser story.« In Landsberg säßen bestimmt ein Teil nach menschlichem Recht Unschuldige, die unter dem Unrecht der Welt schwer leiden müßten, aber: »Es sitzt auch ein Teil eklatanter Mörder vor Ihnen, die Kinder des Satans sind.«

Pfarrer Werner Hess, später Intendant des Hessischen Rundfunks, gibt seinem Nachfolger noch einen guten Rat. Sein Predigtziel sei der Gedanke gewesen: »Auf Euch kommt es an, ob aus diesem Haus wieder eine Saat des Hasses ausgehen soll, d. h. wieder Blut und wieder Ungerechtigkeit. Oder ob Ihr Eure Verpflichtung vor Gott erkennt, umzukehren und ihn neu zu bekennen. Verlorener Sohn, aber es geht nicht ohne die Stunde im Schweinestall, ohne die völlige Selbstentäußerung, ohne das Wegwerfen der Selbstgerechtigkeit, des Hasses.«

Hess ist einer der wenigen, die ausdrücklich auch von Schuldigen sprechen und klarstellen, daß es theologisch keine Versöhnung ohne Reue, Schuldbekenntnis und Buße geben kann. August Eckardt stellt sich auf die Seite der Kriegsverbrecher. Bereits am 30. August 1948, wenige Wochen nach seinem Dienstbeginn, schreibt er dem Rechtsberater der württembergischen Landeskirche, Rudolf Weeber, er rechne damit, eines Tages der

Besatzungsbehörde nicht mehr genehm zu sein wie der leitende Arzt des Hauses, Dr. Boeckh. Dieser sei gerade »aus nichtigen Gründen« fristlos entlassen worden. Boeckh habe sich »zum Sprecher der Gefangenen gemacht und ihre Interessen allen übrigen vorangesetzt«.[180] Die Parteinahme zeigt, wo der Anstaltspfarrer steht: Der Psychiater Rudolph Boeckh, Mitglied der NSDAP seit 1932, hatte während der Nazi-Zeit als Chefarzt der Diakonieanstalten im fränkischen Neuendettelsau gearbeitet. Boeckh hatte schon 1937 in einem Vortrag der NSDAP-Ortsgruppe Neuendettelsau erklärt: »Alles Kranke, das nicht wieder der Gesundung zugeführt werden kann, ist Last.« Die Entscheidung über die Vernichtung der Kranken stehe allein dem Führer zu.[181] Boeckh hatte sich in Landsberg mit Hitlers Begleitarzt und Euthanasie-Beauftragten Professor Karl Brandt befreundet, den er für einen »seltenen Idealisten« hält.[182]

Über das Leben in Landsberg kursiert ein hektographierter Bericht, zusammengestellt aus Briefen, die Generaloberst Hans Reinhardt 1949 verfaßt hat. Sie seien rund 700 Gefangene, schreibt Reinhardt, darunter etwa 40 Todeskandidaten. Er selbst und weitere Militärs lägen nebeneinander in Einzelzellen. Die Zellen seien von 5 Uhr 30 bis 21 Uhr offen (»man kann sich frei bewegen, Essen in einer Baracke in ganz nettem Saal«). Gearbeitet werde von 8 bis 11 Uhr 30 und von 13 bis 17 Uhr. Die Betten seien schlecht (»kein Kopfkissen, keine Bettwäsche, keine Nachtkleidung... Kein Waschlappen oder Schwamm erlaubt«), das Essen sei annehmbar, nur sehr eintönig und gehaltlos. Reinhardt, der im ukrainischen Shitomir der Einsatzgruppe C bei einer Großaktion geholfen hatte, die mit der Erschießung von 180 »Kommunisten« und Juden endete[183], klagt jedoch: Die Amerikaner sähen nicht ein oder wollten nicht einsehen, »daß wir keine kriminellen Verbrecher sind... Aber trotz allem wird standgehalten, weil es sein muß, die Kameradschaft hilft uns dabei mit.«[184]

Auch von der Ehefrau des Generaloberst der Infanterie, Hans von Salmuth, gibt es eine Schilderung aus Landsberg. Salmuth hatte der Anklage zufolge das Sonderkommando 10a zur Tötung der Juden von Kodyma (Podolien) herbeigeholt und dazu 300 Wehrmachtsangehörige abgestellt.[185] Frau Salmuth berichtet, die Gefangenen seien mit schwarzem Hemd und schwarzer Hose bekleidet (»was nicht schlecht aussieht«). Das 7½stündige »Stehen und Plätten (nicht nur die Wäsche der Amerikaner, sondern auch die der dazugehörenden Liebchen) strengt ihn recht an, nachmittags tun ihm oft die Füße arg weh.«[186] 1941 war der General weniger wehleidig gewesen: »Der fanatische Wille der Angehörigen der kommunistischen Partei und der Juden«, heißt es in einem Salmuth-Befehl, »um jeden Preis die deutsche Wehrmacht aufzuhalten, muß unter allen

Umständen gebrochen werden.« Es sei nötig, scharf durchzugreifen. Mit dieser Aufgabe seien Sonderkommandos beauftragt. Salmuth zum Judenmord: »An derartigen Aktionen dürfen sich nur Soldaten beteiligen, die ausdrücklich hierzu befohlen werden.«[187]

In den Akten der Kirchenkanzlei der EKD befindet sich eine von der juristischen Referentin Dr. Elisabeth Schwarzhaupt verfaßte Aufstellung »Vorhandene Zeugnisse zur kirchlichen Einstellung der in Nürnberg angeklagten *Generale*«.[188] Neben von Salmuth und Reinhardt ist dort Generalfeldmarschall Wilhelm List aufgeführt, Wehrbefehlshaber auf dem Balkan (Militärverwaltung »Südost«). Wurm tritt für ihn ein, ebenso Bischof Adolf Wüstemann (Kurhessen-Waldeck). Unter »Besondere Bemerkungen« ist nachzulesen: »Hat Eintreten der Kirche voll verdient.«[189]

Über Generaloberst Otto Wöhler, an Ohlendorfs Judenmorden beteiligt[190], heißt es: »Sehr energisches Eintreten der Heimatgemeinde. Aus Kriegszeit liegt kein Urteil vor. Hat Eintreten voll verdient.« Von Wöhler stammt ein Befehl vom 22. Juli 1941, deutsche Soldaten könnten Zeugen »von Vorgängen werden (Massenhinrichtungen, Ermordung von Zivilgefangenen, Juden u. a. m.)«, die zutiefst gegen deutsches Ehrgefühl verstießen. Deshalb sei es selbstverständlich, von solchen abscheulichen Ausschreitungen keine fotografischen Aufnahmen anzufertigen oder in Briefen an die Heimat zu berichten. Wöhlers Konsequenz: »Das Anfertigen oder Verbreiten solcher Fotografien oder Berichte über solche Vorgänge werden als ein Untergraben von Anstand und Manneszucht in der Wehrmacht angesehen und streng bestraft.«[191] Nicht die Ermordung von Zivilgefangenen und Juden ist strafbar, sondern die Berichte darüber.

Zu den Militärs, die in der EKD-Aufstellung aufgeführt werden, gehört auch Feldmarschall Georg von Küchler. Über ihn ist aufgeführt: »Bisher keine Zeugnisse – hat aber Eintreten der Kirche auf Grund seiner mir bekannt gewordenen Haltung während des Krieges und der Gefangenschaft verdient.« Küchler hatte in einem Befehl vom 22. Juli 1940 angeordnet, »daß sich jeder Soldat, besonders der Offizier, der Kritik an dem im Generalgouvernement durchgeführten Volkstumskampf, z. B. Behandlung der polnischen Minderheiten, der Juden und kirchliche Dinge, enthält«. Der Volkstumskampf bedürfe zur endgültigen völkischen Lösung einmaliger, scharf durchgreifender Maßnahmen.[192] Küchler hatte u. a. die Erschießung von 230 geisteskranken Frauen durch den SD in Makarjevo gebilligt.[193]

Die Gefangenen in Landsberg sind besser versorgt als in allen anderen deutschen Gefängnissen. Dies bestätigt auch Pfarrer Eckardt: »Ein reichhaltiger Unterrichtsplan für alle möglichen Gebiete wissenschaftlicher, technischer, sprachlicher und literarischer Prägung ermöglicht den Gefangenen eine Weiterbildung, wie sie in solcher Vielseitigkeit anderswo kaum geboten wird. Außerdem stehen für die Freizeit den Gefangenen Unterhaltungsmöglichkeiten offen durch Sport, Musik und Bücherei.«[194]

In Landsberg gibt es »Sport- und Schaukämpfe« (Leichtathletik: 50- bis 1500-Meter-Läufe, Kugelstoßen, Hoch- und Weitsprung), Boxkämpfe, zum Beispiel im Leichtgewicht der Kampf der Herren Unrecht gegen Thiele, Tauziehen der Blockmannschaften, Hand- und Fußballspiele, alles umrahmt »von unserem Orchester unter Leitung von Willi Bolk«.[195]

Die kulturell Interessierten können »Abende der Kammermusik und Dichtung« im Großen Schulsaal besuchen. Hier liest u. a. Lothar Fendler, Führer des Sonderkommandos 4b, Gedichte von Rilke, Mörike, Goethe (»Warum gabst du uns die tiefen Blicke«). Gespielt werden Streichquartette von Mozart. An der Violine: Siegfried Handloser, Professor und Generaloberstabsarzt, Chef des Wehrmachtsanitätswesens und Heeressanitätsinspekteur, wegen Medizinversuchen an KZ-Häftlingen zu lebenslänglicher Haft verurteilt.

Trotz der ungewöhnlichen Freizeit- und Bildungsangebote gibt es Ärger mit der Kirche. Der erste Konflikt entsteht, als der amerikanische Gefängnisdirektor am 2. Dezember 1948 den Adventskranz aus dem Speisesaal entfernen läßt. Der Münchener Weihbischof Neuhäusler protestiert daraufhin bei General Clay: »Eine solche Mißachtung und Verletzung eines beiden christlichen Konfessionen heiligen Brauches« habe er nicht einmal im KZ erlebt.[196] Die weihbischöfliche Überreaktion, einen Adventskranz zum heiligen Brauch zu erklären, den man selbst im Konzentrationslager geachtet habe, zeigt die Härte der Auseinandersetzung.

Der zweite Konflikt entzündet sich, als die Grabkreuze auf den Gräbern der Hingerichteten durch Täfelchen mit den Gefangenennummern ersetzt werden. Die Begründung der Amerikaner, man wolle Pilgerfahrten zu den Gräbern verhindern, zieht bei Neuhäusler nicht: »Die Christen beider Bekenntnisse sehen... eine Mißachtung des Kreuzes und eine Gräberschändung und können dazu nicht schweigen.«[197]

> »Mit festem Gottglauben und dem Bewußtsein, im Leben unseren Pflichten, die Sitte und Moral uns auferlegten, stets treu und sauber nachgekommen zu sein, scheiden wir von Euch, unseren lieben Angehörigen und unserem Vaterland, das wir so heiß liebten. Lebt wohl! Heil Deutschland! Eure Kameraden.«
>
> Letzter Gruß der am 29. Oktober 1948 in Landsberg Hingerichteten.[198]

Der dritte Konflikt erinnert an die Malmedy-Erzählungen: Der Gefangene Mühlbauer hatte sich an Pfarrer Eckardt gewandt, er sei durch einen Wachposten mißhandelt und anschließend in schwebender Haltung am Zellenfenster angebunden worden. Der Anstaltsarzt (der wegen Menschenversuchen im KZ verurteilte Dr. Becker-Freiseng) hatte Mühlbauer Hautrötungen und Druckstellen bescheinigt.[199] Der Vorfall erscheint den Kirchenvertretern geeignet, Gefängnisdirektor Wilson endlich »zu Fall zu bringen«.[200]

Der Konflikt wird gelöst: Mühlbauer reduziert seine Vorwürfe. Die Grabkreuze werden wieder aufgestellt. Und August Eckardt wird wegen des Vorwurfs, er habe die Öffentlichkeit gegen die Kriegsverbrecherprozesse aufzuwiegeln und die Unzufriedenheit der Häftlinge zu erregen versucht, zum 31. März 1949 geschaßt.[201] Aber auch Wilson wird nicht mehr lange Gefängnisdirektor bleiben.

Am 5. August 1949 ist Wurm in Landsberg. Er besucht zunächst den neuen Direktor, der die Liste der Gefangenen, die Wurm sprechen möchte, ohne Abstriche genehmigt. Wurm: »In der Unterredung machten wir den Direktor darauf aufmerksam, daß das Wecken der Gefangenen um 5.30 Uhr morgens für die älteren Herren, die oft erst gegen Morgen den richtigen Schlaf finden, sehr hart sei.« Der Direktor willigt ein, bei ärztlichem Zeugnis ein späteres Aufstehen (6.30 Uhr) zu genehmigen.

Wurm spricht u. a. mit Ex-Staatssekretär von Weizsäcker, dem ehemaligen Minister Graf von Schwerin-Krosigk sowie mit List und von Salmuth. Um 18 Uhr 25 steht ein Gottesdienst an, an dem etwa 500 Häftlinge teilnehmen. Pfarrer Karl Ermann, Eckardts Nachfolger, besorgt die Eingangsliturgie, Wurm hält eine Ansprache, Oberkirchenrat Daumiller die Schlußliturgie. Um allen Häftlingen den Gottesdienstbesuch zu ermöglichen, hat der neue Direktor eigens die Arbeitszeit um eine Stunde verkürzen lassen.[202]

Die Amerikaner wollen es sich mit der Kirche nicht verderben. Dies ist jedoch eine vergebliche Liebesmühe, wie sich bald herausstellen wird. Den Kirchenvertretern geht es nämlich nicht um die Haftbedingungen, die anerkannt besser sind als in jedem anderen Gefängnis, sie kämpfen vielmehr gegen die Behauptung, in Nürnberg und Dachau seien Kriegsverbrecher verurteilt worden.

Vom Landsberger Gottesdienstraum haben die Häftlinge einen Blick auf das Tor zur Freiheit draußen. Ein symbolisches Bild: Die Fürsprache der Kirchen verheißt Begnadigung und Entlassung. Beide Kirchen entwikkeln 1949 ein gut funktionierendes Hilfskartell. Sie bedienen sich dazu der Hilfe eines Mannes, von dem nicht sicher ist, ob er sich nicht der Kirchen bedient: Dr. Rudolf Aschenauer, u. a. Verteidiger des Chefs der

Einsatzgruppe D, SS-Gruppenführer Otto Ohlendorf, verantwortlich für den Mord an etwa 90 000 Menschen, meist Juden.

Die evangelischen Kirchenvertreter sind zwar irritiert, daß Aschenauer der Vertrauensmann und Rechtsberater von Weihbischof Johannes Neuhäusler ist [203], schätzen aber seine internen Kenntnisse, wie die »Aktenvormerkungen« von Kirchenrat Adolf Rusam zeigen. Rusam, im Münchener Landeskirchenrat für die »Landsberger« zuständig, sucht Aschenauer im Januar 1949 in dessen Wohnung auf. Der Anwalt informiert ihn, die Amerikaner suchten grundsätzlich eine Befriedung. In allerletzter Zeit sei erreicht worden, daß in weiteren 29 Fällen die Vollstreckung der Todesurteile gestoppt und eine nochmalige Überprüfung der Urteile vorgenommen werde. Zufrieden vermerkt Rusam: »Die verschiedenen Aktionen haben allmählich ihre Wirkung getan.« [204]

Im Februar 1949 erörtert Rusam mit Aschenauer die Hinrichtungen der letzten Woche. Der Verteidiger meint, »daß in mehreren Fällen das Todesurteil zweifellos zurecht vollstreckt worden sei«. Andererseits überprüfe die Kommission Simpson in einer Reihe von Fällen überaus oberflächlich. Im Verfahren stünden sich zwei Gruppen gegenüber: Die eine stehe stark unter jüdischem Einfluß und sei von Rachegefühlen beseelt, die andere trete für Milde ein.

Rusam notiert, Aschenauer sei mit dem Nürnberger Rechtsanwalt Dr. Georg Fröschmann dabei, in Nürnberg ein eigenes Büro zur Behandlung der Landsberger Fälle einzurichten. Das Büro rechne mit einer Arbeit von mindestens einem Jahr. Aschenauer bitte die Kirche um Hilfe zur Finanzierung des Büros: »Er regt an, auch bestimmte Industrielle zur Hilfe zu gewinnen. Ich gebe ihm die Zusage, diese Frage zur Sprache zu bringen.« [205]

Im März erfährt Rusam, die erforderlichen Räume seien bereits vom Caritas-Verband durch Vermittlung des Erzbischöflichen Ordinariats in Bamberg zur Verfügung gestellt worden. Da will auch der evangelische Kirchenrat nicht abseits stehen: »Ich lege Herrn Dr. Aschenauer nahe, an den Landeskirchenrat ein Gesuch um finanzielle Unterstützung des Büros zu richten, das dann an die EKD weitergeleitet werde.« [206]

Das »mit Hilfe der Kirchen« gegründete [207] und von den Protestanten teilfinanzierte Büro (Adresse: Bärenschanzstr. 4–6, Caritasbüro/Steinbaracke) nimmt seine Arbeit im Mai 1949 auf. Mitfinanziert wird auch Aschenauers Büroleiter Dr. Heinrich Malz (»von Herrn Pfarrer Wittmann bestens empfohlen« [208]), ein ehemaliger SS-Obersturmbannführer, der es 1944 bis zum Persönlichen Referenten von Ernst Kaltenbrunner gebracht hatte (der ein Jahr zuvor Heydrichs Nachfolger und damit u. a. zum Vollstrecker der »Endlösung« geworden war).

Malz macht aus seiner braunen Gesinnung keinen Hehl. So erläutert er

z. B. dem Stuttgarter Oberkirchenrat Weeber, »*so* offensichtlich verbrecherisch« sei der »Führerbefehl« zur Judenvernichtung – vom einzelnen aus gesehen – nicht gewesen, wie das heute herrschende Auffassung sei, jedenfalls sprächen nicht wenige Anhaltspunkte dafür, »daß unter den besonderen Bedingungen, unter denen die kriegerische Auseinandersetzung mit dem Bolschewismus geführt werden mußte, auch ein derart grausamer Befehl nicht vorneherein außerhalb jeder *Kriegsnotwendigkeit* liegend anzusehen war«. Er lehne es ab, »ein Strafgericht über jene als gerechtfertigt anzusehen, die in einer untergeordneten Befehlslage zum Vollstrecker von Befehlen wurden«.[209]

Zwischen Aschenauer und Fröschmann, einem Duz-Freund des bayerischen Landesbischofs Meiser, kommt es zum Streit, noch ehe die gemeinsame Verteidigung beginnt.[210] Am 17. Juni 1949 erklärt Aschenauer seinem Kontaktmann Rusam, Fröschmann sei aus dem Büro ausgeschieden. Als Treuhänder für die Verwendung der Gelder habe die katholische Kirche Thalhammer aufgestellt. Dies ist kein unbedeutender Kassenwart: Joseph Thalhammer, ab 1945 erzbischöflicher Sekretär bei Faulhaber, ist seit 1948 Domkapitular.[211]

Bei meinen Recherchen war ich schon früh auf einen Brief Fröschmanns gestoßen, in dem er Aschenauer das Zerwürfnis bestätigt und dann in gewundenen Worten um Rückvergütung von zwei Zahlungen in Höhe von jeweils 800 Mark bittet. Die Beträge seien »im Auftrage des Herrn Flick über Herrn Konrad Kaletsch« unter dem Titel »Förderung der historischen Arbeiten« an das evangelische Pfarramt St. Jobst in Nürnberg bzw. an Herrn Dr. H. Malz, Rummelsberg, über Feucht bei Nürnberg übermittelt worden und »im Auftrage des Herrn Flick für die von mir durchgeführte allgemeine Aktion bestimmt« gewesen.[212]

In der Kirchengemeinde St. Jobst, die nach dem Heiligen Jodocus, dem Schutzpatron der Reisenden, der Pilger und der Kaufleute benannt ist, hatte Pfarrer Wittmann amtiert, der im August 1949 von Pfarrer Rusam abgelöst wurde. Ohne große Erwartungen, die seltsamen Zahlungen aufklären zu können, besuchte ich im November 1990 den Pfarrer der Gemeinde St. Jobst. Ich fragte ihn, ob in den Kirchenbüchern der Eingang der zweimal 800 Mark zu finden sei. Der Pfarrer konnte die Beträge nicht finden, dafür aber zahlreiche Spenden von 10 Mark aufwärts, insgesamt einige tausend Mark.

Zur Verfügung stand das Pfarramts-Kassenbuch von 1949 bis Mitte 1951, in dem die Einnahmen und Ausgaben der Gemeinde verbucht sind. Unter den Einzahlern ist z. B. der Verband Stahl- und Eisenbau aufgeführt, während unter Auszahlungen beispielsweise der Eintrag »Für historische Aufgaben an Dr. Malz« zu finden ist. Sogar eine Karteikarte »Historische Arbeiten« existiert noch. Aus ihr ist abzulesen, daß der Titel »Historische

Arbeiten« ein Tarnkonto war, auf dem die Spenden zugunsten der Nazi-Täter eingezahlt, verbucht, gesammelt und anschließend an die Nazi-Helfer weitergeleitet wurden. An Aschenauers Büroleiter Malz gehen zum Beispiel einmal 1050 Mark, an Aschenauer direkt 1500 Mark. Sogar ein Hefter »Belege zur Pfarramtskasse« existiert noch. Ordentlich abgeheftet ist hier z. B. ein Einzahlungsbeleg über 300 DM, die Konrad Kaletsch, im Flick-Prozeß freigesprochen, überwiesen hat (Kaletsch, der für seinen in Landsberg inhaftierten Konzernchef die Geschäfte führt, hatte schon dem »Freundeskreis des Reichsführers SS Heinrich Himmler« die Flick-Spenden überwiesen). Der Hefter enthält die Scherflein unbekannter Einzahler wie die Spenden bekannter Firmen: Krupp, Stahlbau Rheinhausen, Siemag (Siegener Maschinenbau Aktiengesellschaft), Ruhrgas A.G. und der bereits genannte Verband Stahl & Eisenbau.

So löste sich das Rätsel ganz einfach: Die Nürnberger Kirchengemeinde St. Jobst hatte als Spenden-Waschanlage zugunsten von Nazi-Verbrechern gedient.

Am 26. November 1949 wird im Erzbischöflichen Ordinariat in München das »Komitee für kirchliche Gefangenenhilfe« gegründet, ein Komitee der Würdenträger: Vorsitzender ist Exzellenz Johannes Neuhäusler, sein Vertreter der Münchner Oberkirchenrat Oskar Daumiller. Vorstandsmitglieder sind u. a. Domkapitular Joseph Thalhammer, der bayerische Caritasdirektor Georg Rudolf Fritz, die Oberkirchenräte Adolf Rusam und Heinrich Riedl (ein protestantischer Multi-Funktionär, der für das bayerische Hilfswerk auftritt). Beisitzer mit beratender Stimme und Geschäftsführer ist Dr. Rudolf Aschenauer.

Nach den Richtlinien will das Komitee die publizistische Behandlung der Kriegsverbrecherprozesse fördern und '»würdigen und bedürftigen Gefangenen, insbesondere solchen in Landsberg« Rechtshilfe gewähren.[213] Offenkundig sind die »Landsberger« nahezu komplett als »würdig« eingestuft, denn die kirchliche Gefangenenhilfe vertritt in Person ihres Geschäftsführers Aschenauer sage und schreibe 683 in Landsberg einsitzende Kriegsverbrecher.[214]

In einem Spenden-Bettelbrief des Komitees, unterzeichnet von Neuhäusler und Daumiller, wird ein weiteres Ziel genannt: Es sei notwendig, daß das deutsche Volk seinen Weg in die Zukunft »frei von ihm aufoktroyierten Schuldkomplexen« bestimme.[215] Diesem Ziel dient offensichtlich, daß das Komitee der Würdenträger Propagandaschriften ihres Geschäftsführers in Umlauf bringt. So wird die Drucklegung der Aschenauer-Schriften »Zur Frage einer Revision der Kriegsverbrecher Prozesse« und »Fragen der richterlichen Nachprüfungspflicht und des Handelns auf Be-

fehl im Zusammenhang mit den Nürnberger Kriegsverbrecherprozessen«
veranlaßt.[216]

Wenig christlich mutet es allerdings an, daß der Geschäftsführer für
kirchliche Gefangenenhilfe sein Amt dazu benutzt, seinen Anwaltskolle-
gen Fröschmann beim Bundesjustizministerium anzuschwärzen, dieser
nehme seine Landsberger Mandanten aus. Leider müsse er auch darauf
hinweisen, »daß die eine Sekretärin mit Dr. Fröschmann eng liiert war,
und das Kind derselben ist heute bei Dr. Fröschmann aufgenommen«.[217]

Wie dem auch sei: Rudolf Aschenauer ist in diesen Monaten ein maßgeb-
licher Vertreter beider Kirchen.

»Fortsetzung des Krieges in den Gerichtssälen«
Die geheime Denkschrift der EKD

Kirchenpräsident
Martin Niemöller

Landesbischof
Hans Meiser

Landesbischof
Theophil Wurm

Vom 5. bis 7. September 1949 weilt eine vom Senatsausschuß für die bewaffneten Streitkräfte autorisierte Untersuchungs-Kommission in München. Sie soll den Malmedy-Fall noch einmal gründlich untersuchen. Vorsitzender des Ausschusses ist Senator Raymond E. Baldwin. Er wird von den Senatoren Estes Kefauver und Lester C. Hunt begleitet. Aschenauer tritt bei dem Münchener Treffen als Beauftragter von Weihbischof Neuhäusler auf. Als evangelischer Vertreter kommt Kirchenrat Adolf Rusam zu Wort. Er könne »nur ein allgemeines Wort« sagen, meint er. Der Kirche seien »von vielen Seiten Berichte zugegangen über merkwürdige Methoden und über Grausamkeiten bei den Untersuchungen«. Nun, da alle Vorwürfe auf den Tisch könnten, gesteht Rusam: »Zur Sache selbst kann ich keine Einzelaussagen machen.«[218]
Senator Baldwin ist mißtrauisch, da die eidesstattlichen Versicherungen, im Malmedy-Verfahren seien Geständnisse durch Folterungen erlangt worden, erst 16 Monate nach dem Urteil aufgetaucht sind. Baldwin wird bald fündig. Einer der Hauptbelastungszeugen ist der in Schwäbisch-Hall niedergelassene Zahnarzt Dr. Eduard Knorr. Er hatte eidesstattlich erklärt, 15 bis 20 Gefangene wegen ausgeschlagener Zähne und in einem Fall wegen eines Unterkieferbruches behandelt zu haben.
Als Baldwin in Schwäbisch-Hall auftaucht, ist der Zahnarzt bereits tot, gestorben an Arterienverkalkung. Die Kommission findet jedoch seine

Assistentin, die berichtet, deutsche Anwälte hätten die eidesstattliche Erklärung von ihrem Chef erbeten. Nach Knorrs Tod hätten sie auch von ihr eine Erklärung haben wollen.[219] Knorrs Assistentin wird gebeten, die ärztlichen Aufzeichnungen über die behandelten SS-Männer herauszusuchen. Da muß sie passen: Die Arztunterlagen, die gewöhnlich zehn Jahre aufbewahrt würden, habe sie auf Anweisung ihres Chefs vernichtet. Knorrs eidesstattliche Versicherung fällt schließlich in sich zusammen, als die Baldwin-Kommission sämtliche in Landsberg einsitzenden Malmedy-Verurteilten befragt, welcher Zahnarzt sie behandelt habe. Nur ein einziger war von einem deutschen Zivil-Arzt, sämtliche anderen von Amerikanern versorgt worden.

Ein weiterer Hauptbelastungszeuge ist der ehemalige Kreisleiter und Fallschirmjäger Dietrich Schnell. Schnell, ein Ex-Häftling aus Schwäbisch-Hall, wollte Mißhandlungen gesehen haben und hatte sie auch präzise beschrieben. Er soll nun an Ort und Stelle demonstrieren, was er wo gesehen hat. Es zeigt sich, daß er das Geschilderte gar nicht gesehen haben konnte.

Der Baldwin-Bericht über den ehemaligen Kreisleiter: »Er erklärte ausdrücklich, im Malmedy-Fall mit keinem deutschen Verteidiger... in Verbindung gestanden zu haben, mit Ausnahme eines Mannes namens Aschenauer zu Anfang und durch Vermittlung von Frau Dietrich«, der Ehefrau des verurteilten Sepp Dietrich. »Der Stab des Untersuchungsausschusses stellte jedoch fest, daß er sofort nach seiner Vernehmung mit Dr. Eugen Leer, einem deutschen Verteidigungsanwalt, in Verbindung getreten war, welcher augenscheinlich das Verhalten all dieser Gefangenen koordinierte.«

Als Schurkenstück entpuppt sich die Aussage des Hauptbelastungszeugen der Malmedy-Gruppe, Otto Eble. Seine Behauptungen hatten selbst in den USA Glauben gefunden. Er hatte u. a. behauptet, man habe ihm brennende Streichhölzer unter die Fingernägel getrieben, außerdem sei er bis zur Bewußtlosigkeit an einem Galgen hochgezogen worden. Der Baldwin-Ausschuß ermittelt, daß Otto Eble in Wahrheit Friedrich Eble heißt und wegen Betruges mehrfach vorbestraft ist. Friedrich Eble war während der Haft in die Identität seines Bruders Otto geschlüpft, hatte dessen Namen und Dienstgrad angenommen.

Baldwin hat, um einen stichhaltigen Bericht abliefern zu können, zwei amerikanische Ärzte und einen Zahnarzt des öffentlichen Gesundheitsdienstes mitgebracht. Sie finden bei Eble keine Hinweise auf Verbrennungen, ihre Diagnose lautet vielmehr: »pathologischer Lügner«. Das Ärzteteam kommt zu dem Schluß, Geständnisse seien nicht erfoltert worden, vereinzelt könne jedoch ein Inhaftierter geohrfeigt, herumgestoßen oder möglicherweise auch geschlagen worden sein. Was der Baldwin-

Ausschuß nicht anmerkt, ist der Verdacht, die Männer der SS-Elite könnten ihre eigenen Verhör-Methoden den Amerikanern unterstellt haben.

Der Malmedy-Fall dient dazu, die gesamte amerikanische Prozeßführung zu diskriminieren. Dies wird trotz der gründlichen Arbeit der Baldwin-Kommission letztlich auch gelingen. Am Ende werden aus den Tätern wehrlose Opfer. Dies gelingt im Malmedy-Fall und in anderen Fällen, weil sich angesehene Kirchenvertreter die Behauptungen der Verurteilten zu eigen machen. Zumindest einige handeln dabei wider besseres Wissen, wie aus den erhaltenen Aktenvermerken hervorgeht.

So heißt es zum Beispiel am 23. März 1949 in einer »Aktenvormerkung« des Münchner Kirchenrats Adolf Rusam, er habe mit dem Anwalt der Malmedy-Gruppe, Leer, und mit Aschenauer gesprochen. Beide seien der Meinung, daß in dem Verfahren zwar erhebliche Verstöße und schwere Mißhandlungen vorgekommen seien, »daß aber ein großer Teil der Angeklagten wirklich schuldig ist«. In den noch schwebenden zwölf Fällen sei die Lage so, daß die Verurteilten durch die Aussagen ihrer eigenen Kameraden zum Teil zu Unrecht belastet wurden. Diese, inzwischen begnadigt, hätten sich zu ihren Lasten reingewaschen. Insgesamt, vermerkt Rusam, böten die Angeklagten »das Bild von sehr zweifelhaften Charakteren«.[220]

Einer der unverfrorensten Reinwäscher ist der Stuttgarter Oberkirchenrat Rudolf Weeber, Vorsitzender der Inneren Mission in Württemberg. Er erstellt 1949 ein »Memorandum zu den Kriegsverbrecherprozessen«. Weeber klagt darin, seit der Kapitulation würden in fast allen Ländern Kriegsverbrecherprozesse gegen Deutsche geführt. Die deutschen Gefangenen im Ausland seien »dem aus der Kriegszeit überkommenen Haß, der nationalen Leidenschaft und oft der Lüge fast schutzlos ausgeliefert«. Ein Ende »dieses verlängerten Kriegszustandes, der sich vom offenen Feld in die Gerichtssäle verlagert« habe, sei nicht abzusehen.[221]

Weeber meint, die Strafen der Militärgerichtsurteile stünden in keinem normalen Verhältnis zur konkreten Schuld und Missetat. Insbesondere gelte dies von den Todesurteilen, die inzwischen vollstreckt wurden: »Es besteht in diesen Fällen der Verdacht, daß Justizmorde begangen worden sind.« Für Robert Kempner war Nürnberg »eine Festung des Glaubens an das Völkerrecht«[222], für Weeber sind die Prozesse dagegen die »Fortsetzung des Krieges in den Gerichtssälen«.

Weeber spricht von »verbrecherischen Methoden der Voruntersuchung« bei den Dachauer Prozessen. Während der Voruntersuchung im Malmedy-Prozeß seien im Gefängnis von Schwäbisch-Hall schwerste Mißhandlungen an der Tagesordnung gewesen. Es seien (»unter gotteslästerlichem Mißbrauch des Kruzifixes«) Scheinverhandlungen durchgeführt und Todesurteile ausgesprochen worden. Entsetzliches werde auch aus dem amerikanischen Vernehmungslager Oberursel (Taunus) berichtet. Auch aus anderen Internierungslagern würden »geradezu sadistische Behandlungsmethoden« geschildert.

Angesichts dieser Geisteslage kann es nicht verwundern, daß beim Landesverband der Inneren Mission in Württemberg als Abteilungsleiter (»Hier oblag mir insbesondere die Wahrnehmung des Referats Öffentlichkeitsdienst.«) auch Pfarrer Martin Tondock untergekommen ist. Tondock, ehemals Pastor der schlesischen Landeskirche, hatte sich Frühjahr 1934 zur SS beurlauben lassen. Er arbeitete zunächst beim Hauptamt SS-Gericht in München, dann in Berlin als Verbindungsführer der SS-Disziplinargerichtsbarkeit. Der ehemalige SS-Oberführer: »In dieser Eigenschaft oblag mir die Verbindung mit den Berliner Behörden und auch der gelegentliche Vortrag besonders bemerkenswerter Disziplinarvorgänge beim Reichsführer SS.«[223]

Der Public-Relation-Mann der Inneren Mission war von Himmler persönlich als Hauptamtlicher angeworben worden. Der Grund: Dem Reichsführer SS hatten eine Tondock-Predigt anläßlich der Trauung von SS-Obergruppenführer Udo von Woyrisch und ein Tondock-Referat über »Fürsorge als Kameradschaftsdienst« offenbar über die Maßen gefallen.[224] Ein Mann, der Himmler zusagte, war offenbar auch der richtige für die Öffentlichkeitsarbeit in Württemberg.

Als Grundlage kirchlicher Horrormeldungen dienen die Berichte der Täter. So kursiert in Lang- und Kurzfassung ein »Bericht über meine Erlebnisse in polnischen Gefängnissen«. Verfasser ist Richard Hildebrandt, der Höhere SS- und Polizeiführer Danzig und Westpreußen, später Chef des SS-Rasse- und Siedlungshauptamtes. Hildebrandt beschwert sich, er sei im Dezember 1946 mit etwa 25 »Kameraden« im Viehwagen nach Warschau transportiert worden. Unterbringung und Ernährung seien katastrophal. Es gebe nur Wassersuppe mit angefaulten Rüben und schlecht gewordenen Kartoffeln. Sie seien lebendig begraben, hätten keinerlei seelsorgerliche Betreuung, keinen Kirchgang und keinen Besuch eines Pfarrers.[225]

Daß Polen von Leuten seines Schlages leergeplündert wurde, verschweigt der Klageführer. Bereits im Nürnberger Prozeß hatte sein »Bericht über die Aufstellung, Einsatz und Tätigkeit des SS-Wachsturmbann E« (Eimann) vorgelegen, den er am 9. Januar 1940 an Himmler geschickt hatte. Hildebrandt lobt darin die wertvolle Arbeit der SS-Truppe und listet ihre Erfolge auf: u. a. die »Beseitigung von 1400 unheilbar Geisteskranken aus pommerschen Irrenanstalten«, die »Beseitigung von ca. 2000 unheilbar Geisteskranken« der Irrenanstalt Konradstein, »Begleitung von Ju-

dentransporten«, die »Evakuierung polnischer Elemente«.[226] Solchen
Zeugen werden wir noch öfter begegnen.

Am 23. September 1949 schreibt Oberkirchenrat Hannsjürg Ranke (Kirchenkanzlei) Landesbischof Wurm, Kirchenpräsident Niemöller und
dem Stuttgarter Prälaten Hartenstein einen gemeinsamen Brief. Im vergangenen Sommer habe er ihnen den von Weeber und ihm gefertigten
Entwurf einer Denkschrift über die Kriegsverbrecherprozesse vorgelegt
und die Zusicherung ihrer Unterschrift erhalten. Weeber und er hätten
nun den Druckauftrag erteilt.[227] Damit läuft eine geheime Kommandosache der EKD an: Die Denkschrift, nur in englischer Sprache gedruckt,
wird in der Tat der Öffentlichkeit nicht bekannt werden.

Am 14. Januar 1950 meldet Heinz Brunotte, Präsident der Kirchenkanzlei, den Mitgliedern des Rates der EKD die Fertigstellung der »Denkschrift über die Verfahren wegen Kriegsverbrechen vor amerikanischen
Militärgerichten«. Die Kanzlei verfüge über 20 gebundene und über
980 broschüre Exemplare. Alle Exemplare seien durchnumeriert. Über
die Verteilung ist – gegen Empfangsbescheinigung – eine Liste zu führen.[228] Es folgt eine Liste, wem ein Exemplar vertraulich zugänglich gemacht werden soll. Unter den Empfängern ist auch das Prozeßarchiv der
IG Farben-Frankfurt aufgeführt, denn, so die Begründung: »Eine Übergabe der Denkschrift an diese Stelle kann nicht gut umgangen werden,
weil sie einen beträchtlichen Betrag zur Herstellung der Denkschrift zur
Verfügung gestellt hat.« Die Verantwortlichen der EKD haben keine
Hemmungen, sich von Leuten sponsern zu lassen, die noch in Auschwitz
Geschäfte gemacht hatten.

Mit der Denkschrift macht sich die evangelische Kirche zum Sprachrohr
der Angeklagten und ihrer Verteidiger. Charakteristisch ein Schreiben
von Oberkirchenrat Ranke an Rechtsanwalt Justus Koch, dem er für die
»Ausführungen zum Wilhelmstraßenprozeß« dankt. Er habe das Papier
zwar noch nicht gelesen, hoffe aber, es in den nächsten Tagen in seine
Denkschrift einarbeiten zu können.

Ungeniert wird auch das Geld angesprochen: »Inzwischen hat sich die
Verteidigung des IG-Farben-Prozesses bereit erklärt, uns für die Denkschrift das notwendige Matrizenmaterial zur Verfügung zu stellen.« Er
hoffe, sich nächste Woche mit Kranzbühler zu treffen »und von ihm
gleichfalls eine Unterstützung der Bemühungen zu erhalten«. Dann wird
Ranke ganz direkt: »Ich wäre Ihnen ... dankbar, wenn Sie die Freundlichkeit hätten, mir mitzuteilen, ob die Ihnen nahestehenden Kreise sich
mit einem Geldbetrag für die Übersetzung und Vervielfältigung der
Denkschrift einsetzen könnten. Ich werde wohl insgesamt etwa
DM 2000,– brauchen.«[229]

Am Abend des 21. Februar 1950 wird die geheime Denkschrift dem Hohen Kommissar übergeben. McCloy lädt die Überbringer, die Oberkirchenräte Weeber und Ranke sowie Prälat Karl Hartenstein[230], zum Abendessen ein. Nach dem Essen werden in einer »sehr aufgelockerten und offenen Art«, so jedenfalls das vertrauliche Protokoll des Mitüberbringers Ranke, Prozeß- und Begnadigungsfragen erörtert.[231] Unglücklich findet McCloy die Haltung von Bischof Otto Dibelius (der den inzwischen im Ruhestand lebenden Wurm als Vorsitzenden des Rates der EKD abgelöst hat). Dibelius habe ihm gegenüber den Standpunkt vertreten, alles, was vor den Gerichten geschehen sei, sei ungerecht gewesen.[232]

Was die Nürnberger Prozesse angehe, erläutert der Hohe Kommissar, so habe er mehrere Prozesse, insbesondere die SS-Fälle, selbst sehr genau studiert und finde die Urteile einwandfrei. Es sei erstaunlich, wieviel belastendes, urkundliches Material sichergestellt sei. In einigen Fällen habe er jedoch den Eindruck gewonnen, daß die Urteile in der Tat zu hart seien. Er wolle die Angelegenheit zu Ende bringen und habe eine Überprüfung der Nürnberger Urteile vorgeschlagen.

Die Dachau-Fälle seien seiner Gerichtsbarkeit entzogen. Dort seien Verstöße gegen Militärrecht geahndet worden. Für Dachau sei General Handy zuständig, der eine Überprüfung der Verfahren in die Wege geleitet habe. Was den Malmedy-Fall angehe, so seien dort immerhin gefesselte US-Soldaten durch Genickschuß getötet worden. Er gebe zu, daß den Angeklagten gegenüber nicht einwandfreie Methoden angewandt worden seien. Allerdings habe nur ein einziger Zeuge behauptet, zu falschen Aussagen gepreßt worden zu sein.

Als Verantwortliche der EKD-Denkschrift zeichnen Wurm, Niemöller und Hartenstein. Das Original der Denkschrift heißt »Memorandum by The Evangelical Church in Germany on the Question of War Crimes Trials before American Military Courts«. Auf der Titelseite ist aufgedruckt: »Not for Publication. Printed in Numbers.« Der im Vorwort formulierte Anspruch ist hoch: Der nachstehende Bericht stehe »unter der Verantwortung, die der Herr der Kirche seinen Dienern auferlegt«. Die Grundlage allen Lebens der Menschen sei die Gerechtigkeit Gottes: »Darum haben wir die Last auf uns genommen, in die Beurteilung von Fragen der Gerechtigkeit einzutreten.«

Evangelische Kirche in Deutschland (EKD)
Rat der EKD

Vorsitzender: D. Dr. Dibelius, DD., Bischof, Berlin-Dahlem.

Stellvertretender Vorsitzender: D. Dr. Lilje, DD., Landesbischof, Hannover.

Weitere Mitglieder:
D. Niemöller, DD., Kirchenpräsident, Wiesbaden,
D. Meiser, Landesbischof, München,
D. Hahn, Landesbischof, Dresden,
D. Niesel, Moderator, Schöller-Dornap,
Dr. Dr. Heinemann, Bundesminister, Essen,
D. Dr. R. Smend, Universitätsprofessor, Göttingen,
Dr. Herntrich, Oberkirchenrat, Hamburg,
Dr. Kreyssig, Präses, Magdeburg,
Mager, Präsident der Landessynode, Dresden,
D. Hartenstein, Prälat, Stuttgart.

Die evangelische Kirche, die den Arierparagraphen 1933 gerechtfertigt und zur Judenvernichtung geschwiegen hatte, entwickelt nun hohe moralische Maßstäbe:»Christus hat seinen Jüngern befohlen, Seine Gerechtigkeit und Seine Gnade zu lehren. Vor seinem Angesicht gilt für uns daher nicht die naheliegende Ausrede mangelnder Zuständigkeit. Wir dürfen die Erfüllung unseres Auftrages selbst dann nicht unterlassen, wenn Gefahr besteht, der Hinweis auf die Gerechtigkeit Gottes werde einer bösen Sache dienen und die Selbstgerechtigkeit von Übeltätern erhöhen.«
Gewaltig viel Pathos. Nur mit der Beweisführung hat es sich die EKD sehr leicht gemacht, wie auch freimütig eingeräumt wird: Es sei keine systematische Sammlung erwachsen und»der Kirche unmöglich, jeden der an sie herangebrachten Fälle nachzuprüfen. Es ist daher möglich, daß das vorgelegte Material sich in manchen Fällen als nicht stichhaltig erweisen wird.«
Zuerst werden die Verbrechen der Alliierten aufgeführt: die Zerstörung der Industrie, die Bombardierung der Städte, 12 Millionen Deutsche seien vertrieben, vermißt, deportiert oder getötet. In Frankreich, Polen, Jugoslawien, Norwegen und Holland würden noch immer Deutsche interniert und mißhandelt. Ganz zu schweigen von Dachau, wo zudem kriminelle Elemente als»Berufszeugen«[233] aufgetreten seien. Die Verteidigung werde behindert und das Recht von den Amerikanern mißachtet. Ja, es gäbe sogar Verurteilte,»die nicht wissen, warum man sie zum Tode verurteilt hat«.

Einer der Verurteilten, die laut Denkschrift angeblich nicht wissen, warum sie verurteilt wurden, ist August Ginschel, der am 15. Oktober 1948 hingerichtet worden war. Seine letzten Worte unter dem Galgen: »Der Herrgott verzeihe denen, die das Urteil an mir vollstrecken. Die Richter auf Erden haben sich in ihrem Urteil geirrt. Der himmlische Richter wird sich in seinem Urteil nicht irren.«[234]

Ginschel, ein ehemaliger Strafgefangener, war 1944 nach Flossenbürg gekommen, zunächst als Kapo und beim »Evakuierungsmarsch« der Häftlinge als Lagerpolizist eingesetzt worden. Im Flossenbürg-Prozeß wurde
ihm nach eigenen Angaben die Erschießung von sieben Häftlingen zum
Vorwurf gemacht.[235] Dennoch soll der Kapo von Flossenbürg, im Flossenbürg-Prozeß verurteilt, nicht gewußt haben, warum man ihn zum
Tode verurteilt hatte.
Der andere, der angeblich nicht wußte, wofür er verurteilt wurde, ist Emil
Pleißner. Von ihm gibt es eine »eidesstattliche Erklärung« vom 25. Juni
1948. Der in Plauen (Vogtland) geborene Tapezierer gibt an, evangelisch-lutherischen Glaubens zu sein. Er habe im Kommandanturstab Buchenwald Dienst getan, sei von 1939 bis 1942 Blockführer gewesen.
Pleißner schildert vorwurfsvoll seine Verhaftung am 28. Mai 1945 durch
die Amerikaner. Auf seine Äußerung, er habe der Waffen-SS angehört,
sei er zweimal geohrfeigt worden. Danach habe man ihn nach Hersbruck
geschafft (einem Nebenlager des KZ Flossenbürg). Die Unterbringungs-
möglichkeiten, so der ehemalige SS-Hauptscharführer von Buchenwald,
hätten jeder Beschreibung gespottet. Bei der Vernehmung habe ihm ein
ehemaliger KZ-Häftling einen Faustschlag versetzt. Sein Geständnis
habe er diktiert bekommen, aber nicht unterschrieben. Daraufhin sei er
eine Zeitlang in der ehemaligen Leichenkammer eingesperrt worden.
Im April 1946 habe man ihn nach Dachau gebracht. Dort seien Berufszeugen (»Juden«) der Anklage aufgetreten: »Nachdem mein seelischer
Zustand nahe am Nervenzusammenbruch stand und nachdem ich mit
neuen Mißhandlungen rechnen mußte«, habe er ein Geständnis unterschrieben, »denn es muß ja jede Gemeinheit einmal ein Ende nehmen.«
Auch Pleißner, Angehöriger des SS-Kommandos im Krematorium, wegen Ermordung sowjetischer Kriegsgefangener im Buchenwaldprozeß
(August 1947) verurteilt und am 26. November 1948 hingerichtet, soll
nicht gewußt haben, warum er verurteilt wurde.[236]

Bestandteil der Denkschrift ist ebenso der Fall des Diakons Friedrich
Metz. Der Diakon der Duisburger Diakonenanstalt war am 2. Februar
1949 in Landsberg gehängt worden. Er hatte als Vertreter des Lagerfüh-
rers eines Wehrertüchtigungslagers der HJ – so der Vorwurf – im September 1944 dem Obergefreiten Ludwig Hollander den Befehl gegeben,
einen notgelandeten amerikanischen Flieger zu erschießen.
Diakon Metz hat in vielen Äußerungen seine Unschuld beteuert. Zahlreiche Kirchenvertreter hatten sich für ihn eingesetzt. Über die Hinrichtung
gibt es einen Bericht von Pfarrer Arnold Schumacher, Geschäftsführer
des Evangelischen Vereins für Innere Mission und Hauptgeschäftsführer
des Hilfswerks der Evangelischen Kirche in Frankfurt am Main.[237]

Nach Schumachers Schilderung geht Diakon Metz, unschuldig, aber standhaft, mit seiner Bibel in der Hand zur Richtstätte. Im Angesicht des Galgens gibt er mit ruhigen Worten eine Erklärung ab: »Friedrich Metz hat keinen Menschen getötet... Ich habe keine Rachegedanken, ich vergebe allen, die mir Böses getan haben.«
Danach wendet sich der Diakon an seinen Mitangeklagten, der ihn dem Bericht zufolge fälschlich belastet hat, umarmt ihn, vergibt ihm und weist ihn darauf hin, daß sie beide gleich vor dem Throne Gottes stünden. Dann schlägt er seine Bibel auf und schreibt in ganz ruhiger Schrift auf die erste Seite:
»Ich sehe mutig meinem Ende entgegen. Wie Gott will, ich halte still. Dir, liebe Frau, schenke Gott Kraft, Dein hartes Los zu tragen für unsere Kinder... Letzter Gruß und Dank, Euer Papa.« Nachdem dies geschehen ist, spricht er das Vaterunser und geht ruhig in den Tod.
Der bei der Hinrichtung anwesende evangelische Pfarrer Eckardt tröstet nach der Hinrichtung die Witwe: »Ihr Mann ist wie ein Diakon in die Ewigkeit gegangen.« Der katholische Geistliche Morgenschweis: »Er ist wie ein Heiliger gestorben.«
Wer den Bericht liest, kann sich der Rührung kaum erwehren. Die Briefe des Diakons, die ich gelesen habe, klingen glaubwürdig. Ich war lange unsicher, ob hier nicht wirklich ein Unschuldiger hingerichtet worden war. Viele Monate forschte ich nach Dokumenten, sah mir auch die amerikanischen Filmaufnahmen von den Hinrichtungen an. Nun bin ich sicher: Metz hat unter dem Galgen weder den (vermeintlich) falschen Zeugen umarmt noch die Bibeleintragung vorgenommen. Hollander war vom katholischen Geistlichen und Metz nach dessen Hinrichtung vom evangelischen Pastor zum Galgen begleitet worden. Die Eintragung in seine Soldatenbibel hatte Metz in der Zelle vorgenommen. Daß sich Metz mit Hollander versöhnt habe, hat der Diakon dem evangelischen Pfarrer erzählt.
Ich brauchte Monate, um den Fall zu rekonstruieren und Sicherheit zu gewinnen, daß hier nicht doch ein Unschuldiger am Galgen endete. Ich hätte mir die Mühe sparen können, wäre ich früher auf jene Aktennotizen gestoßen, die klipp und klar besagen, daß die zuständigen Kirchenvertreter von der Richtigkeit des Urteils überzeugt waren: »Ich gebe Pfarrer Eckardt Kenntnis von unserer Auffassung«, vermerkt der Münchener Kirchenrat Rusam am 2. März 1949, »daß im Fall Metz kein Fehlurteil vorliegt. Auch Pfarrer Eckardt ist... überzeugt, daß Diakon Metz tatsächlich schuldig war.«[238]

Am 3. März 1949 besprechen Rusam und Aschenauer den Fall des ebenfalls hingerichteten Karl Kirchner. Der SS-Obersturmführer, von 1941 bis 1945 bei der Waffen-SS, war am 26. November 1948 gehängt worden.

Auch er hatte seine Unschuld beteuert. Rusam: »Rechtsanwalt Aschenauer berichtet über die von ihm vorgenommene Prüfung der Akten
des... Leutnants Karl Adam Kirchner (12. SS-Panzerdivision). Nach
seinem Bericht erscheint es kaum zweifelhaft, daß Kirchner mit Recht
zum Tode verurteilt und hingerichtet wurde.«[239]

»Die Toten von Landsberg waren Deutsche und sind als Deutsche
gestorben, gestorben durch fremde Hand, gestorben durch Haß und
Rache, gemordet durch eine Dschungel-Verbrecherjustiz.
Die Toten von Landsberg sind nicht als Verbrecher gestorben, die
Toten von Landsberg werden vom deutschen Volke geheiligt, hören
Sie, Herr Hauptmann, geheiligt. Die Toten von Landsberg leben.«

Offener Brief von Karl Kirchner an Hauptmann Wilson, Gefängnisdirektor in
Landsberg.[240]

Einen Tag später informiert Kirchenrat Rusam seinen Kollegen Weeber,
Aschenauer habe die Akten des Diakon Metz bei der Militärregierung
nachgeprüft. Der Fall eigne sich doch nicht für einen Protest gegen die
Fortsetzung der Hinrichtungen. Metz habe seine Schuld zwar bestritten,
seine Angaben seien aber nicht glaubhaft: »Es dürfte erwiesen sein, daß
er tatsächlich unmittelbar und verantwortlich an dieser Tat beteiligt war.
Unsere frühere Auffassung, daß es sich in seinem Fall um ein Fehlurteil
handle, kann daher nicht aufrecht erhalten werden.« Auch im Falle
Kirchner lasse sich nicht behaupten, »daß ein Fehlurteil ergangen ist«.
Kirchners Version, der getötete amerikanische Flieger habe zuvor einen
Lazarettwagen beschossen und sei dann auf Grund eines kriegsgericht-
lichen Urteils erschossen worden, lasse sich nicht mit den festgestellten
Tatsachen in Einklang bringen.[241]
Weeber antwortet Rusam am 7. März (eine Kopie bekommen Wurm und
Hartenstein): »Die Feststellungen des Rechtsanwalts Aschenauer zeigen
erneut [!], welche Vorsicht gegenüber einseitigen Sachdarstellungen am
Platze ist. Landesbischof i. R. Wurm hat die beiden Fälle kürzlich in
einem Schreiben an General Clay erwähnt. General Clay wird es danach
möglich sein, zu erwidern, daß entgegen unserer Annahme in diesen beiden Fällen kein Fehlurteil vorliege.«[242] Auch sonst muß sich Rusam in
diesen Tagen belehren lassen: »Rechtsanwalt Aschenauer erklärt auf An-
frage, ihm seien keine Fälle von Quälereien bei Hinrichtungen in Landsberg bekannt.«[243]

Die Erkenntnisse vom März 1949 hindern die Beteiligten allerdings nicht,
sowohl den »Fall« Metz wie auch den großmäuligen Kirchner in die EKD-

Denkschrift[244] aufzunehmen. Zeugen für die Verbrechen an den Kriegsverbrechern sind weiterhin die Verteidiger der Verurteilten: Aschenauer, Laternser, Kranzbühler, Fröschmann, Servatius sowie Professor Eduard Wahl, CDU-Bundestagsabgeordneter und Verteidiger der IG-Farben. Zeugen sind ebenso die Manager der IG-Farben wie Alfried Krupp von Bohlen und Halbach. Ebenso die »Malmedy-Zeugen« Dietrich Schnell und Dentist Knorr. Ebenso der verurteilte Medizin-Professor Siegfried Handloser, Himmlers Leibarzt Professor Karl Gebhardt oder KZ-Arzt Dr. Waldemar Hoven, der nach dem »Abspritzen« von Häftlingen in Buchenwald die Melodie pfeifen konnte: »Wieder geht ein schöner Tag zu Ende.«[245]

Zeuge der EKD-Denkschrift ist ebenso Professor Joachim Mrugowsky, SS-Oberführer, Chef des Hygiene-Instituts der Waffen-SS. Er hatte u. a. am 11. September 1944 im KZ Sachsenhausen einen Versuch mit Akonitinnitrat-Geschossen geleitet. »Es handelte sich um Geschosse von Kaliber 7,65 mm«, schreibt er in einem Bericht, der als Nürnberger Dokument 103-L bekannt ist, »welche mit dem Gift in kristalliner Form gefüllt waren.«[246] Zwei Häftlingen wird der Oberschenkel durchschossen. Da sie keine Gifteinwirkung zeigen, scheiden sie aus dem »Experiment« aus. Drei Häftlingen bleibt dagegen die Gift-Munition im Oberschenkel stekken. Mrugowsky hat ihr zweistündiges Sterben in seinem Geheimbericht protokolliert:

»Nach 40 bis 44 Minuten setzte starker Speichelfluß ein. ... Schaumiger Speichel entfließt dem Mund.«

Nach 90 Minuten besteht starker Brechreiz: »Der eine Vergiftete versuchte vergebens zu erbrechen. Um dies zu erreichen, steckte er vier Finger der Hand bis zu den Grundgelenken tief in den Mund. Trotzdem setzte kein Erbrechen ein.«

Weiter: »Die motorische Unruhe wuchs später so stark, daß sich die Personen aufbäumten, wieder hinwarfen, die Augen verdrehten, sinnlose Bewegungen mit den Händen und Armen ausführten. ... Der Tod trat 121, 123 und 129 Minuten nach Erhalt des Schusses ein.«

Dies ist einer von vielen ähnlichen »Zeugen« der EKD-Denkschrift. Die Behauptungen eines solchen Mannes sind den EKD-Verantwortlichen vereinbar mit »der Verantwortung, die der Herr der Kirche seinen Dienern auferlegt«.

»Nun haben mich Disziplin und Treue an den Galgen gebracht«
Gnadenakte und die letzten Hinrichtungen 1951

Karl Morgenschweis, »Seelenführer« im Landsberger Gefängnis.

Im April 1950 macht sich ein amerikanischer Gnadenausschuß, der »Peck-Ausschuß«, an die Arbeit. Die Kommission nimmt neue »Beweise« entgegen, empfiehlt Revisionen einzelner Urteile, die Harmonisierung unterschiedlicher Strafzumessungen auf der Basis der mildesten Urteile und die Anrechnung von zehn Tagen Haft pro Monat bei »guter Führung«, womit die Urteile weiter reduziert werden, denn: »gute Führung« – das hatten NS-Täter gelernt.[247]

Im September 1950 schlagen die Außenminister der Westmächte die Wiederbewaffnung Westdeutschlands vor: In Korea ist Krieg, kämpfen amerikanische Truppen. Adenauers Militärberater[248] erklären einem Vertreter des Hohen Kommissars, ein deutsches Verteidigungsbündnis gegen den Osten sei Illusion, falls Landsberger Verurteilte gehängt würden.[249]

Am 9. Januar 1951 ist eine deutsche Politiker-Delegation bei McCloy zu Gast.[250] Sie wird geleitet von Bundestagspräsident Hermann Ehlers (CDU), der 1945 Mitglied des Oberkirchenrats in Oldenburg, 1946 Bevollmächtigter für das evangelische Hilfswerk und Mitglied der EKD-Synode geworden war. Auch hier geht es um die Todesurteile. McCloys Kommentar: »Wenn unsere Beziehungen von diesen Einzelfällen abhängen, dann hängt unsere Freundschaft in der Tat an einem seidenen Faden.«[251]

Am 20. Januar 1951 bearbeitet Weihbischof Neuhäusler den Hohen Kommissar McCloy in einem Brief. Wenn die Bundesrepublik aufgerufen sei, sich »zu einem starken Verteidigungsblock gegen den Bolschewismus im Osten zu formieren«, sollten die Vereinigten Staaten die verbliebenen Todesurteile in Haftstrafen umwandeln.[252] Drei Tage später schickt Neuhäusler im Gedenken an die treue »Waffenbrüderschaft« Kopien seines Briefwechsels an Wurm. Gott ist demnach auf seiten der Kriegsverbrecher, denn der Weihbischof schreibt über McCloy und dessen erwartete Gnaden-Entscheidung: »Möge Gott den Hohen Kommissar erleuchten und bewegen, seinen [!] Willen zu erfüllen.«[253]

Am 31. Januar 1951 – wenige Tage nach dem Einmarsch kommunistischer Truppen in Seoul – verkündet McCloy seinen Gnadenerlaß. Von den noch einsitzenden 142 Verurteilten aus den Nürnberger Prozessen bleiben danach nur noch 50 in Haft. Nutznießer sind u. a. die verurteilten Minister, z. B. Hans Heinrich Lammers, dessen Strafe von 20 Jahren auf 10 Jahre reduziert wird. Der ehemalige Landrichter in Beuthen hatte ursprünglich – wie Dibelius und Wurm! – der antisemitischen Deutschnationalen Volkspartei (DNVP) angehört, war aber 1932 zur NSDAP gewechselt. Lammers, Hitlers juristischer Berater, hatte von 1933 bis 1945 die Reichskanzlei geleitet, war 1937 zum Reichsminister ernannt und 1940 zum SS-Obergruppenführer befördert worden.

Lammers' Name steht unter Gesetzen, die Polen und Juden der totalen Willkür preisgaben, und unter der »Verordnung gegen Volksschädlinge«, die unendlich viele Menschen ins Unglück stürzte. Für ihn hatte Wurm einen Persil-Schein ausgestellt: Lammers habe »in kirchlichen Angelegenheiten eine für die Kirche wohlwollende Stellung eingenommen«. Außerdem sei ihm, Wurm, mitgeteilt worden, daß 1944 eine Anklageschrift des Reichsjustizministers Thierack gegen ihn vorgelegen habe, »der auf Antrag von Herrn Lammers von der obersten Stelle nicht stattgegeben wurde«.[254]

Sofort entlassen wird Lutz Graf von Schwerin von Krosigk, Reichsfinanzminister von 1932 bis 1945, der seinen klangvollen Titel durch Adoption erworben hatte. Robert Kempner, Ankläger in Nürnberg, nennt Hitlers Finanzchef in seinen Lebenserinnerungen ironisch einen »besonders feinen Mann«, der sich voller Unschuld gefühlt habe. Kempner: »Daß unter

der räuberischen Erpressung der Einsatzgruppen und durch allerhand wirtschaftliche Manipulationen Polen ausgeraubt worden ist, kam ihm offenbar nicht zu Bewußtsein.«[255]
Der feine Herr hatte u. a. am 12. September 1938 an einer denkwürdigen Sitzung im Reichsluftfahrtministerium teilgenommen. Zwei Tage nachdem die Synagogen niedergebrannt und zahlreiche Juden ermordet worden waren (»Reichskristallnacht«), diskutierte die Herrenrunde weitere Demütigungen der Juden. Das Niveau der Sitzung kennzeichnet Goebbels' Vorschlag, »den Juden das Betreten des deutschen Waldes zu verbieten«, und Görings Antwort, Juden einen gewissen Waldteil zur Verfügung zu stellen und dort Tiere einzubürgern, die Juden verdammt ähnlich sähen: »Der Elch hat ja eine gebogene Nase.« Dort hatte auch Krosigk mitdiskutiert.[256]
Krosigk war im Wilhelmstraßenprozeß zu zehn Jahren Haft verurteilt worden. Die evangelische Kirche hatte noch vor dem Urteilsspruch Entlastendes für ihn gesucht und gefunden. Pfarrer Friedrich Schuster, Evangelisch-Lutherisches Pfarramt Dachau, in einem Dossier für Landesbischof Meiser: »S. v. K. war ein aktives Mitglied der evang. Kirche, der sonntäglich in die Kirche ging, seine Kinder in den Kindergottesdienst schickte und zu Konfirmationen im Namen der Gemeinde die Konfirmanden in der Kirche ansprach.«[257]
Ernst Freiherr von Weizsäcker, Staatssekretär im Auswärtigen Amt, wird in McCloys Amnestie-Ankündigung nur noch als entlassen erwähnt. Er war bereits im Oktober 1950 auf freien Fuß gesetzt worden. Der ehemalige Staatssekretär, »der neben den anderen Angeklagten wie ein Bischof« aussah[258], hatte vom Schreibtisch aus dem Judenmord zugearbeitet (Deportationen aus dem Ausland, z. B. Frankreich, brauchten die Zustimmung des Auswärtigen Amtes). Für ihn hat sich die protestantische Kirche massiv ins Zeug gelegt. Kempner beschreibt in seinen Erinnerungen[259], wie er dem Ex-Staatssekretär die von ihm ab- oder unterzeichneten Dokumente vorlegte und wie sich die Schutzbehauptungen des von vier Anwälten (unter ihnen sein Sohn Richard) Verteidigten wandelten: »Das war ich gar nicht, dafür war ich nicht zuständig.« Danach: »Das war mit innerem Widerstand.« Endlich: »Eigentlich wollte ich Schlimmeres verhüten.« Das schlagendste Argument kam von der Ehefrau: »Sehen Sie die Hände meines Mannes an. Es ist ausgeschlossen, daß diese Finger so etwas unterzeichnet haben.«[260]
Mit McCloys Gnadenerlaß kommen sämtliche Industriellen frei. 29 Häftlinge, unter ihnen Krupp von Bohlen und Halbach, verlassen das Landsberger Gefängnis bereits am 3. Februar. Krupp-Chef Alfried versäumt es nicht, im ersten Hotel am Platze zu Sektfrühstück und Pressekonferenz zu laden. Die in Nürnberg verurteilten Industriellen werden als angesehene

Männer bald wieder Geschäfte tätigen, auf Empfängen auch von den einstigen Kriegsgegnern hofiert werden. Jene aber, die sie als Arbeitssklaven ausgebeutet hatten, werden ihr Leben lang an ihren körperlichen und seelischen Verletzungen leiden. Im Widerstreit von Kapital und Moral bleiben sie auf der Strecke.

Unter den Begnadigten ist auch der ehemalige Krupp-Direktor Fritz von Bülow, ursprünglich zu zwölf Jahren Haft verurteilt. Dankbar schreibt er dem inzwischen pensionierten Landesbischof Wurm:»Ihre Predigten im Nürnberger Gefängnis 1948 und wie Sie jeden von uns ansprachen – zu einer Zeit, als die Nürnberger Häftlinge in weiten Kreisen des deutschen Volkes verfemt waren – bleibt mir unvergeßlich.«

Das Glücksgefühl beim Durchschreiten des Gefängnistores sei aber schmerzlich beeinträchtigt, so der Krupp-Direktor, da er gute Freunde zurücklasse, an deren Unschuld kein Zweifel bestehen könne. Er nennt die Feldmarschälle und Generale und die Verurteilten aus dem Malmedy-Verfahren:»Ich darf gewiß gerade die schwer geprüften Männer aus diesen Gruppen Ihrem warmfühlenden Herzen nahelegen. Bei den Generalen ist es das Alter, bei den zahlreichen ›Malmedy-Jungens‹ die Jugend, die das Geschick, das sie erleiden, so tragisch erscheinen lassen.«[261]

Von den Industriellen bleibt nur Wehrwirtschaftsführer Hermann Röchling, der Chef der Röchlingschen Eisen- und Stahlwerke, in (französischer) Haft. Der Führer der Reichsvereinigung Eisen und der Wirtschaftsgruppe Eisenschaffende Industrie war von den Franzosen u. a. wegen der Behandlung der französischen Zwangsarbeiter zu zehn Jahren Freiheitsstrafe verurteilt worden, die der mittlerweile 78jährige seit Sommer 1950 im Freiburger Diakonissenhaus verbringen kann:»Er wird nicht bewacht«, heißt es in einem Brief seines Seelsorgers an Wurm,»er kann sich im Hause frei bewegen, im Garten spazieren gehen und den Gottesdienst in der Hauskapelle besuchen.«

Röchlings Seelsorger weist Wurm darauf hin, daß der Verteidiger des Kommerzienrats, der bekannte Düsseldorfer Rechtsanwalt Otto Kranzbühler, ihn orientieren könne,»worauf eigentlich das Bestreben der Kräfte hinausgeht, die Hermann Röchling noch immer in der Gefangenschaft festhalten.«[262] Kranzbühler informiert Wurm umgehend: Die französische Regierung wolle die Röchling-Werke unter französische Kontrolle bekommen. Die Gefangenhaltung scheine ihm eindeutig dazu zu dienen,»eine Art Geisel bis zum endgültigen Abschluß der gewünschten Vereinbarung festzuhalten«.[263] Eine kurios anmutende Vorstellung: eine Geisel, die unbewacht in einem Diakonissenhaus herumspazieren kann. – Röchling wird am 18. August 1951 entlassen.

McCloys Gnadenakt kommt den Prominenten zugute, während der Gnadenerlaß des für die Dachauer Fälle zuständigen Generals Handy eher das mordende Fußvolk des Nazi-Regimes betrifft. Einer von ihnen ist Kurt Hans, der am 10. Oktober 1947 wegen Beteiligung an der Erschießung eines britischen Fliegers in Dachau zum Tode verurteilt worden war. Der ehemalige SS-Obersturmbannführer gehört zu jenen Häftlingen, die in Landsberg wieder in die evangelische Kirche aufgenommen wurden. Hans war 1925 konfirmiert worden. Sein Konfirmationsspruch stammt aus dem Matthäus-Evangelium: »Was hülfe es dem Menschen, wenn er die ganze Welt gewönne und nähme doch Schaden an seiner Seele?« Zu Herzen genommen hat sich Hans den hellsichtigen Spruch allerdings nicht. Er tritt 1931 in die SA und 1932 in die NSDAP ein, wird Politischer Leiter, später Parteirichter am Kreisgericht. 1934 geht er zur Polizei. 1940 erfolgt die Ernennung zum SS-Obersturmbannführer.

Pfarrer Johannes Sy aus Wuppertal meint 1948 in einem Gesuch, seinen ehemaligen Konfirmanden wieder in die Kirche aufnehmen zu können: »Ich kann mir gut vorstellen, daß er unter dem Einfluß seiner vorgesetzten Behörde (Himmler!), um sich die Karriere nicht zu verderben, aus der Kirche ausgetreten ist. ... Gleichwohl glaube ich, aus der Kenntnis des Hans heraus, sagen zu können, daß er keiner unehrenhaften Handlung fähig war.«[264]

Kurt Hans, für den sich sogar Kardinal Frings im Namen des Episkopates eingesetzt hatte, wird Oktober 1954 aus Landsberg entlassen.[265] Er kann zunächst zufrieden sein: Den Amerikanern war nämlich verborgen geblieben, daß er Teilkommandoführer des Sonderkommandos 4a gewesen war und u. a. September 1941 bei der Erschießung von 33 771 Juden in der Schlucht von Babi-Yar die Aufsicht über die Schießkommandos gehabt hatte. Die deutsche Strafverfolgung ereilt ihn 1968: Das Landgericht Darmstadt verurteilt ihn zu elf Jahren Zuchthaus. Im Urteil heißt es, Hans habe keine Reue und »kaum Bedauern für das Schicksal der Opfer, sondern nur Selbstmitleid mit sich und seinem Schicksal« erkennen lassen.[266]

Dies ist eine Feststellung, die nahezu für alle Nazi-Täter und ihre Sympathisanten zutrifft.

»... jetzt, fünf Jahre nach dem Ende Hitlers und nach dem Ende des Krieges, rufen alle diese Angeklagten im Chor: ›Befehl von oben!‹ Sie behaupten, daß es in der ganzen Nation von 60 Millionen Menschen nur einen Mann gab, oder eine sehr kleine Gruppe von Männern, die für alles das, was vor sich ging, verantwortlich gewesen wäre, daß sonst niemand für irgend etwas verantwortlich gewesen wäre, und daß, wenn nur ein Befehl vorlag, der wie ein Bächlein vom Gipfel herunterrieselte, ein jeder, der davon benetzt wurde, in den Genuß eines Immunitätsbades gekommen wäre.«

> Bericht des Beratenden Ausschusses für die Begnadigung von Kriegsverbre-
> chern an den amerikanischen Hochkommissar in Deutschland, in: Landsberg.
> Ein dokumentarischer Bericht, hg. von Information Services Division Office
> of the U.S. High Commissioner for Germany.

Von der amerikanischen Gnadenaktion nicht mehr betroffen ist dagegen
SS-Obersturmbannführer Dr. jur. Eduard Strauch. Er war in Nürnberg
zum Tode verurteilt, dann aber an Belgien ausgeliefert und dort am
11. August 1948 noch einmal zum Tode verurteilt worden. Strauch hatte
1941 als Führer des Sonderkommandos 1 b, ab 1942 als Kommandeur der
Sicherheitspolizei und des SD (KdS) in Weißruthenien gewütet, ehe er die
gleiche Funktion in Wallonien (Lüttich) übernahm. Im Nürnberger Einsatzgruppenprozeß hatte ein selten niederträchtiges Schreiben Strauchs
von Juli 1943 vorgelegen. Auf 13 langen Seiten beschuldigte er darin Gauleiter Kube, Generalkommissar für Weißruthenien, die Juden nicht unmenschlich genug zu behandeln: »Die Einstellung des Generalkommis-
sars Kube zur Judenfrage ist derartig, daß man schon von Judenhörigkeit
sprechen kann.«[267]
Strauch hatte anfänglich Theologie studiert. Vielleicht ist dies ein Grund,
warum Heinrich Held, Präses der Evangelischen Kirche im Rheinland
und Bevollmächtigter des Hilfswerks, am 8. November 1949 an den belgischen König ein Gnadengesuch richtet: »Zur Begründung unserer Bitte«,
schreibt Held, »beziehen wir uns auf die Ausführungen des Kriegsgefangenen Strauch selbst.« Strauch leide an epileptischen Anfällen, die auf
eine erbliche Veranlagung zurückgingen. Durch diese Anfälle sei der
»Kriegsgefangene Strauch« bei den Verhandlungen vor den Militärgerichten nicht immer im Besitz seiner vollen geistigen Kräfte gewesen. Er
habe sich dementsprechend nicht genügend verteidigen können. Wegen
dieser Verfahrensmängel, »ohne die es vermutlich nicht zu einem Todesurteil gekommen wäre«, bitte er, das Todesurteil im Gnadenwege aufzu-
heben.[268] SS-Oberstturmbann- und Einsatzkommandoführer Strauch,
dem der Judenmord in Weißrußland noch nicht unmenschlich genug war,
wird nicht als Kriegsverbrecher, sondern als »Kriegsgefangener« bezeichnet (Strauch wird nicht hingerichtet, er stirbt September 1955).
Der amerikanische Gnadenerlaß von Januar 1951 kommt nicht nur den
Schreibtisch-Tätern zugute, sondern auch Verurteilten, die zur Judenvernichtung eingesetzt waren. So werden beispielsweise die Todesurteile gegen neun Angehörige der Einsatzkommandos in Haftstrafen umgewandelt. Unter ihnen Martin Sandberger, unter dessen Kommando Estland
»judenfrei« gemordet worden war[269], und Waldemar Klingelhöfer.
Von Kommandoführer Waldemar Klingelhöfer (Einsatzgruppe B), am
29. November 1948 wieder in die evangelische Kirche aufgenommen[270],

Zwei Teilkommandoführer des Sonderkommandos 4 a, die in Landsberg zur evangelischen Kirche fanden: links SS-Obersturmbannführer Kurt Hans, rechts SS-Hauptsturmführer Waldemar von Radetzki.

ist ein Gutachten des evangelischen Anstaltspfarrers erhalten: Klingelhöfer habe seinen Kirchenaustritt als eine Fehlentscheidung bereut. Er beteilige sich regelmäßig an den Anstaltsgottesdiensten und Abendmahlsfeiern und stelle mit großer Freudigkeit »seine Sangeskunst – er ist von Beruf Opernsänger – in den Dienst der Kirche«. Er habe auch schon zweimal in Gottesdiensten als Solosänger mitgewirkt. Der Anstaltspfarrer bescheinigt Klingelhöfer, der sich sein Leben sozusagen ersungen hat, »daß er ein Mensch mit einem aufrechten, ehrlichen Charakter und ein Feind jeder Lüge und jeden Unrechts ist, ein Mensch, wie wir ihn heute draußen in unserem Volk, wo so viel Korruption herrscht, zur Gesundung und zum Aufbau nötig brauchen«.[271]

Ähnlich lautet das Gnadengesuch für Waldemar von Radetzki, SS-Hauptsturmführer, Stellvertreter des Kommandoführers beim Sonderkommando 4 a und im Einsatzgruppenprozeß zu 20 Jahren Haft verurteilt. Der evangelische Pfarrer Karl Ermann über den Mann, der in einem der berüchtigtsten Killerkommandos eine Führungsfunktion hatte: »Im Dezember 1948 hat er auf Bitten des Anstaltspfarrers die Aufgabe übernommen, mit einem Kreis von Gefangenen ein Krippenspiel zu erarbeiten, das dann am Heiligen Abend in der Gefängniskirche gespielt wurde. Am Weihnachtsfest 1949 gestaltete er einen weihnachtlichen Abend in Lied, Dichtung und Musik.«

Radetzki, so der Pfarrer weiter, sei bei der Gestaltung des kulturellen Lebens im Gefängnis ein unermüdlicher und begabter Helfer: »In vielen Abenden, die unter dem Thema ›Kammermusik und Dichtung‹ standen, verstand er es, den Mitgefangenen die Welt der klassischen deutschen Dichtung und Musik nahezubringen.« Ermann: »Ich bin gewiß, daß er sich draußen bestens bewähren wird und daß er nicht unwesentlich zur Stärkung der aufbauwilligen Kräfte in unserem Volk beitragen kann.«[272]

Den Hohen Kommissar McCloys scheint der Wechsel vom Judenmord zu Krippenspiel und Kammermusik beeindruckt zu haben: Er reduzierte Radetzkis Strafe von 20 auf 5¾ Jahre.

Bei SS-Hauptsturmführer Karl Sommer, Leiter des Amtes D II im SS-Wirtschafts- und Verwaltungshauptamt und damit für den Einsatz von KZ-Häftlingen zuständig, können weder Krippenspiel noch gottesdienstliche Sologesänge strafmindernd geltend gemacht werden. Statt dessen macht Theophil Wurm in seinem Gnadengesuch geltend, Sommer sei während seiner Kölner Jugendzeit sechs Jahre lang Mitglied des Christlichen Vereins junger Männer gewesen (der Austritt Sommers von 1933 wird nicht erwähnt). Im Nürnberger Untersuchungsgefängnis habe er regelmäßig das Neue Testament und das Losungsbuch der Herrnhuter Brüdergemeinde gelesen. Wurms Folgerung: »Ich muß daher glauben, daß Sommer, wenn er wirklich todeswürdige Verbrechen begangen haben sollte, unter dem Zwang besonders unglücklicher Umstände gehandelt hat und eines Gnadenerweises in seiner Eigenschaft als gläubiger Christ würdig ist.«[273] Auch Sommer findet Gnade: Die lebenslängliche Strafe wird Ende Januar 1951 vorerst einmal in 20 Jahre Haft verwandelt.

Trotz der großzügigen Amnestie von Januar 1951 bleiben fünf in Nürnberg gefällte Todesurteile bestehen. Sie betreffen SS-Standartenführer Paul Blobel (Führer des Sonderkommandos 4 a), SS-Brigadeführer Otto Ohlendorf[274] (1942 Chef der Einsatzgruppe D), SS-Oberführer Erich Naumann (1941 Chef der Einsatzgruppe B) und SS-Sturmbannführer Werner Braune (Einsatzkommando 11 a). Besonders angewidert äußert sich McCloy über SS-Obergruppenführer Oswald Pohl. Er sei für die Verwaltung der KZ's zuständig gewesen. Einen Menschenschinder seines Ausmaßes habe es wahrscheinlich nie zuvor in der Geschichte gegeben.

General Thomas T. Handy, für die Dachauer Verurteilten zuständig, wandelt insgesamt elf Todesstrafen um. Bestätigt werden zwei Todesurteile: Georg Schallermair sei als Führer eines Rollkommandos im Dachauer Nebenlager Mühldorf für den Tod von Häftlingen direkt verantwortlich: »Er selbst schlug viele Gefangene derart, daß sie an den Folgen starben. Von 300 Menschen, die im Herbst 1944 in das Lager gebracht wurden, waren nach vier Monaten nur 72 am Leben.« Und über den SS-Hauptsturmführer Hans Theodor Schmidt[275], Adjutant im KZ Buchenwald, heißt es: »Von Schmidt überwachte Hinrichtungen fanden im Lagerkrematorium statt; die Opfer wurden an Wandhaken aufgehängt und langsam zu Tode gewürgt. Ich kann in diesem Falle keinen Grund für Gnade finden.«[276]

> »Während der Prozesse wurde ein sorgfältig angelegter juristischer Angriff gegen die Kompetenz der Militärgerichte geführt mit der Begründung, daß die angewandten Rechtsnormen erst nach der Tat geschaffen worden seien, und daß die Angeklagten, die nach deutschem Gesetz handelten, nicht gewußt hätten, daß man sie auf Grund solcher Rechtsnormen zur Verantwortung ziehen werde... Es gibt aber kein Gesetz, das den Mord an Juden und Zigeunern rechtfertigen könnte. Das Gleiche gilt für die Versklavung und die damit verbundenen grausamen Behandlungen von Menschenmassen und für das ausgedehnte Unternehmen, durch Rassenprüfungen und -bewertungen zu entscheiden, wer umgesiedelt, versklavt oder liquidiert werden sollte. Mord, Plünderungen und Versklavung verstoßen überall gegen das Gesetz, mindestens im 20. Jahrhundert.«
>
> Bericht des Beratenden Ausschusses für die Begnadigung von Kriegsverbrechern an den amerikanischen Hochkommissar in Deutschland, in: Landsberg. Ein dokumentarischer Bericht.

Die Gnaden-Erweise überzeugen Karl Ermann, den evangelischen Anstaltspfarrer von Landsberg, nicht im geringsten. Am 5. Februar 1951 »drängt« es ihn, Landesbischof Meiser »inständig zu bitten, gegen die Entstellung der Wahrheit und gegen die Beugung des Rechtes« seine Stimme zu erheben. Es sei nicht wahr, daß Schmidt auf eigene Initiative den Tod von vielen Eingesperrten veranlaßt habe. Alle Hinrichtungen, an denen Schmidt befehlsgemäß teilgenommen habe, seien »Vollstreckungen von ordnungsgemäß ergangenen Urteilen« gewesen. Schallermair sei niemals Führer eines Rollkommandos gewesen, sondern Rapportführer. Er bestreite nicht, »in einzelnen Fällen aus ihm zwingend erscheinenden Gründen der Disziplin und Ordnung im Lager Gefangene leicht geschlagen zu haben. Andernfalls hätte er über ihre Unbotmäßigkeit Strafbericht nach Dachau machen müssen, was zu schwersten Folgen geführt hätte.« Auch die Urteile in den anderen Fällen seien Unrecht: »Ich glaube, eine unabweisbare Pflicht unserer Kirche darin sehen zu müssen, daß sie gegen solche Mißachtung der Wahrheit in aller Öffentlichkeit die Stimme erhebt.«[277]

Die letzten Hinrichtungen finden am 7. Juni 1951 in Landsberg statt.
Drei Tage später wird in der Anstaltskirche ein evangelischer Gedächtnisgottesdienst für die Hingerichteten gefeiert. Die als Kriegsverbrecher
Verurteilten singen aus dem Gesangbuch das Kirchenlied Nr. 250: »Hab
ich das Haupt zum Freunde und bin geliebt bei Gott, was kann mir tun der
Feinde und Widersacher Rott?«
Die Rache habe über das Recht gesiegt, predigt der Pfarrer. Pressemel-
dungen, die Todesurteile seien mit größter Sorgfalt und Genauigkeit
überprüft worden, nennt er eine »Irreführung der Öffentlichkeit«. Noch
in den letzten Stunden vor Gottes Angesicht hätten sich die »Brüder«
gegen das Unrecht verwahrt, »daß Handlungen, die unter dem harten
Zwang militärischer Notwendigkeiten erfolgten, zu gemeinen Verbrechen abgestempelt wurden«.
Am Ende des Gottesdienstes wird der hingerichteten »Brüder« gedacht,
»indem wir ihre letzten Worte unter dem Galgen hören«.
Der erste ist Paul Blobel: »Disziplin und Treue habe ich als Soldat gehalten... Nun haben mich Disziplin und Treue an den Galgen gebracht. Ich
weiß auch heute nicht, wie ich anders hätte handeln sollen. Den Urteilsspruch des Gerichtes kann ich nicht als gerecht anerkennen.«
Dann folgt Werner Braune: »Deutsche! Gehorsam und Treue gegenüber
meinem Staatsoberhaupt und obersten Kriegsherrn haben mich unter den
Galgen gebracht. Ich kann meinen Gehorsam auch heute nicht bereuen... Mein Kampf ging um Wahrheit und Recht.« Nach einem Gruß
an Frau und Verwandte verkündet Braune: »Mein letztes Gebet ist:
Herrgott, vergib meinen Mördern!«
Gemäßigter gibt sich Erich Naumann: »Es wird die Zeit kommen, in der
festgestellt werden wird, ob meine Hinrichtung gerechtfertigt war oder
nicht.«
Otto Ohlendorf: »Was ich in dieser Stunde zu sagen habe, habe ich schon
andernorts getan und brauche es hier nicht zu wiederholen. Ich möchte
nur eines wünschen, daß die Saat des Hasses, der Lüge und des Unrechts,
die hier gesät worden ist, nicht weitere bittere Früchte trage.« Ohlendorfs
letzter Satz: »Es soll sich keiner auf mein Leben oder mein Sterben berufen anders als zum Guten.«
Hans Th. Schmidt, der in Landsberg von der katholischen zur evangelischen Kirche konvertiert sein soll[278]: »Herr Oberst! Ich lege an dieser
Stelle feierlichen Protest ein gegen das Urteil, das zu dieser Hinrichtung
geführt hat. Vor dem Angesicht Gottes, vor dem ich im nächsten Augen-
blick sterben werde, versichere ich, daß ich der Verbrechen nicht schuldig
bin, die man mir zur Last gelegt hat... Ich erkläre, daß ich nichts anderes
getan habe, als was Sie, meine Herren, eben jetzt auch tun: Ich habe
Befehle ausgeführt, die mir rechtmäßig gegeben worden waren. Ich

scheide als der letzte der Landsberger Todeskandidaten. Ich sterbe unschuldig.«[279]
Wohl selten sind die Opfer des Nationalsozialismus in einem Gottesdienst
mehr beleidigt worden.
»Disziplin und Treue« hätten ihn an den Galgen gebracht, hatte Blobel
unterm Galgen erklärt und im Anstaltsgottesdienst waren seine Worte
verlesen worden. Disziplin und Treue? Daß sein Kommando September
1941 nahe Kiew zwei Tage lang jüdische Kinder, Frauen und Männer
gemordet hatte, bestritt er nicht. Er bestritt nur, es seien 33771 Juden
gewesen: »Meiner Ansicht nach wurden nicht mehr als die Hälfte der
angegebenen Zahl erschossen.« Stolz hatte er im Herbst 1942 dem damaligen SS-Sturmbannführer und Ex-Priester Albert Hartl die Schlucht von
Babi-Yar gezeigt und gesagt: »Da liegen meine Juden.«[280]

Expriester und SS-Sturmbannführer Albert Hartl (links) und SS-Standartenführer
Paul Blobel (rechts).

Für Massenmörder Blobel[281] und die anderen gehängten Einsatzgrup-
penführer hatte sich vergeblich der Münchener Weihbischof Neuhäusler
eingesetzt, ebenso für den Märtyrer der katholischen Anstaltsgemeinde
Oswald Pohl.[282] Pohl unter dem Galgen: »Über 30 Jahre habe ich als Be-
rufssoldat gedient, 22 Jahre davon in der Marine. Während dieser langen
Soldatenzeit konnten die Amerikaner mir nicht nachweisen, daß ich irgendwelche Initiative ergriffen habe oder irgendwelche Befehle oder An-
weisungen gegeben habe, welche zur Verfolgung oder Hinrichtung von

Menschen, insbesondere von Juden geführt haben. Ich sterbe fest und unerschütterlich im Glauben an den dreifaltigen Gott. Gott habe Gnade mit meiner Familie und meiner treuen Frau und befreie Deutschland von seinen schlechten Freunden.«[283]

Vergeblich hatte kurz zuvor noch Gottfried Hansen, Admiral a. D. und 1. Vorsitzender des »Bundes versorgungsberechtigter ehemaliger Wehrmachtsangehöriger und ihrer Hinterbliebenen«, einen Entlastungsangriff gestartet und Bundeskanzler Adenauer bedrängt, die Vollstreckung zu verhindern. Pohl stehe ihm und seinen Marinekameraden als einstiger Marinestabszahlmeister nahe. Das Urteil sei zu 100 Prozent »juristisch unhaltbar«.[284]

Als Pohl wenige Tage vor der Hinrichtung von dem Brief erfährt, schreibt er Hansen: »Ich konnte nur die Hände falten und dem Allmächtigen danken für dieses Zeichen *Seiner* Gnade. Ihnen aber meinen aus bewegtem Herzen kommenden Dank zu sagen, ist mir drängendes Anliegen.« Durch ihn sei nicht ein einziger Mensch »verfolgt, eingesperrt, gequält oder gar umgebracht worden... auch kein Jude!« Deshalb habe ihn das amerikanische Gericht »in Zuständigkeiten hineingezaubert, die nie meines Amtes waren«. Weil der Kommandeur (Himmler) durch Selbstmord ausgefallen sei, »greift man sich den – Zahlmeister! Nach deutscher militärischer Auffassung ist das grotesk«. Die Vollstreckung des Todesurteils sei »ein glatter Justizmord«.

Paul Blobel: »Da liegen meine Juden!« Exhumierte Leichen in Babi-Yar.

»Seien Sie versichert, Herr Admiral«, heißt es am Ende des Schreibens, »daß ich... nach den Prinzipien gehandelt habe, die mir in der Kaiserlichen Marine eingeimpft worden sind.«[285] Der Zahlmeister der Marine, der sich bis zu seiner Verhaftung im Mai 1946 als Bauernknecht getarnt hatte, ist in Wahrheit einer der mächtigsten Männer im Hitler-Staat gewesen. Pohl, 1926 der NSDAP und 1929 der SA beigetreten, war 1935 Verwaltungschef des SS-Hauptamtes geworden (und damit u. a. für die bewaffneten SS-Verbände verantwortlich). 1942 hatte er sich zum SS-Obergruppenführer und General der Waffen-SS hochgearbeitet, leitete das SS-Wirtschafts- und Verwaltungshauptamt (WVHA), eine Mammutbehörde, die u. a. über das Sklavenheer der KZ-Häftlinge herrschte. Pohl beutete erst die Arbeitskraft der Opfer und dann ihre Leichen aus: Kleider, Schuhe, Brillen, selbst die Haare, die zur Herstellung von Filzschuhen dienten, wurden verwertet. In Treblinka, Auschwitz usw. usw. ließ er After und Scheide der Opfer nach verstecktem Schmuck durchsuchen und den Leichen die Zähne herausreißen, um das Zahngold zu Feingold zu verarbeiten.

Dennoch hat es viele Versuche gegeben, aus Pohl ein Unschuldslamm zu machen. Robert Kempner in der Erinnerung: »Etwas, was mir einfach nicht in den Kopf gegangen ist, war die Auskunft, daß die meisten Petitionen an das Justizministerium, damals für den Chef der Konzentrationslager... Oswald Pohl eingegangen sind.«[286]

Die katholische Kirche hat den Protestanten Pohl am 12. Februar 1950 als Konvertiten in ihren Schoß aufgenommen. Ein reuiger Sünder, der Buße getan hat, darf darauf bauen. Doch Pohl bereute nichts, weil er angeblich nichts getan hatte. In Landsberg gedeiht Pohl fast zum Heiligen, wenn wir der Schilderung des katholischen Geistlichen Karl Morgenschweis[287] glauben, der sich als Pohls »Seelenführer« bezeichnet.[288]

1950 erscheint im Landshuter Alois Girnt Verlag, Gesamtherstellung Herder-Druck München, ein von Morgenschweis herausgegebenes Buch: »Credo. Mein Weg zu Gott. Von General der Waffen-SS a. D. Oswald Pohl.« Das Werk hat die kirchliche Druckerlaubnis (München 7. 7. 50/G. V. Nr. 6193) von Generalvikar Ferdinand Buchwieser. Die Widmung lautet: »Dem katholischen Gefängnisgeistlichen des War Crime Prison Landsberg am Lech, Hochwürden Herrn Oberpfarrer Karl Morgenschweis, der mich in Liebe heimbrachte zu dem Dreieinigen Gott, in tiefer Dankbarkeit.« Als Datum hat Pohl angegeben: »am Feste Patrona Bavariae 1950«.

Morgenschweis nennt das Buch eine »Bekehrungsgeschichte«, ein »öffentliches Bekenntnis für die katholische Kirche«.[289] Niemals habe er einen begabteren Konvertiten gehabt. Pohl entfalte »Gebetseifer und Opfergeist von seltener Größe«. Er lebe wie ein Mönch (»betend und

opfernd«) in seiner Zelle und sei »ein Offizier vom Scheitel bis zur Sohle,
... ein Mann von hoher Geistesbildung und Herzensbildung, aufrecht,
gerade und wahrhaft.« Pohl sei »erfüllt von innigem Gebetsgeist, von Be-
kennermut und apostolischem Eifer, auch von inniger Dankbarkeit und
Demut gegen Gott in der Bereitschaft, dort Schuld zu bekennen, wo
Schuld ist«. Man beachte die Wortwahl! Pohl fühlte sich unschuldig und
sein »Seelenführer« hielt ihn gar für ein Justizopfer, das aufgrund eines
»Schwindels« für schuldig erklärt worden war.[290]
Pohl behauptet in seinem Buch, Unmenschlichkeiten, sofern er davon
Kenntnis erhalten habe, sei er nachweisbar energisch entgegengetre-
ten.[291] In Landsberg habe ihn immer wieder das Meßopfer erschüttert. Er
spürt »die leibliche Gegenwart des Erlösers, ja, mir war, als vernähme ich
Seine Stimme und fühlte ich Seine Hand: Komm!« Als General der Waffen-SS »außer Dienst« lobt er die autoritative Führung der katholischen
Kirche. Schließlich kommt er zur »Gipfelstunde« seines Lebens: der
»Feier meiner Ersten heiligen Kommunion«. Pohls letzte Worte im Be-
kehrungs-Büchlein enden bei Gott: »In Ihn bin nun auch ich hineinbezo-
gen als bewußtes, lebendiges Glied des in der alleinseligmachenden katholischen Kirche weiterlebenden Leibes Christi.«
Im Herbst 1990 habe ich Dokumentenbände einsehen können, die der
evangelische Pfarrer August Eckardt an das Archiv seiner Landeskirche
abgegeben hat: u. a. ein Tagebuch und ein Anlagenband dazu. In diesem
Band ist ein Aufsatz eingeklebt, der vom katholischen Kollegen Morgenschweis stammt: »Für Wahrheit und Gerechtigkeit.« Eckardt hat keine
Quelle angegeben.
Karl Morgenschweis, 1959 zum Monsignore ernannt, hat seinen Vortrag
am 25. November 1966 auf einer Veranstaltung des »Deutschen Kultur-
werks« in München gehalten. Die Rede ist anschließend in der Zeitschrift
»Der Freiwillige«, dem Organ der ehemaligen Waffen-SS, nachgedruckt
worden. Danach ist die Morgenschweis-Rede noch einmal nachgedruckt
worden: in einem Buch, das Pfarrer Eckardt dem Landeskirchlichen Archiv vermacht hat. Der Titel: »Dachau – Landsberg: Amerikas Schande,
Band II der Dokumentation von Oskar W. Koch.« Autor Oskar Wilhelm
Koch ist ein ehemaliger Kreisleiter, der das Kriegsverbrecher-Gefängnis
in Landsberg von innen kennt – ein amerikanisches Kriegsgericht hatte
ihn wegen der Befehlsausgabe zur Erschießung von Kriegsgefangenen
(»Fliegern«) zu zehn Jahren Haft verurteilt.[292]
Morgenschweis brüstet sich in seinem Vortrag, er habe zugunsten der
Häftlinge alles mögliche herein- und herausgeschmuggelt, »z. B. das
ganze über Malmedy gesammelte Material«. Der Monsignore als Post-
bote: »Ich habe alles, was sie mir gegeben haben, gesammelt und im Oktober 1947 seiner Eminenz, dem Herrn Kardinal, gebracht.« Faulhaber

habe ihn sehr lieb empfangen und ihm gesagt:»Ich kann wenig mit diesem Material anfangen, gehen Sie doch lieber zu Exzellenz Neuhäusler.« Neuhäusler wiederum habe ihn begrüßt:»Das kommt gerade recht, daß Sie das bringen, es sind gerade Senatoren aus Amerika da, mit denen kann ich das besprechen und ihnen mitgeben.«[293]

Morgenschweis, stolz, Komplize der Malmedy-Truppe gewesen zu sein: »Ich habe durch Gegenbeweise helfen dürfen, ... daß überhaupt nicht ein einziger zur Last gelegter Fall vorgekommen ist.«[294]

Ein Satz zum Mitdenken.

Morgenschweis wurde reich geehrt: 1948 beförderte ihn das Bayerische Justizministerium zum Oberpfarrer. 1950 ernannte ihn der Bischof von Augsburg zum Geistlichen Rat. 1952 bekam er das Bundesverdienstkreuz. 1958 verlieh ihm der Präsident des Deutschen Roten Kreuzes das Ehrenzeichen des DRK. 1959 wurde er durch Verfügung von Papst Johannes XXIII. päpstlicher Ehrenkämmerer mit dem Titel Monsignore. Diese Ehrungen hat der Stellvertretende Vorsitzende des Bezirksverbandes Oberbayern des Bayerischen Roten Kreuzes am 8. Februar 1960 in einem Brief an den »Verehrlichen Stadtrat«. von Landsberg am Lech aufgeführt und mit der Bitte um eine offizielle Ehrung durch die Stadt angereichert.

Die Tätigkeit des päpstlichen Ehrenkämmerers, so der Rotkreuz-Vorsitzende, gereiche der Stadt zur Ehre. Wörtlich heißt es anno domini 1960: »Seinen Verhandlungen mit Papst Pius XII., dem damaligen Staatssekretär und jetzigen Kardinal Montini, dem verstorbenen Kardinal Faulhaber, Weihbischof Neuhäusler, Reichs[wehr]minister a.D. Dr. [Otto] Gessler, Bundeskanzler Dr. Adenauer u. a. ist es allein zu verdanken, daß die im sog. Malmedy-Prozeß zum Tode Verurteilten gerettet werden konnten ...«

»Stille Hilfe«
Die Zusammenarbeit der Nazi-Helfer

Helene Prinzessin von Isenburg, »Mutter der Landsberger«, und Weihbischof Johannes Neuhäusler, Januar 1951.

Vor Jahren las ich die Aussage eines ehemaligen SS-Obersturmführers, der zur Außenstelle des Hygiene-Instituts der Waffen-SS »Südost« nach Auschwitz abkommandiert worden war. Er gab zu Protokoll: »Über die Organisation des KZ-Lagers Auschwitz könnte m. E. der frühere SS-Führer Schippel (damals Verwaltungsführer) oder einer seiner Unterführer Auskunft geben. ... Die Anschrift Schippels dürfte durch das Hilfswerk der evangelischen Kirche in Stuttgart zu erfahren sein.«[295]
Damals konnte ich mir nicht erklären, wieso ausgerechnet bei einer Einrichtung der Kirche die Adressen von Auschwitz-Leuten zu erfahren sein sollten. Ich war, ohne es zu wissen, zum erstenmal auf die Nazi-Unterstützung des Hilfswerks gestoßen, die zum Bedauern manchen Kirchenmannes in aller Heimlichkeit geschehen mußte. Schon 1946 klagte Hans Asmussen von der Kirchenkanzlei der EKD in einem Brief an die »Herren Bischöfe und leitenden Amtsträger« (»Nur für den Dienstgebrauch!«):

»In welchem Maße alle kirchlichen Stellen sich bemühen, Härten zu mildern und geschehendes Unrecht zur Anzeige zu bringen, kann begreiflicherweise in der Öffentlichkeit nicht bekannt werden.«[296]
Beide Kirchen helfen aber nicht nur, sie konkurrieren auch. Besonders deutlich wird dies bei der Betreuung der im Ausland Internierten. Besorgt schreibt im Januar 1949 Heinrich Höfler vom Deutschen Caritasverband, Abteilung Caritas-Kriegsgefangenenhilfe, dem Vorsitzenden der Deutschen Bischofskonferenz: »Inzwischen ist die Frage der Rechtshilfe, die uns ja schon lange bemüht, sehr aktuell geworden, und zwar durch einen ziemlich vehementen Einsatz des Evangelischen Hilfswerkes in Deutschland (EHD).«
In Stuttgart, so Höfler, seien drei Volljuristen, vier Sekretärinnen und weitere Hilfskräfte beschäftigt. Sein Mitarbeiter berichte ihm, das Ganze habe den Charakter eines großen Anwaltsbüros, von dem aus umfangreiche Beweiserhebungen in Deutschland durchgeführt würden. Das Material werde dann französischen Anwälten zugestellt. Höfler: »Dieser Aktivität haben wir von unserer Seite verhältnismäßig wenig gegenüberzustellen.« Auch im Zusammenhang mit der Aufbringung von Geldmitteln sei man dort weit voraus. Wäre es ihm nicht gelungen, beim saarländischen Ministerpräsidenten als erstes eine Summe von einer Million französischen Franken zu sichern, »so stünde uns in Paris kaum etwas zur Verfügung«.[297]
Heinrich Höfler[298], von 1949 bis 1963 Bundestagsabgeordneter der CDU und im Bundestag Vorsitzender des Unterausschusses für Kriegsgefangene und Heimkehrer, fühlt sich im konfessionellen Wettstreit benachteiligt: »Diese Angelegenheiten, Eminenz, drängen nun sehr und ich muß gestehen, daß Sie [sic!] mich auch im Gewissen bedrücken. Wir dürfen gegenüber dem EHD und dem Roten Kreuz mit unserem Bemühen nicht allzu weit abfallen!«[299] Höfler hat in seiner Not sogar den Papst angebettelt, es mangele am Geld für die Bezahlung französischer Advokaten, die Protestanten hätten dagegen bereits eineinhalb Millionen französische Franken.[300]
Charakteristisch für die Mentalität der kirchlichen Helfer ist ein Bericht des »bisherigen evangelischen Gefängnisgeistlichen der Deutschen in Frankreich«, Pfarrer Gerhard Lindner. Dem Bericht ist zu entnehmen, daß jeder beklagte Deutsche frei und kostenlos einen französischen Anwalt sowie einen deutschen Nebenverteidiger wählen kann (während viele Franzosen bei »Nacht und Nebel« verschleppt und ohne Anwalt abgeurteilt worden waren). Dennoch gibt es Grund zur Klage: Untersuchungsrichter gehörten der Widerstandsbewegung an, Verhandlungssprache sei Französisch, die Dolmetscher seien mittelmäßig und die französischen Belastungszeugen »mitunter gar böswillig«. Die Presse ent-

stelle oft den wahren Sachverhalt, man könne von einer »Pressehetze« sprechen.

Der Bericht[301] enthält keinen Hinweis, daß in Frankreich Kriegsverbrechen geschehen sind, sondern nur die Standardfloskel, wenn wirkliche Verbrecher darunter seien, »dann mögen sie ihre gerechte Strafe finden«. Lindner: »*Den verantwortlichen Männern unserer Regierungen und Parlamente* aber möge... sehr deutlich die *Frage* gestellt sein, ob nicht ein *wesentlicher Punkt im Gespräch über deutsch-französische Verständigung die gerechte Regelung der Frage der* ›*Kriegsverbrecher*‹ *ist.*« Der Nachbar, der überfallen wurde, hat schon wieder Forderungen zu erfüllen.

Die Hilfe für die Internierten formiert sich 1948 und beschäftigt zahlreiche Personen und Organisationen. Am 12. November 1948 nimmt z. B. Elisabeth, Großherzogin von Oldenburg aus Rastede in Oldenburg, mit Wurm Kontakt auf. Sie schickt ihm Briefabschriften eines »seelisch hochstehenden« Menschen, der noch »viel Segen« bewirken könnte, hätten ihn die Amerikaner nicht hingerichtet.

Die Großherzogin sähe es gerne, wenn Wurm die Briefe veröffentlichte. In diesem Falle möchte er aber bitte die Anrede »Ehrwürdige Königliche Hoheit« und die Überschrift »Durchlauchtigste Frau Großherzogin« durch ein schlichtes »Sie« ersetzen. Auch ihren Namen solle er nicht nennen, sondern nur von »einer fürstlichen Frau« sprechen. Sie sei die Tochter des Großherzogs Friedrich Franz II. von Mecklenburg und Urenkelin der Königin Luise. Obwohl 1869 geboren, merke sie nichts von ihrem Alter. Die fürstliche Frau: »Mein ganzes Leben stand und steht im ›Dienst am Nächsten‹...«[302]

Kontakte gibt es ebenso zwischen Wurm und der Tochter der Großherzogin, Prinzessin Stephan zu Schaumburg-Lippe, ebenfalls in Rastede. Sie arbeitet für das »Hilfswerk der Helfenden Hände« und ist eine rechte Schmeichlerin: Es stehe zwar ein schönes »in Ruhe« hinter seinem Titel, schreibt sie dem Altbischof, aber: »Ein rechter Soldat des Himmels und der Erde bleibt doch aktiv, bis er abkommandiert wird.«

Ingeborg Alix, die ihre Briefe mit Prinzessin Stephan zu Schaumburg-Lippe unterschreibt, berichtet Wurm von ihren Verbindungen zu »Altbekannten in Argentinien« und fragt, ob nicht das Zentralbüro des Evangelischen Hilfswerks diesen helfen könne. Ihre Begründung: »Wir arbeiten sowieso an den verschiedensten Orten mit den Pfarrern Hand in Hand.«[303]

Am 10. Oktober 1949 schreibt Prinzessin zu Schaumburg-Lippe wieder einmal an Wurm. Bei der Taufe des Enkelsohnes Holstein habe sie mit ihrer Cousine, der Herzogin Alexandra Hohenlohe-Langenburg, wieder seines segensreichen Wirkens gedacht. In der Anlage schickt sie einen Brief des in Landsberg inhaftierten Ex-Kommandoführers Dr. Walter

Blume (Sonderkommando 7a).[304] Der Grund des unstandesgemäßen Umgangs: Sie hofft, demnächst nach Landsberg zu kommen, um ihren Schwager, den Fürsten zu Waldeck, zu besuchen und mit Pfarrer Ermann und der Prinzessin Isenburg Kontakt aufzunehmen: »Daraus wird sich dann die weitere Zusammenarbeit ergeben.«[305]

Der Schwager, den wir bereits als Kirchendiener von Pfarrer Hess kennengelernt haben, ist ein bemerkenswerter Herr: ein Neffe der holländischen Königin, 1929 der NSDAP, 1930 der SS beigetreten, wo er zunächst Sepp Dietrich, dann Himmler als Adjutant dient. Josias Erbprinz von Waldeck-Pyrmont wird 1936 mit dem Titel eines SS-Obergruppenführers sozusagen noch einmal geadelt und 1939 zum Höheren SS- und Polizeiführer in Weimar befördert. Im August 1947 im Buchenwald-Prozeß zu lebenslänglicher Haft verurteilt, wird er krankheitshalber bereits September 1950 entlassen. Sterbenskrank kann er kaum gewesen sein, denn er stirbt am 30. November 1967.

Seine Schwägerin ist nach eigenem Bekunden »die rechte Hand« ihres Onkels, des Herzogs Adolf Friedrich zu Mecklenburg. Die Betreuung der »Landsberger« hat sie »selbst in Händen«. Zweiter Vorsitzender ist der holsteinische Propst Hugo Bender, »ein ganz famoser Mann«.[306] Bender hatte den 1933 zum Rücktritt gezwungenen Propst Traugott Schulze (Neustadt) abgelöst und sich damals, so sein Vorgänger, als skrupelloser NS-Agitator betätigt.[307] Nun arbeitet das »Hilfswerk«, einem Flugblatt zufolge, »in Anlehnung an solche caritativen Verbände, die unsere Ziele verwirklichen helfen«.

Ein Hilfsabkommen besteht mit der niederländischen Caritas.[308] »Jetzt hat mich der Kardinal Frings gebeten, zu ihm zu kommen«, schreibt die Prinzessin am 10. Dezember 1949 an den ehemaligen Landsberger Pfarrer Eckardt, »weil er sich für das HWHH interessiert. Er würde schon helfen wollen, aber natürlich stellt er die Bedingung, daß die katholischen Kinder auf katholische Schulen kommen.«[309] Kontakte und Zusammenarbeit gibt es weiterhin mit der »Stillen Hilfe«, mit der die Namenslisten der Unterstützten abgeglichen werden, um Doppelversorgungen zu vermeiden[310]. Ebenso mit der »Kameradenhilfe«.[311]

Damit treffen wir einen alten Bekannten wieder: Hans-Ulrich Rudel, der 1948 via Rom nach Argentinien geflohen war. Dort hatte er ebenfalls ein Hilfswerk (mit Hauptsitz in Buenos Aires) für die »Opfer« der alliierten »Schau-Prozesse« organisiert.

Im Oktober 1950 kehrt der Kriegsheld der Alt- und Neu-Nazis[312] nach eigener Darstellung zum erstenmal illegal in die Bundesrepublik zurück. Es geht um den Auf- und Ausbau des »Kameraden-Hilfswerks«. Weihnachten 1951 werden 1500 Pakete mit Lebensmitteln und Kleidung an die »Opfer der Siegerjustiz« verschickt[313] – schließlich handelt es sich »oft um

eine ausgesprochene Elite, um wahren menschlichen Adel«.[314] Später
folgt die Finanzierung von Anwälten.[315] Die Namens- und Anschriften-
listen erhält die »Kameradenhilfe« von der »Stillen Hilfe« der Prinzessin
von Isenburg[316], die sich selbst »Mutter Elisabeth« nennt.

Neben »Mutter Elisabeth« hält Rudel nur noch eine »deutsche Frau« für
erwähnenswert: Prinzessin zu Schaumburg-Lippe. »Da sie früher einmal
in Buenos Aires im Rahmen des Roten Kreuzes tätig war«, so Rudel,
»fanden sich schnell eine Reihe von Anknüpfungspunkten für eine wirk-
same Zusammenarbeit.«[317] Bei all seinen Reisen ist jedoch Prinzessin
Isenburg die erste Adresse. Jeder Besuch bei der aufrechten Streiterin
(»eine wahrhafte Mutter der von allen Verlassenen«) sei eine reine
Freude gewesen: »Ich war und bin stolz, ihr mit unserer Arbeit in Südamerika in ihrem Wirken zur Seite gestanden zu haben.«[318]

Zahllos waren die Aufrufe und Pamphlete der Prinzessin von Isenburg
gewesen, um »ihre« Landsberger vor dem Galgen zu retten. Sogar an
Pius XII. hatte sie appelliert: Fünf Jahre nach Kriegsende Männer an den
Galgen zu führen, deren Verurteilung zum größten Teil nachgewiesene
Fehlurteile seien, widerspreche jedem Recht: »Ich kenne Jeden, um den
es geht. Niemand kann mehr von ›Schuld und Verbrechen‹ reden, der in
ihre Seelen geschaut hat.« Die überzeugte Katholikin, von der NSDAP-
Ortsgruppe einst als »politisch zuverlässig« eingestuft, am Ende ihres
Aufrufs: »Es bittet DICH, Heiliger VATER, im ganzen Vertrauen Die
Mutter der Landsberger.«[319]

Am 16. Juli 1951 schreibt die »Mutter der Landsberger« (der ehemalige
Landsberger Pfarrer Eckardt bezeichnet sie als eine Außenstelle des katholischen Kollegen Morgenschweis[320]) an Altbischof Wurm. Nachdem
ihre »Stille Hilfe« seit 5 Jahren ganz privat und ohne jedes Aufsehen für
die Gefangenen und ihre Familien gesorgt habe, müsse sie nun leider, um
an die notwendigen Mittel zu kommen, einen eingetragenen Verein daraus machen. Dann kommt sie zur Sache: »Meine große Bitte geht dahin,
ob ich Ihren Namen, mein hochverehrter lieber Herr Bischof, in den Vorstand dieses e[eingetragenen]. Vereins ›Stille Hilfe‹ erbitten darf.« Wurm
erwüchsen keine Mühe, keine Arbeit. Es sei allein ihre heilige Verpflichtung, eine von Gottes Liebe gegebene Aufgabe, den Gefangenen und
ihren notleidenden Familien treu zu dienen.[321]

Im September lädt die Prinzessin Wurm zur Vereinsgründung am Sonntag, dem 7. Oktober, im Münchener Kolpinghaus ein. Einen Satzungsentwurf legt sie bei.[322] Nach der Satzung will der Verein »in stiller, tätiger
Hilfe allen jenen helfen, die durch Gefangennahme und Internierung ihrer Freiheit beraubt und auf die besondere Fürsorge und Hilfe sittlich
denkender und handelnder Menschen angewiesen sind«. (§ 2) Eine Än-
derung gegenüber dem Satzungsentwurf ist auffällig: Nach der ursprüng-

lichen Fassung sollte gemäß § 23 bei Auflösung des Vereins das ganze
Vermögen dem Internationalen Roten Kreuz zufallen. Nun werden die
Kirchen begünstigt:»Bei Auflösung des Vereins fällt sein ganzes Vermö-
gen zu gleichen Teilen dem Deutschen Caritasverband und dem Evange-
lischen Hilfswerk zu.«[323]
Nach der Vereinssatzung vom 7. Oktober 1951 steht der »Stillen Hilfe«
Prinzessin Isenburg vor. Ihr Titel lautet »Präsident«. Stellvertretender
Präsident ist Altbischof Theophil Wurm. Weitere Vorstandsmitglieder
sind Weihbischof Neuhäusler, Caritasdirektor Pater Dr. Augustinus
Rösch, S. J., und Hans Jörg Aschenborn als Vertreter der »Stillen Hilfe«
Südafrika.
Über Aschenborn gibt es einen Bericht des Generalkonsulats der Bun-
desrepublik Deutschland in Pretoria an das Bundeskanzleramt, Dienst-
stelle für Auswärtige Angelegenheiten: Ein hiesiger Volksdeutscher,
Aschenborn, habe kürzlich einen Aufruf an die deutschafrikanischen und
burischen Kreise erlassen. Die Bevölkerung werde darin aufgefordert, in
Briefen an den Hohen Kommissar McCloy eine Revision der Urteile zu
fordern und Geld zu spenden.
Aschenborn sei der Sohn eines bekannten deutsch-südafrikanischen
Afrika-Malers und arbeite als Angestellter bei der hiesigen Provinzial-
bibliothek. Er repräsentiere eine kleine Gruppe radikal-nationalsozia-
listischer Deutsch-Südafrikaner. Im Hintergrund der Aktion stehe ein
durch seinen extremen Nationalismus bekannter burischer Farmer, Johan
Schoeman, bekannt als begeisterter Deutschenfreund und fanatischer Hit-
ler-Anhänger:»Noch jetzt soll er auf seiner Farm, die in der Nähe von
Pretoria gelegen ist, ein Zimmer besitzen, dessen Wände ringsum mit den
Portraits der ehemaligen Nazigrößen... behangen sind.«[324]
Im Vorstand der bundesdeutschen »Stillen Hilfe« ist der Adel dreimal
vertreten: Gräfin Lily Hamilton, Stockholm (Präsidentin eines Hilfs-
komitees für deutsche Kinder), Comtesse Helene de Suzannet, Paris
(Präsidentin eines Komitees für Menschenrechte) und Graf Richard
Kerssenbrock, Justizritter des Malteserordens. Den Arbeitsbereich
»Familienhilfe« übernimmt Gerhard Kittel, Mitglied der NSDAP seit
1931, ehemals SS-Obersturmführer. Die Pressestelle leitet Dr. Wilhelm
Spengler, ehemals SS-Standartenführer und Gruppenleiter im Amt III
Reichssicherheitshauptamt. Die juristische Beratung obliegt dem ehemaligen Obersturmbannführer Dr. Heinrich Malz, den wir schon als Büroleiter des Neuhäusler-Vertrauten Aschenauer kennengelernt haben.[325]
Im März 1953 stehen erneut Präsidiumswahlen an. Neuhäusler scheidet
aus, Wurm ist mittlerweile tot. Er wird durch den Kirchenpräsidenten der
pfälzischen Kirche, Dr. Hans Stempel, ersetzt, der in aller Stille das Amt
eines Beauftragten der EKD für die Seelsorge an deutschen Kriegsverur-

teilten in ausländischem Gewahrsam wahrnimmt. »Naturgemäß«, heißt es in einem Schreiben von Oberkirchenrat Hannsjürg Ranke, »mußten sich die Verhandlungen von Präsident Stempel vertraulich abspielen... Aus diesem Grunde ist die Tätigkeit von Präsident Stempel relativ unbekannt.«[326]

Am 30. März 1954 wird die Satzung der Stillen Hilfe geändert. In stiller tätiger Hilfe will der Verein fortan all jenen helfen, »die infolge der Verhältnisse der Kriegs- und Nachkriegszeit durch Gefangennahme, Internierung oder ähnliche von ihnen persönlich nicht zu vertretene [sic!] Umstände ihre Freiheit verloren haben.« Von der Stillen Hilfe betreute Massenmörder sind also durch von ihnen nicht zu vertretende Umstände in Haft geraten. Diese Täterverklärung hat die im Vorstand vertretenen Kirchenführer offenbar nicht gestört.

Caritasdirektor Dr. Rösch wird auf der Mitgliederversammlung am 29. März 1955 durch den Kölner Weihbischof Wilhelm Cleven ersetzt. Seine Akten im Kölner Diözesanarchiv durfte ich nicht einsehen. Die »Anordnung über die Sicherung und Nutzung der Archive der Katholischen Kirche«, ein Erlaß des Herrn Diözesanadministrators, veröffentlicht im Amtsblatt des Erzbistums Köln[327], besagt nämlich: »Die kirchlichen Archive sind nicht verpflichtet, Nutzungswünschen Dritter zu entsprechen.« Grundsätzlich ist das Archivgut 40 Jahre lang gesperrt, Archivgut des Bischöflichen Geheimarchivs und Bischöfliche Handakten und Nachlässe sogar 60 Jahre. »Eine Verlängerung der Sperrfrist ist aus wichtigem Grunde möglich. Dies gilt insbesondere für Archivgut, durch dessen Nutzung das Wohl der Kirche, schutzwürdige Belange Dritter oder Interessen Betroffener gefährdet... würden.«

Zu den Vorstandsmitgliedern, die im Laufe der Jahre neben den Kirchenvertretern präsidieren, zählt ab 1958 auch der ehemalige SS-Oberscharführer Dr. Albert Joppich. Er hatte im überfallenen Holland als Vorsitzender des »Deutschen Obergerichtes in den Niederlanden« agiert und Todesurteile gefällt. Der Geschäftsführer der »Stillen Hilfe«, der ehemalige SS-Standartenführer Hans Himpe, ist sogar wegen Beihilfe zum vierfachen Mord (im Rahmen des Röhm-Putsches) von einem Berliner Schwurgericht 1955 zu 6 Jahren Zuchthaus verurteilt worden.[328]

Die »Stille Hilfe«, bis heute als gemeinnütziger Verein anerkannt, scheut sich nicht, zugunsten ihres Klientels die Geschichte zurechtzubiegen. Ein Beispiel ist der Fall der ehemaligen Oberschwester von Hadamar, Irmgard Huber.

In der hessischen Euthanasie-Anstalt waren 1941 etwa 10000 Menschen in der als Duschraum getarnten Gaskammer vergast und ab Spätsommer 1942 noch einmal mehrere tausend Menschen mit Medikamenten vergiftet worden. Die Oberschwester konferierte damals täglich mit Anstalts-

leiter Dr. Adolf Wahlmann über die Tötung ihrer Patientinnen. Anschlie
ßend übergab sie den Stationsschwestern Zettel, auf denen die Namen
der Frauen standen, die mit Tabletten zu ermorden waren.[329] Die Oberschwester: »Wenn sie am nächsten Tage nicht gestorben waren, dann haben sie Spritzen gekriegt.«[330]
Irmgard Huber ist am 15. Oktober 1945 von einem amerikanischen Militärgericht wegen der Ermordung polnischer und russischer Zwangsarbeiter (die an Tuberkulose erkrankt und damit als Arbeitssklaven
»unbrauchbar« geworden waren) zu 25 Jahren Zuchthaus verurteilt
worden.[331] Oberpfleger Heinrich Ruoff hatte damals vor einem amerikanischen Untersuchungsbeamten ausgesagt:
»Jeden Morgen war in der Anstalt eine Konferenz, bei welcher Dr. Wahlmann, Oberpflegerin Huber und ich dabei waren. ... In diesen Konferenzen unterzeichnete Dr. Wahlmann die Todesurkunden der Polen und
Russen, und wir stimmten ab, welche deutsche Patienten an diesem Tage
die Einspritzung bekommen sollten.« Ruoff weiter: »Jeder Pole und
Russe ... starb ein paar Stunden nach Ankunft.«[332]
Soweit die Justiz. Nun die Darstellung der Stillen Hilfe. Danach hat sich
in Hadamar folgendes abgespielt: Eines Tages, kurz vor Ankunft des ersten Transportes mit Tbc-kranken Ausländern, sei Irmgard Huber von
Verwaltungsleiter Klein angewiesen worden, einen bestimmten Saal von
Geisteskranken freizumachen. Dabei »wurde ihr weder gesagt, was mit
den Ankömmlingen geschehen sollte, noch wurde sie nach deren Ankunft in irgendeiner Form zur Mitwirkung herangezogen«.
Eine Ahnungslose also: »Irmgard Huber ließ nur den Saal freimachen,
half mit, die Kranken, die zum größten Teil gar nicht laufen konnten, ins
Bett zu bringen, und sah dann noch einmal nach dem Rechten, d. h. ob
alle Kranken Decken hatten usw. Dies ist die ganze ›Mitwirkung‹ der
Verurteilten.«[333]
Gemeinsam versuchen die stillen Helfer und Oberkirchenrat Ranke von
der Kirchenkanzlei der EKD, den Frauen der Hingerichteten zu einer
Kriegerwitwenrente zu verhelfen. Die Stille Hilfe setzt sich zum Beispiel
massiv für die Ohlendorf-Witwe ein[334], ebenso für die Witwe des Höheren SS- und Polizeiführers der Niederlande, Hannes Rauter.[335] Ranke
verbucht zumindest Teilerfolge, denn er kann am 25. Juli 1957 der »Stillen
Hilfe« mitteilen, er habe mit Ministerialrat Bünger (Arbeitsministerium)
vereinbart, »ich wolle, wenn Einzelfälle auf dem Gebiet der Versorgung
Schwierigkeiten machten, gegebenenfalls zusammen mit dem Vertreter
des Erzbistums Kölns zu dem neuen Staatssekretär des Bundesministeriums für Arbeit gehen«.[336] Es ist nicht bekannt, daß die Rankes, Neuhäuslers etc. für eine Entschädigung verfolgter Sinti und Roma, Geisteskranker oder Behinderter die Ministerien ähnlich bearbeitet hätten.

»Mutter Elisabeth«, alias Prinzessin Wilhelm Karl von Isenburg, geborene Gräfin Helene-Elisabeth von Korff, legt Oktober 1959 krankheitshalber ihr Amt nieder.[337] Die Personen wechseln, doch die Botschaft
bleibt. Unsummen von Staatsgeldern würden vergeudet, lautet noch 1986
die Klage,»damit nach nunmehr über 40 Jahren nach Kriegsende immer
noch neue Gerichtsverfahren durchgeführt werden können«.[338]
Dafür wird ein Mann wie der ehemalige SS-Sturmbannführer Viktor
Arajs, Anführer eines berüchtigten lettischen Sonderkommandos, 1979
wegen gemeinschaftlichen Mordes an 13 000 Menschen zu lebenslänglicher Haft verurteilt, im »Rundbrief für den Freundeskreis« als Lyriker
vorgeführt. In seinem Gedicht »In der Einsamkeit« textet ausgerechnet
er von »heutiger, geistloser Zeit«, die nur »Angst und Unheil« anrichte.
Arajs' Ratschlag:»Nur nicht an *das* mehr denken,/ was meine Seele so
betrübt,/ doch auf den Sinn des Seins/ Gedanken und Gefühle lenken,-/
auf *das*, was einst ich so geliebt!«[339]
Über den ehemaligen SS-Hauptscharführer Martin Sommer (gestorben
am 7. Juni 1988) heißt es:»Er trug das Verwundetenabzeichen in Gold...
In jedem anderen Land hätte man dem Träger eines solchen Abzeichens
unter den gegebenen Umständen sicher die Freiheit geschenkt.«[340] Martin Sommer, der »Henker von Buchenwald«, hatte unzählige Menschen
sadistisch gefoltert und nicht minder sadistisch ermordet. Dazu Eugen
Kogon, der dies alles beschrieben hat:»Man kann ihn nur eine Bestie in
Menschengestalt nennen...«[341] Es fällt schwer, an einen Zufall zu glauben, daß auch der »Henker von Buchenwald« seinen Lebensabend in
einer diakonischen Einrichtung verbrachte: in den Rummelsberger Anstalten.
In der bekanntesten Diakonie-Einrichtung Deutschlands, in den v. Bodelschwinghschen Anstalten in Bethel/Bielefeld, ist dagegen 1957 als
Justiar und Verwaltungsleiter Dr. Ernst Gerke untergekommen, einst
Gestapo-Chef von Prag, von den Tschechen als »Henker von Prag« bezeichnet. Angeblich will niemand die Identität des ehemaligen SS-Ober-
sturmbannführers gekannt haben. Stutzig macht jedoch, daß Friedrich
v. Bodelschwingh zwischen 1949 und 1959 mit Prinzessin von Isenburg
ehrerbietig korrespondierte und aus den Spenden für die Kranken zent-
nerweise gute Bekleidungsstücke für die »Stille Hilfe« abzweigte. Er hat
1959 die Arbeit der Nazi-Helferin gelobt:»Wenn es auch nach außen hin
ein einsames und unpopuläres Tun gewesen ist, so gehört es ganz gewiß
mit zu dem wichtigsten, was in dieser bewegten Zeit geschah.«[342] So ist
der Verdacht nicht abwegig, nach den Kleiderspenden für die Nazi-Hilfe
sei einem Nazi geholfen worden, den Posten des Verwaltungsleiters zu
bekleiden.

> »...daß die christliche Liebe auch da zur Stelle ist, wo die Menschen leben, die stellvertretend für andere die Zeche zu bezahlen haben, ist etwas, was ganz, ganz wichtig ist und darum sollte man auch nicht aufhören, die Stille Hilfe weiter zu treiben, wenn auch zahlenmäßig die Inhaftierten abnehmen.«
>
> Friedrich v. Bodelschwingh am 1. Dezember 1959 an Prinzessin von Isenburg.[343]

Für die Rehabilitierung der im Nazi-Reich Zwangssterilisierten wollte sich v. Bodelschwingh dagegen nicht verwenden. Als Vertreter der evangelischen Kirche hat er sich 1962 im Wiedergutmachungsausschuß des Bundesministeriums der Finanzen gegen eine Entschädigung ausgesprochen. In einem Brief an die Außenstelle der Kirchenkanzlei der EKD hat er dies so begründet:

In Bonn seien sie sich völlig klar gewesen, daß es ein »unsinnig Ding« sei, Sterilisierte als zu Unrecht Behandelte zu entschädigen: »Was wir von Briefen solcher armen Menschen, die um ihre Entschädigung kämpfen, vor Augen bekommen, waren meist ziemlich dunkle und zwielichtige Bilder.« Es handele sich offenbar um Menschen, »die so verkrankt und lebensuntüchtig waren, daß sie durch solch eine ›Rehabilitation‹ doch gar nicht aus ihrer seelischen Krankheitslage wirklich erlöst würden«.[344]

»...jede Vergötzung der germanischen Rasse entschieden bekämpft«
KZ-Mediziner und Euthanasie-Personal

Gasflaschen zur Ermordung der »Minderwertigen«.

Anfang 1990 lernte ich die 70jährige Ruth Preissler kennen. Sie ist eine von etwa 400 000 Menschen, die während der Nazi-Herrschaft zwangssterilisiert wurden. Die jüngsten Opfer waren damals zwei Jahre alt, die ältesten weit über siebzig.

Ruth Preissler wurde 1920 geboren. Die Mutter ist Krankenschwester in Berlin, der Vater ein jüdischer Arzt, den die Mutter nicht heiraten mag. Die »nichtarische« Abstammung bleibt geheim. Das Kind wächst bei alten Tanten im hessischen Dieburg auf. Einmal im Jahr kommt die Mutter für eine Woche auf Besuch. Ruth Preissler erinnert sich: »Einmal flüsterte sie mir ins Ohr, ich wär ein kleines Judenmädchen.«

Als Ruth vierzehn ist, meinen die Verwandten, sie wäre doch ein deutsches Mädchen, müsse in den BDM (»Bund Deutscher Mädel«), den weiblichen Zweig der »Hitlerjugend«. Die BDM-Führerin sieht, wie Ruth am Sabbat bei Juden die Straße kehrt. Da kann sie die Uniform wieder ausziehen.

Auf dem Gymnasium wird sie von Hemmungen geplagt, bekommt sie die Worte nicht heraus. Abends im Bett liest sie heimlich den »Stürmer«, bekommt Angst, hat Schlafstörungen, fragt die Großmutter, was das sei: ein Judenmädchen? Die Antwort der ahnungslosen Frau: »Ach was, bist doch kein Judenmädchen.«

Die Mutter heiratet in Schwerin einen Offizier. Ruth wird in den Haushalt zurückgeholt. Doch sie trifft es nicht gut. Der neue Vater trinkt, prügelt sie im Suff, versucht sie zu mißbrauchen. Ruth wird immer schwermütiger (»Ich hatte immer Angst vor Schlägen«), will vor ihrem elenden Leben flüchten. Schon am Bahnhof wird sie aufgegriffen.

1938, mit achtzehn Jahren, soll sie sterilisiert werden: »Es hieß, ich falle unter das Gesetz. Ich muß Adolf Hitler dieses Opfer bringen...« Nach der Operation wird sie nicht von der Mutter, sondern von einer Fürsorgerin abgeholt. Ruth kommt in ein Heim für schwer Erziehbare. Sie weint viel. Eine Schwester sagt ihr streng, »ich müßte nachts schlafen, nicht weinen. Hab immer geweint, nichts mehr gegessen.« Schließlich kommt sie in die Psychiatrie nach Schwerin-Strecknitz, von dort geht es mit einem Sammeltransport in die hessische Tötungsanstalt Eichberg.

Das psychiatrische Landeskrankenhaus Eichberg liegt inmitten der Weinberge des Rheingaus. 1941 werden von hier 2262 Patienten zur Vergasung nach Hadamar abtransportiert. Noch mehr Menschen sterben in der Anstalt selbst: Zwischen Januar 1941 und März 1945 sind es 2722 Patienten. Fast alle werden »abgespritzt« oder vergiftet, viele verhungern qualvoll. Unter ihnen Kinder, aber auch polnische und russische Zwangsarbeiter.

45 Jahre nach ihrem Zwangsaufenthalt begleitete ich Ruth Preissler, als sie zum erstenmal wieder den Eichberg besucht. Sie wird von Direktor, Verwaltungsleiter und Oberschwester erwartet. Als Willkommensgeste werden Kaffee und Kuchen serviert. Doch die ehemalige Insassin (die nach ihrer Internierung nie mehr in psychiatrischer Behandlung war!) redet sich ihren Alptraum von der Seele, rührt vor Aufregung nichts an.

Danach besuchen wir die ehemalige »Frauen-Unruhe«, das Haus, in dem sie eingesperrt gewesen ist. Unten – im Parterre – schrien damals die Frauen, die Elektro-Schocks bekamen, darüber war das Kasino. Ruth Preissler überlebte als »Arbeitspatientin«, putzte, machte die Betten, arbeitete an der Heißmangel. Auch die Leichen der Ermordeten mußte sie waschen. Dafür steckten ihr die Schwestern manchmal eine Schnitte Brot zu.

Wenn der Arzt, ein SS-Untersturmführer in Uniform, durch die Räume ging und die Opfer zur Ermordung selektierte, nahm sie die Schwester beiseite: »Sie sagte, ich soll ins Klo reingehen, der Arzt käm jetzt durch.«

Ruth Preisslers Erinnerung an den Arzt: »Er hat immer gesagt, ich bring dich auch noch um die Ecke, dich Judenschwein. Zuletzt hat mir das gar nichts mehr ausgemacht. Da war ich das schon gewohnt mit dem Judenschwein.«

Als die ehemalige Insassin das Bad passiert, kommt ihr die Erinnerung an eine polnische Zwangsarbeiterin hoch: »Da haben sie ein Polenmädchen totgeschlagen, mit dem Schrubber. Ich habe noch alles wegputzen müssen, das ganze Blut. Da hab ich gesagt: Seid ihr Mörder? Da haben die meinen Kopf genommen und gegen die Wand geschlagen, zweimal.« Seit dieser Zeit bekommt sie jede Nacht Kopfschmerzen.

Nahe der Kellertür taucht die Erinnerung an ihren Fluchtversuch auf: Nachts lief sie die Landstraße entlang, tagsüber versteckte sie sich im Wald. Bis nach Dieburg, zu ihren Verwandten, ist sie gekommen. Eine Tante eilte sogleich zur Fürsorgerin: »Wir können das Mensch doch nicht behalten.« Zwei Schwestern vom Eichberg haben sie wieder zurückgeholt.

In der Anstalt wurden ihr danach die Haare abgeschnitten. Dann kam sie in den Keller, in den »Bunker«. Angst bemächtigt sich der ehemaligen Insassin, als sie wieder vor dem fensterlosen Verlies steht, wo vor 45 Jahren Menschen zur Strafe eingesperrt oder »abgespritzt« wurden. Eine Woche ist sie hier gewesen: nackt, ohne Licht, ohne Nahrung; gelegentlich verabreichte ihr eine Schwester eine salzlose Schleimsuppe. Eines Tages haben sie ihr eine Leiche in die Zelle geworfen.

Wenn der SS-Arzt im »Bunker« erschien und sie als Juden- oder Dreckschwein beschimpfte, mußte die damals 21jährige nackt vor ihm strammstehen. Ruth Preissler erzählt davon ohne Zorn. Sie hat zuviel einstecken müssen, um sich noch lautstark zu erregen.

Der Arzt ist nach 1945 zwar als Massenmörder verurteilt, aber nach wenigen Jahren entlassen worden. Zahlreiche Honoratioren haben seine Begnadigung erwirkt. Ruth Preisslers Schicksal kümmerte niemanden.

Eines Tages lernt sie einen Jugoslawen kennen. Sie heiraten, leben arm. Wenn ihre Alpträume von verschlossenen Türen und Autos, die Menschen zum Vergasen abholen, übermächtig werden, tröstet er sie: »Du brauchst doch jetzt keine Angst mehr zu haben, ich bin doch bei dir.«

Das kleine Glück endet 1970, als ihr Mann stirbt. Die Witwenrente von 267 DM ist so armselig, daß Ruth Preissler Sozialhilfe in Anspruch nehmen muß. Der damalige Bundespräsident Carstens schickt aus einem Fonds 500 DM; eine Zeitung läßt ihr anläßlich einer weihnachtlichen Sammelaktion zwölf Zentner Briketts abladen. Die stille, bescheidene Frau bleibt auf Mildtätigkeit angewiesen.

Die Zwangssterilisierten und die Opfer der Euthanasie sind bis heute nicht als Opfer der Nazi-Herrschaft anerkannt. Seit 1980 können Sterili-

sierte einen einmaligen Schadensausgleich von 5000 Mark beantragen.
Seit kurzem werden zusätzlich monatlich 100 Mark gezahlt. Es sind Al-
mosen, ohne Anerkennung des Unrechts. 95000 Menschen, die zwangssterilisiert wurden, sollen noch leben. Doch nur etwa 6000 haben einen
Antrag auf Entschädigung gestellt. Die meisten haben Angst, ihr Schicksal preiszugeben.
Ruth Preissler ist eine von den wenigen, die nach vielen Bittgängen, ärztlichen Begutachtungen und Briefwechseln eine monatliche Entschädigung bekommen. Seit Dezember 1989 erhält sie 919 DM Rente als Härte-
ausgleich (»Wenn ich ins Heim muß, nehmen sie es wieder weg«): »Jetzt
brauch ich nicht mehr so zu rechnen«, sagt sie mir. »Gell, da kann ich
doch froh sein, wegen meiner Entschädigung vierzig Jahre rumgeschrie-
ben zu haben.«

Im Herbst 1990 fand ich im Nachlaß von Theophil Wurm die Abschrift
eines Gnadengesuchs, das er an den hessischen Justizminister gerichtet
hatte. Es ist ein Gnadengesuch für die Eichberger Oberschwester Helene
Schürg, die im »Bunker« der »Frauen-Unruhe« beim Töten assistiert und
auf der »Kinderfachabteilung« behinderte Kinder abgespritzt hatte. Ihr
Eingeständnis: »Ich selbst habe wohl in etwa 30 bis 50 Fällen die erwähn-
ten Einspritzungen vorgenommen.«[345]
Helene Schürg, Mitglied der NSDAP, förderndes Mitglied der SS und
Ortsgruppenleiterin der NS-Frauenschaft, war Dezember 1947 wegen
Beihilfe zum Mord in mindestens 50 Fällen zu acht Jahren Zuchthaus verurteilt worden.[346] In ihrem Schlußwort vor Gericht hatte sie lediglich gesagt: »Ich bitte um ein gnädiges Urteil.«[347]
Als Grundlage seines Gnadengesuchs dient Wurm u. a. eine Vorlage des
Heidelberger Jura-Professors Karl Geiler, wonach Schwester Schürg
»nur« in solchen Fällen Beihilfe geleistet habe, »die medizinisch völlig
hoffnungslos waren (Endstadien der Schizophrenie, unheilbare Idiotie
usw.)«. Man dürfe davon ausgehen, so Geiler, daß Fräulein Schürg »ein
moralisch hochstehender Mensch ist, der naturgemäß unter dem Verfahren und unter der Strafverbüßung viel stärker leidet, ... als ein minder-
wertiger Mensch.«[348] Die gedungene Täterin – sie bekam für ihr Mordhandwerk eine zusätzliche Aufwandsentschädigung – ist moralisch hochstehend, ihre wehrlosen Opfer erscheinen als minderwertig (»unheilbare
Idiotie«).
Wurm schreibt dem hessischen Justizminister, die Oberschwester sei »im
sogenannten Eichbergprozeß« verurteilt worden. Er habe »unmittelbar
keine Kenntnis von der Persönlichkeit der Oberschwester«, entnehme
aber den Unterlagen, die ihm der frühere Dekan Josenhans in Schorndorf
zur Verfügung gestellt habe, »ein sehr günstiges Urteil«. Aus der Kinds-

mörderin wird bei Wurm eine Lebensretterin: Aus den Akten entnehme er,»daß die Oberschwester Schürg in einzelnen Fällen auch mit Erfolg versucht hat, Patienten vor dem ihnen drohenden Mord zu schützen«. Er sei der Meinung,»daß wir heute möglichst mit den Residuen« (das heißt: Resten) aus jener Zeit»aufräumen« sollten und bitte deshalb um gnadenweise Entlassung vor Weihnachten.[349]

Selbst für den Hauptverantwortlichen des Massenmords an Kranken und Behinderten (»Euthanasie«) und der Menschenversuche in den Konzentrationslagern (Senfgas-Experimente, Unterkühl-, Malaria-, Knochenverpflanzungs-, Sterilisierungs-, Fleckfieber-Versuche etc. etc.) finden sich Fürsprecher. So wendet sich 1947 Eugen Gerstenmaier, Leiter des Hilfswerks der Evangelischen Kirche in Deutschland, an den Leiter der v. Bodelschwinghschen Anstalten, Konsistorialrat Rudolf Hardt: Rechtsanwalt Servatius habe sich als Verteidiger des Professors Dr. med. Karl Brandt, des früheren Begleitarztes von Hitler, an ihn gewandt. Es geht um ein Gnadengesuch. Gerstenmaier, der selbst ein Gnadengesuch stellen will:
»Der Verteidiger argumentiert – wie ich meine mit Recht – in Nürnberg damit, daß er darauf hinweist, daß die Euthanasie keineswegs als Kriegsverbrechen betrachtet werden dürfe, sodaß der Nürnberger Gerichtshof für Brandt als nicht zuständig betrachtet werden müßte.«[350]
Im Gnadengesuch der v. Bodelschwinghschen Anstalten an den Militärgerichtshof heißt es, der (1946) verstorbene Pastor Fritz v. Bodelschwingh habe»einen tiefen Blick in die innerste Seelenverfassung von Dr. Brandt getan«. Brandt sei bedacht gewesen,»den Kreis der betroffenen Kranken möglichst einzuengn. Der ihm erteilte Auftrag lag ihm als eine schwere Last auf.«[351] Brandt wiederum hatte sich in seinem Schlußwort vor dem Militärgericht auf»Pastor Fritz« berufen:»Hat nicht Pastor Bodelschwingh... noch im vergangenen Jahr gesagt, ich wäre ein Idealist und kein Verbrecher. Wie konnte er das?«[352]
SS-Gruppenführer und Generalleutnant der Waffen-SS Karl Brandt, NSDAP-Mitglied seit 1932, ist einer der größten Karrieristen des Nazi-Staates gewesen: 1933 noch Klinikarzt, war er 1934 Begleitarzt Hitlers geworden, 1939 Euthanasie-Bevollmächtigter, 1942 Generalkommissar für das Sanitätswesen, 1944 Reichsbeauftragter für das Sanitäts- und Gesundheitswesen. Damit war er innerhalb weniger Jahre vom einfachen Arzt zum obersten Mediziner des Reiches aufgestiegen.
Die Gnadengesuche von Gerstenmaier und den Betheler Anstalten können Brandt nicht retten. Am 2. Juni 1948 werden die im Ärzteprozeß zum Tode Verurteilten (Rudolf Brandt, Karl Gebhardt, Joachim Mrugowski, Wolfram Sievers, Viktor Brack, Waldemar Hoven und Karl Brandt) hin-

gerichtet. Alle gehen in Begleitung eines Geistlichen zum Galgen, nur Karl Brandt verschmäht geistlichen Beistand.[353]
Unter dem Galgen hält er eine lange, lange Rede. Das Urteil sei ein politischer Racheakt. Er bedauere, daß sich amerikanische Offiziere »dazu hergeben, Handlanger für Heuchelei und politischen Mord zu sein«. Er habe für sie nur tiefste Verachtung. Dankbar gedenke er seiner Mitarbeiter, die ihre Pflicht »phrasenlos« erfüllt hätten. Immer habe er sich geplagt, für seine Überzeugung gekämpft: »aufrecht, aufrichtig und mit offenem Visier.«[354]
Brandt redet und redet, wird verwarnt, schließlich ziehen sie ihm die Kapuze über den Kopf und hängen ihn.
Aufrichtig und mit offenem Visier? Brandts Euthanasie-Funktionäre hatten Schein-Firmen gegründet, um den Massenmord zu tarnen. Heimlich wurden die Kranken verschleppt. Unter dem Vorwand, es gehe zum Duschen, wurden sie in die Gaskammern gebracht. Mit verlogenen Beileidsschreiben wurden die Angehörigen getäuscht. Abrechnungs-Betrüger kassierten noch Pflegegelder, als die Opfer längst ermordet waren. Brandt hat Mord und Hinterlist als Idealismus ausgeben wollen. Einige haben es ihm geglaubt.

> »Recht ist hier nie gewesen! Im Ganzen nicht, wie im Einzelnen! Es diktiert die Macht! Und diese will Opfer! Wir sind solche Opfer! Ich bin ein solches Opfer!«
>
> Letzte Worte von Karl Brandt, Hitlers Euthanasie-Beauftragtem, unter dem Galgen.

Man hat den Eindruck, als suchten kirchliche Fürsprecher geradezu jeden Hinweis, um die Verurteilten als Opfer der »Siegerjustiz« darstellen zu können. So bittet beispielsweise Wurms Nachfolger im Bischofsamt, Dr. Martin Haug, im Juli 1949 das Kirchliche Außenamt der EKD, ökumenische Dienststellen auf einen Fall hinzuweisen: Ein »hiesiger Arzt« (kein Name) setze sich sehr rührig für den im Nürnberger Ärzteprozeß verurteilten Chef des früheren Wehrmachtsanitätswesens, Dr. med. Handloser, ein: »Nach allem, was man hört, scheint Dr. Handloser in der Tat als Wehrmachtsarzt zu Unrecht mit den übrigen Angeklagten des Ärzteprozesses in Verbindung gebracht worden zu sein. Ich halte es deshalb für möglich, daß dieser Fall geeignet ist, die Forderung nach einer Revision in den Kriegsverbrecherprozessen zu begründen.«[355]
Es ist nicht so, daß die kirchlichen Fürsprecher nicht gewußt hätten, was die Verurteilten getan hatten. Dennoch gilt ihnen und nicht ihren Opfern alles Mitleid. Dr. Herta Oberheuser, Fachärztin für Haut- und Ge-

schlechtskrankheiten, ist dafür ein Beispiel. Sie war 29 Jahre alt, als sie im Dezember 1940 ins Frauen-KZ Ravensbrück kam und eine treue Gehilfin wurde. Ihre Erklärung, warum sie SS-Ärztin im KZ geworden war: »Ich habe mich schon immer für die Chirurgie interessiert. Es war in Deutschland kaum möglich, als Frau in der Chirurgie anzukommen. Diese Gelegenheit hatte ich erst in dem Konzentrationslager Ravensbrück.«

Im August 1942 begann das, was sie auf die Anklagebank in Nürnberg brachte: »die sogenannte Kaninchenoperation«. Herta Oberheuser: »Ich nenne es Versuch am lebenden Objekt.« Es gab zwei Versuchsreihen:

»Der 1. Versuch, den wir machten, war der Versuch, den Gasbrand durch Bazillen auf die lebenden Frauen zu übertragen. ... Dazu gehörten [das] Einlegen von Fremdkörpern wie Holz.« Die KZ-Ärztin: »Meiner Meinung sind nur drei Frauen an den Folgen gestorben. Wir haben als Todesursache Kreislaufstörungen festgestellt.«

Der 2. Versuch betraf Experimente zur Knochenneubildung: »Von den gesunden Unterschenkelknochen wurden Knochenspäne entnommen und wieder an derselben oder an einer anderen Stelle eingesetzt. Mir war die Therapie und Betreuung der sogenannten Kaninchen im Revier 1 überlassen. Ich machte die Spritzen und behandelte die Kaninchen so, wie es mir von meinen Vorgesetzten vorgeschrieben war.«

Als »Versuchskaninchen« wurden nur gesunde Frauen benutzt, ausgesucht »von Dr. Fischer, dem Lagerkommandanten Kögel, dem Standortarzt Dr. Schiedlauski und dann schlußendlich auch von mir«.[356]

Herta Oberheuser wurde in Nürnberg zu 20 Jahren Haft verurteilt, die durch McCloys Gnadenerlaß von Januar 1951 auf 10 Jahre reduziert wurden. Der Landsberger Anstaltspfarrer Karl Ermann an den im Ruhestand lebendenden Wurm: »Es ist eine besondere Härte, daß Frl. Dr. Oberheuser ihren alten kränklichen Eltern nicht beistehen kann. Ob irgendwelche Schritte Ihrerseits zu einer weiteren Begnadigung führen können, kann ich nicht beurteilen.«[357]

SS-Obersturmführer Dr. Hans Eisele, NSDAP-Mitgliedsnummer 312, ist in mehreren Konzentrationslagern als Arzt gewesen. Er ist im Dezember 1945 im Dachau-Hauptprozeß zum erstenmal und im August 1947 im Buchenwald-Prozeß zum zweitenmal zum Tode verurteilt worden. Eisele in einer »Eidesstattlichen Erklärung«, am 30. Juni 1948 in Landsberg verfaßt: »Ich kann nur sagen, daß die zwei Monate dauernde Tätigkeit im Lagerhospital in Buchenwald eine ungeheuerliche seelische Belastung für mich bedeutete, da ich bald meine Ohnmacht erkennen mußte, dem Elend und der Korruption dort so abzuhelfen, wie es nötig gewesen

wäre.« Der Täter als Opfer also und ein mißverstandener Retter noch
dazu: »Wenn ich den Schwerkranken Injektionen gab, so waren es wohl
Herzmittel – der letzte Versuch, sie am Leben zu erhalten.«[358]
Eugen Kogon war Häftling und Arztschreiber in Buchenwald. Sein
Buch »Der SS-Staat« ist 1946 erschienen und oft nachgedruckt worden.
Kogon schildert Eisele aus eigener Erfahrung. Er sei der schlimmste von
allen KZ-Ärzten gewesen: »Seine Taten von 1940 bis 1943 übertrafen
wohl jede andere von SS-Ärzten begangene Gemeinheit.« Eisele habe
zur eigenen Fortbildung Menschen operiert und anschließend ermordet:
»Ohne jede Notwendigkeit nahm er Operationen und Gliedamputatio-
nen vor. Narkose des Opfers kam dabei nicht in Frage.«[359]
Für Eisele setzen sich ein: der Bibliotheksdirektor beim Deutschen Caritasverband, Heinrich Auer, der Freiburger Weihbischof Wilhelm Burger und Nuntius Aloisius Muench.[360]
Dank kirchlicher Fürsprache wird Eisele begnadigt und am 19. Februar
1952 entlassen. Eisele läßt sich in München als Kassenarzt nieder. Vor
einem Haftbefehl der Münchener Justiz wegen Mordes flieht er 1958
nach Ägypten (das eine Auslieferung ablehnt). Er soll April 1967 in
Maadi bei Kairo gestorben sein.

Professor Otmar Freiherr von Verschuer, Inhaber eines Lehrstuhls für
Erbbiologie und Rassenkunde, Herausgeber und Schriftleiter der Zeit-
schrift »Der Erbarzt«, hat keine KZ-Häftlinge gequält oder gar »abge-
spritzt«.[361] Er ist Wissenschaftler. Aber, das lehrt ja die Geschichte der
Nazi-Herrschaft, auch Definitionen und Diagnosen können Menschen
vernichten, können sogar Beihilfe zum Mord werden. Verschuer: »Der
Eugeniker hat zu sorgen, daß das Erbgut rein erhalten bleibt und daß
Schlechtes [!] ausgemerzt wird.«[362]
Von Verschuer stammt die Broschüre »Eugenische Eheberatung«, die er
zusammen mit dem katholischen Erbforscher, Professor Hermann
Muckermann, herausgegeben hat. Im Teil »Die erbbiologischen Grundlagen der Eheberatung« beschreibt Verschuer, wann eine Sterilisierung
angezeigt ist und wann z. B. ein Ehehindernis vorliegt. Über kleinwüchsige Menschen heißt es da: »Zwerge sind unbedingt eheuntauglich.«
Über Kurzsichtige ist zu lesen: »*Hochgradig* Kurzsichtige sollten auf Kinder verzichten; Normale [!] sind vor der Ehe mit ihnen zu warnen.«[363]
Von Verschuer redete – wie viele seiner Kollegen – schon vor 1933 von
den »Minderwertigen«. Selbst die Arbeitslosenhilfe befand er unter ras-
senhygienischen Gesichtspunkten als schädlich, weil die Nutznießer zu
einem nicht geringen Teil geistig und ethisch minderwertige Menschen
seien, deren geschlechtliche Ausschweifungen zu einer Zunahme der Ge-
burten beim »Bodensatz des Volkes« führten.[364]

Von Verschuer, ab 1927 Abteilungsleiter am Kaiser-Wilhelm-Institut (KWI) für Anthropologie, menschliche Erblehre und Eugenik, wird 1935 Direktor des Universitäts-Instituts für Erbbiologie und Rassenhygiene im »Haus der Volksgesundheit« in Frankfurt/Main. Hier arbeitet auch sein Assistent Josef Mengele. Verschuer betreibt zu dieser Zeit – zusammen mit dem Stadtgesundheitsamt – die »erbbiologische Bestandsaufnahme« der Frankfurter Bevölkerung. 1937/38 sind bereits 230000 der rund 500000 Frankfurter, fast jeder zweite, in einer »Erbkartei« erfaßt.

Verschuer ist Beisitzer am Sterilisationsgericht, betätigt sich als Rassengutachter[365] und fertigt auch Gutachten zur Gewährung von Ehestandsdarlehen. Einmal bescheidet er einen schmächtigen (asthenischen) Mann: »Das... beantragte Ehestandsdarlehen konnte nicht befürwortet und damit die amtsärztliche Bescheinigung über Eignung zur Ehe nicht ausgestellt werden, weil die Untersuchung ergeben hat, daß er an körperlicher Minderwertigkeit (ausgesprochen asthenischer Habitus, Plattknickfüße, X-Beine) mit hochgradiger Kurzsichtigkeit leidet.«[366]

1942 wechselt von Verschuer als Direktor wieder ans Kaiser-Wilhelm-Institut. Der Kontakt mit Josef Mengele reißt auch dann nicht ab, als dieser im Mai 1943 in Auschwitz eingesetzt wird. Mengele selektiert an der Rampe, »beforscht« Zwillinge, Zwerge (d. h. kleinwüchsige Menschen) und Zigeuner und schickt »Forschungsmaterial« (z. B. innere Organe, Augen) nach Berlin.[367]

Wir wissen wenig über die Zusammenarbeit Verschuer-Mengele, Unterlagen wurden vernichtet. Doch allein die Lektüre von Verschuers Arbeiten zeigt, wie in kalter wissenschaftlicher Sprache Menschen zu Minderwertigen degradiert (und damit als Opfer präpariert) werden. Seine Wiederberufung auf seinen Lehrstuhl an der Frankfurter Universität wurde 1946 verhindert.[368]

Der rassenhygienische Freiherr ist nach dem Kriege im Kirchenvorstand meiner Frankfurter Heimatgemeinde gewesen. Als Konfirmanden haben wir nichts davon erfahren. Wir erfuhren auch nicht, daß der Pfarrer, der ihn als Kirchenvorsteher geworben hatte, am 10. Mai 1933 auf dem Frankfurter Römerberg bei der Bücherverbrennung »undeutscher« Autoren die »Feuerrede« gehalten hatte. Wir kannten diesen Pfarrer nur als Helden des kirchlichen Widerstandes. Die Rede ist von Otto Fricke, einem der führenden Männer der Bekennenden Kirche (1936–1938 in der Vorläufigen Kirchenleitung der BK).

Fricke, ab 1945 Mitglied der Vorläufigen Kirchenleitung in Frankfurt und Bevollmächtigter des Hilfswerks der Evangelischen Kirche, setzt sich vehement für Verschuer ein. Unter dem Briefkopf »Vorläufige Leitung der Evangelischen Kirche, Stadtpfarrer lic. theol. Otto Fricke«, erstattet er am 26. Oktober 1945 ein »Kirchliches Urteil über die Persönlichkeit und

die wissenschaftliche Arbeit von Herrn Professor Dr. Freiherr von Verschuer«.

Professor von Verschuer, so der BK-Pfarrer, sei ihm seit vielen Jahren
persönlich bestens bekannt: »Er gehört mit seiner Familie meiner Be-
kenntnisgemeinde an und hat mich in den schweren Jahren des Kampfes
der Bekenntniskirche um die Freiheit der Kirche und ihrer Verkündigung
auf das tatkräftigste unterstützt.« Verschuer stamme aus einem christlichen Elternhaus und habe seine wissenschaftliche Forschung in ständiger Prüfung an den Maßstäben der christlichen Grundsätze vorwärts
getrieben: »Herr Professor von Verschuer gehört zu den modernen
Naturwissenschaftlern, die ihren Beruf in Verantwortung vor dem leben-
digen Gott und unserem Herrn Jesus Christus ausüben.«

Verschuer habe ihn alle Einzelheiten seines Instituts für Erbbiologie und
Rassenhygiene besichtigen lassen und laufend über alle Probleme seiner
Arbeit gesprochen. Deshalb könne er folgendes jederzeit durch einen Eid
bezeugen: »Herr Professor von Verschuer hat jede Vergötzung der germanischen Rasse und des deutschen Volkstums entschieden bekämpft.
Er ging als Wissenschaftler keinen Schritt vom Weg der Wahrheit ab.
Jede Verbindung mit der öffentlichen, propagandistischen Rassenlehre
hat er jederzeit abgelehnt.« Ebenso habe Verschuer die sogenannte Euthanasie »auf das schärfste abgelehnt. Er wurde deswegen von seiten der
Partei bespitzelt und kontrolliert. … Er hat diese Methode verabscheut
und als Wissenschaftler und als Christ auf das ernsteste bekämpft.« Es
werde niemanden geben, »der Herrn Professor von Verschuer anklagen
wird«.

Fricke weiter: »Indem ich dies bezeuge, spreche ich als das verantwortliche Haupt der Frankfurter protestantischen Kirche und als Sonderbe-
auftragter von Landesbischof D. Wurm und Pfarrer Martin Niemöller.«
Die amerikanische Militärbehörde möge überzeugt sein, daß Professor
von Verschuer als Mitglied der Bekenntniskirche frei von jedem Verdacht sei.

Frickes Schlußsatz: »Menschen seiner Art und seines Charakters sind geeignet, die Umschulung der deutschen akademischen Welt auf christlicher Grundlage anzubahnen und den Neuaufbau des deutschen Lebens
zu fördern.«[369]

Ein wahrer Satz. Otmar Freiherr von Verschuer wurde 1951 Ordinarius
für Humangenetik der Universität Münster.

»Panzertruppe der Rechtspflege«
Hitlers Juristen

Mit dem Fallbeil enthauptet: Opfer der Justizwillkür.

»Das Recht und der Wille des Führers sind eins!« hatte am 30. Juni 1934 Hermann Göring den Leitern der Preußischen Staatsanwaltschaften zugerufen. Es ist der Tag, an dem Hitler den Stabschef der SA, Ernst Röhm, verhaften läßt. Röhm, in Opposition zu Hitler geraten, wird am nächsten Tag liquidiert, mit ihm sterben Hunderte. Reichsjustizminister Franz Gürtner legalisiert das Blutbad in einem Akt von hinterherlaufendem Gehorsam am 3. Juli 1934 per Ermächtigungsgesetz. Spätestens hier leistete die deutsche Justiz ihren Offenbarungseid.[370]

Fünfzehn Jahre später formieren sich deutsche Juristen, um etwas zu leisten, was es unter Hitler kaum gegeben hatte: Widerstand. Der Widerstand gilt den in Nürnberg und Dachau gefällten Urteilen. Ausgangspunkt ist ein Treffen, das am 28. Mai 1949 in der Heidelberger Universität stattfindet. Veranlaßt hat die Besprechung Dr. Hodo Freiherr von Hodenberg, Präsident des Oberlandesgerichts in Celle, der Wurms Einsatz für die Kriegsverbrecher bewundert: »Was Sie und die Kirche hier stellvertretend getan haben, muß anderen Ständen unseres Volkes zur Beschämung gereichen.«[371]

Der Celler OLG-Präsident arbeitet mit Bruno Heusinger zusammen, Präsident des Oberlandesgerichts in Braunschweig (und von 1953–1955 Vorsitzender der Inneren Mission Braunschweig). Heusinger, ein Freund des hannoverschen Landesbischofs Hanns Lilje, wird in den folgenden Jahren Karriere machen: 1955 wird er Hodenbergs Nachfolger in Celle, fünf Jahre später Präsident des Bundesgerichtshofs und damit höchster Richter der Republik (sein jüngerer Bruder Adolf ist zu dieser Zeit Generalinspekteur der Bundeswehr).

Leiter des Treffens Ende Mai 1949 und auch der Treffen der folgenden Jahre ist der Völkerrechtler Eduard Wahl[372], der in Nürnberg die IG-Farben verteidigt hatte. Auch Wahl macht Karriere: Er zieht September 1949 als CDU-Abgeordneter in den Bundestag ein, wird 1953 Vorsitzender des Ausschusses für Besatzungsfolgen.

Das Ziel der in Heidelberg Versammelten umschreibt Oberkirchenrat Ranke mit »Koordinierung der Bemühungen um Gerechtigkeit«.[373] Ein Blick auf die Teilnehmerlisten der Heidelberger Sitzungen zeigt, daß die Nazi-Verteidiger dominieren: Der agile Rudolf Aschenauer ist ebenso dabei wie Dr. Georg Fröschmann, u. a. Anwalt im Pohl- und RuSHA-Prozeß. Weiterhin nehmen teil: Dr. Robert Servatius (u. a. Verteidiger von Fritz Sauckel und Karl Brandt), Dr. Hans Laternser (Verteidiger des Generalstabes und des Oberkommandos der Wehrmacht sowie der Generalfeldmarschälle Wilhelm List und Wilhelm Ritter von Leeb), Dr. Hellmut Becker (der Verteidiger Ernst von Weizsäckers) und Justus Koch (ebenfalls Verteidiger im Wilhelmstraßenprozeß).

Mit dabei ist auch Otto Kranzbühler, der im Flick-, Röchling- und Krupp-Prozeß verteidigt hatte, ebenso Dr. Wolfgang Pohle (im Flick-Prozeß noch Kranzbühlers Assistent), der den Krupp-Direktor Friedrich von Bülow vertreten hatte. Die Verteidigung der IG-Farben ist geradezu überrepräsentiert: Dr. Heinrich von Rospatt gehört dazu wie Rudolf Aschenauer, Dr. Helmut Henze, Dr. Rudolf Müller und nicht zuletzt Professor Wahl selbst.

Die katholische Kirche hat zwei Juristen abgeordnet. Rudolf Aschenauer tritt im Auftrag von Weihbischof Neuhäusler auf. Er wird gelegentlich von seinem Büroleiter, dem Ex-Obersturmbannführer Dr. Heinrich Malz, vertreten. Kardinal Joseph Frings, der Vorsitzende der katholischen Bischofskonferenz, entsendet den Kanzler der Erzdiözese Köln, Rechtsanwalt Dr. Heribert Knott.[374]

Für die evangelische Kirche ist der Stuttgarter Oberkirchenrat Weeber (Hilfswerk) delegiert und Oberkirchenrat Ranke (Kirchenkanzlei der EKD). Später kommt noch der pfälzische Kirchenpräsident und EKD-

Beauftragte für die Kriegsverurteilten in ausländischem Gewahrsam, Stempel, dazu. Als Vertreter der »kirchlichen Gefangenenhilfe in München« referiert der ehemalige SS-Oberscharführer Dr. Albert Joppich.[375] Der ehemalige Vorsitzende des »Deutschen Obergerichts in den Niederlanden« erzählt das »Stille-Hilfe«-Märchen, eine Pflegerin aus Hadamar habe nichtsahnend für Tbc-kranke Polen und Russen einen Saal freigemacht und sei dafür mit 25 Jahren Zuchthaus bestraft worden.

Ständiger Gast im Heidelberger Kreis ist Staatsanwalt und Oberregierungsrat Alfons Wahl vom Bundesjustizministerium. Er übernimmt Joppichs Erzählung, ohne Zweifel an dessen Darstellung zu äußern, im Bericht für seine Dienststelle. Aufschlußreich auch, was Oberregierungsrat Wahl über einen Major Haefele berichtet, der im amerikanischen Oberkommando Gesuche der »Landsberger« bearbeitet: Ein Häftling habe ihn als ehemaligen Esslinger Bürger wiedererkannt. Es bestehe der Eindruck, daß er »im Hinblick auf seine deutsche Herkunft« nicht die erforderliche Unabhängigkeit besitze: »Es wurde deshalb auch von den verschiedenen Teilnehmern bei der Tagung in Heidelberg die Auffassung vertreten, daß es insbesondere erforderlich sei, Major Haefele zu Fall zu bringen.«[376]

Als staatlicher Vertreter[377] erscheint regelmäßig Ministerialrat Dr. Hans Gawlik. Er vertritt die »Zentrale Rechtsschutzstelle« in Bonn (zunächst Bundesjustiz-, dann Außenministerium). Die Landsberger Häftlinge hätten sich kaum einen geeigneteren Staatsdiener wünschen können: Gawlik hatte die Angeklagten von SS und SD im Hauptkriegsverbrecherprozeß verteidigt, im Ärzteprozeß den KZ-Arzt Waldemar Hoven, im Ohlendorf-Prozeß die Einsatzkommandoführer Erich Naumann und Willy Seibert und war außerdem noch im Pohl-Prozeß, im Prozeß gegen die Südost-Generale, im RuSHA- wie im Wilhelmstraßenprozeß als Anwalt aufgetreten.[378]

Der Heidelberger Kreis, manchmal auch »Dokumentenarchiv Heidelberg« genannt, ist sozusagen die »Stille Hilfe« der Juristen. Besprochen wird die Finanzierung eigener Aktivitäten (»Der Plan, Gelder über die Max-Planck-Gesellschaft zu leiten, ist nicht durchführbar«[379]) und die Finanzierung der geheimen EKD-Denkschrift.[380]

Selbst abstrusen Spuren wird nachgegangen, wenn sie die »Landsberger« entlasten: »Dr. Malz wird gebeten, Urkunden zu beschaffen, die beweisen, daß Zeugen mit falschen Pässen ausgestattet wurden, um ihnen auf diese Weise Mut zum Meineid zu geben.« Die Teilnehmer formulieren Resolutionen und Appelle (»Nicht zu viele Verteidiger sollen unterschreiben«), stimmen die Beeinflussung von deutschen Politikern und von amerikanischen Senatoren ab und legen die Taktik fest: »Alle Schritte sollen getrennt erfolgen, nicht gemeinsam.«[381] So wird gemeinsam geplant, aber getrennt operiert. Kurzum, der Heidelberger Kreis ist eine Koordinierungs-Stelle für politische und juristische Aktionen zugunsten der »sogenannten« Kriegsverbrecher, eine hochkarätig besetzte Seilschaft zur Unterlaufung der alliierten Urteile.[382]

Im Sommer 1950 holt das Bundesministerium der Justiz »streng vertraulich« Erkundigungen über die sozialen Verhältnisse der Verurteilten und ihrer Familien ein. Die Ergebnisse sollen den Amerikanern als Entscheidungshilfen für Begnadigungen dienen.[383]

Das bayerische Landratsamt Sulzbach-Rosenberg meldet daraufhin über Friedrich Flick: »Wegen seiner großzügigen Einstellung auf sozialem und caritativem Gebiet war Flick in seinen sämtlichen Werken bekannt.« Wegen seines Alters sei nach seiner Entlassung nicht mehr mit einer beruflichen Betätigung zu rechnen.[384]

Über Walter Dürrfeld, den ehemaligen Direktor des IG-Farben-Werkes in Auschwitz, werden ebenfalls Erhebungen angestellt. Bei den Verwandten und Bekannten der Ehefrau, lautet die Auskunft, handele es sich um Direktoren namhafter Unternehmen, welche die Ehefrau und ihre Kinder in jeder Weise finanziell unterstützten. Danach folgt der ungeheuerliche Satz: »Die Eheleute Dürrfeld haben ihre gesamten Möbel bei ihrer Flucht [!] aus Auschwitz im Jahre 1945 verloren.«[385]

Normalerweise werden die sozialen und caritativen Verdienste der Verurteilten hervorgehoben. Es gibt jedoch eine Ausnahme: den Bericht eines Kripo-Wachtmeisters aus Ennepetal über den ehemaligen Fabrikanten Paul Pleiger. Pleiger war einer der ersten Anhänger Hitlers in der Gegend gewesen, hatte vor 1933 den Posten eines Ortsgruppenleiters der NSDAP Blankenstein/Buchholz bekleidet und den nach ihm benannten SA-Sturm-Pleiger gegründet.

Nach 1933 machte Pleiger Karriere, wurde u. a. Gauwirtschaftsberater, Generaldirektor der Hermann-Göring-Werke und Leiter der Reichsstelle für Kohle. »Alles in allem«, so der Kripobeamte, »kann gesagt werden, daß er der echte Typ eines nationalsozialistischen Wirtschaftsführers war.« Als besonders negativ vermerkt der Beamte, daß der ehemalige NS-Wirtschaftsführer an der rücksichtslosen Unterdrückung Andersdenkender beteiligt gewesen sein solle: »siehe hierzu Abschrift aus den polizeilichen Personalakten des Pleiger«.

Das ist Oberregierungsrat Wahl wohl doch zuviel der Negativ-Meldungen, er vermerkt handschriftlich: »Anlage nicht übersetzen!«[386]

Bei Dr. Wilhelm von Ammon, ehemals Ministerialrat im Reichsjustizministeriums, ist die Beurteilung ungleich günstiger: »von Ammon hat am kirchlichen Leben sehr aktiv teilgenommen und zur bekennenden Kirche gehalten. ... Der Landeskirchenrat in München hat dem Inhaftierten in Aussicht gestellt, ihn als juristischen Mitarbeiter aufzunehmen.«[387] Wilhelm von Ammon ist der Sohn eines fränkischen Pfarrers und Oberkirchenrats. Sein Bruder ist Dekan, seine Schwester die Ehefrau des Theologie-Professors Walter Künneth, der heute als »Antifaschist« dargestellt wird, 1935 jedoch »die ganze Minderwertigkeit und Gefährlichkeit des entarteten Weltjudentums« festgestellt hatte.[388]

Ammon gehörte in der Nazi-Zeit zu jenen hohen Juristen, die im Februar 1941 in Berlin über die Ermordung der Kranken (»Euthanasie«) ins Bild gesetzt worden waren. Man habe ja, so Ammon im Februar 1947, über die Sache reden können, wenn – »wie beim Erbgesundheitsgesetz« – genaue Vorschriften vorhanden gewesen wären.[389] Im Nürnberger Juristenprozeß war er zu 10 Jahren Haft verurteilt worden, weil er sogenannte »Nacht-und-Nebel-Fälle« bearbeitet hatte. Er wird – dank kirchlicher Fürsprachen – im Februar 1951 aus Landsberg entlassen und als Direktor der Evangelisch-Lutherischen Landes-Kirchenstelle in Ansbach beschäftigt. Er hat offenbar nicht erkannt, ein hoher Funktionär einer gnadenlos tötenden Unrechts-Justiz gewesen zu sein.

Von Wilhelm von Ammon stammt ein Schreiben, das er im Juni 1948 an den Juristen Flitner im Zentralbüro des Hilfswerks der EKD richtete: Herr Oberkirchenrat Daumiller habe die Anstalt Landsberg besucht, dort gepredigt und den verurteilten Juristen anschließend eine Unterredung gewährt. Dabei habe Daumiller angeregt, »Material über den Unrechtsgehalt des amerikanischen Verfahrens in Nürnberg« zu übersenden, die gegebenenfalls Landesbischof Wurm für seine Auseinandersetzungen verwerten könne.

Ammon legt Aufzeichnungen bei, die von den im Juristenprozeß Verurteilten stammen. Die Klageliste ist lang: Ihre Vernehmer seien ausschließlich »emigrierte Nichtfachleute mit Namen Auerbach, Buchthal, Beauvais und Einstein« (Juden!) gewesen. Ihre Verteidiger hätten sich, da sie zum größeren Teil Parteigenossen und noch nicht oder gerade entnazifiziert gewesen seien, der rigorosen Anklagebehörde gegenüber in der Position einer hoffnungslosen Schwäche befunden: »Es fehlten nahezu alle Rechtsgarantien, die in den Prozeßordnungen aller zivilisierten Nationen zur Findung der Wahrheit und zum Schutze des Angeklagten dienen.«[390]

Welches Recht aber hatten Ammon und seine Kollegen repräsentiert? Waren sie aufgestanden, als man ihre »nichtarischen« Kollegen durch das »Berufsbeamtengesetz« aus ihren Stellen jagte? Als die Rassengesetze aus Menschen Unmenschen machten? Als die Sondergerichtsbarkeit des Dritten Reiches als »Panzertruppe der Rechtspflege«[391] (Freisler) eingesetzt wurde?

Hatten Ammon & Kollegen schon vergessen, daß in ihrem »Rechtsstaat« sogar die falsche Wahl eines Radiosenders mit schwersten Strafen bedroht war? Mit Zuchthaus bestraft wurde nach der »Verordnung über außerordentliche Rundfunkmaßnahmen« vom 1. September 1939, unterzeichnet von Göring, Heß, Frick und Lammers, wer »Feindsender« hörte. Wer Nachrichten ausländischer Sender verbreitete, die geeignet waren, die Widerstandskraft des deutschen Volkes zu gefährden, mußte in besonders schweren Fällen sogar mit der Todesstrafe rechnen.

Die Staatsanwaltschaften konnten seit 1939/40 durch Einsprüche angeblich zu milde Urteile kassieren und Strafverschärfungen durchsetzen. Gegen die Nürnberger und Dachauer Urteile protestierten Kirchenvertreter, der Heidelberger Kreis und nicht zuletzt die in Nürnberg verurteilten Juristen, weil es keine Revisions-, sondern nur eine Begnadigungsinstanz gab. Daß gegen die Urteile der NS-Sondergerichte und des Volksgerichtshofes nie ein Rechtsmittel zulässig war, verschwiegen sie geflissentlich.

Im Nürnberger Prozeß hätten nahezu alle Rechtsgarantien gefehlt, klagten Hitlers Reichsjuristen. Welche Rechtsgarantien hatten aber jene deutschen Zivilisten und Wehrmachtangehörigen, Juden, ausländische Zwangsarbeiter, Straf- und Kriegsgefangene, Sinti und Roma, die nach strafrechtlichen Bestimmungen verurteilt und hingerichtet wurden, »die nur mehr den Schein des Rechtes über diese Justizmorde legen konnten«[392]?

> »Polen und Juden... werden mit dem Tode, in minder schweren Fällen mit Freiheitsstrafe bestraft, wenn sie durch gehässige oder hetzerische Betätigung eine deutschfeindliche Gesinnung bekunden, insbesondere deutschfeindliche Äußerungen machen oder öffentliche Anschläge deutscher Behörden oder Dienststellen abreißen oder beschädigen oder wenn sie durch ihr sonstiges Verhalten das Ansehen oder das Wohl des Deutschen Reiches oder des deutschen Volkes herabsetzen oder schädigen.«
>
> »Auch da, wo das Gesetz Todesstrafe nicht vorsieht, wird sie verhängt, wenn die Tat von besonders niedriger Gesinnung zeugt oder aus anderen Gründen besonders schwer ist; in diesen Fällen ist Todesstrafe auch gegen jugendliche Schwerverbrecher zulässig.«
>
> Aus: Verordnung über die Strafrechtspflege gegen Polen und Juden in den eingegliederten Ostgebieten.

Hatten Hitlers Juristen die »Verordnung über die Strafrechtspflege gegen Polen und Juden in den eingegliederten Ostgebieten« (vom 4. Dezember 1941) vergessen? Sie sah die Todesstrafe schon dann vor, wenn ein Pole oder Jude »Kenntnis« hatte, daß ein anderer Pole oder Jude im Besitz einer Hieb- oder Stoßwaffe war und dies nicht anzeigte. Jedes Urteil war sofort vollstreckbar, Beschwerderecht stand allein dem NS-Staatsanwalt zu.

Die »Verordnung gegen Volksschädlinge« vom 5. September 1939 (unterschrieben von Göring, Frick und Lammers) bedrohte jeden mit der Todesstrafe, »wenn dies das gesunde Volksempfinden wegen der besonderen Verwerflichkeit der Straftat erfordert«. (§ 4)
Die 19jährige Erna Wazinski, armer Leute Kind, war angeblich ein solcher »Volksschädling«. 1944 wohnte sie bei ihrer verwitweten Mutter. Sie ist in einer Rüstungsfabrik dienstverpflichtet. In der Nacht zum 15. Oktober werden beide zum drittenmal und bis auf die Grundmauern ausgebombt. Die Mutter rettet von der gesamten Habe lediglich ein Kostüm und zwei Sommerkleider. Am nächsten Tag hilft Erna Wazinski Bewohnern des ebenfalls von Bomben zerstörten Nachbarhauses. Aus einem unverschlossenen Koffer – so die Darstellung des Gerichts – nimmt sie sich einige Bekleidungsstücke (ein rotbraunes Wollkleid, eine karierte Bluse etc.) und ein Schmuckkästchen mit einfachem Schmuck. Vier Tage später wird sie als Täterin ermittelt.
Am 21. Oktober 1944 steht Erna Wazinski vor einem der Sondergerichte. Die Verteidigung darf keine Beweisanträge stellen, gegen das Urteil ist kein Rechtsmittel zulässig. Von der Verhaftung bis zum Urteil sind nicht einmal neunzehn Stunden vergangen, für die Verhandlung ist etwa eine Stunde anberaumt. Das Gericht könnte eine Geld- oder Gefängnisstrafe verhängen, verurteilt die 19jährige jedoch als verwerflichen, gemeinen und ehrlosen »Volksschädling« zum Tode. In einem Gnadengesuch fleht die 19jährige vergeblich, sie habe früh ihren Vater verloren, die Mutter sei schwer herzleidend, nach der dritten Ausbombung habe sie in Verzweiflung gehandelt, es sei ihre erste Strafe.
Erna Wazinski wird am 23. November 1944 mittels Fallbeil enthauptet.
Vorsitzender des Sondergerichts war der 1937 zum Landgerichtsdirektor beförderte Dr. Walter Lerche, von dem weitere ähnliche Todesurteile erhalten sind. Lerche wird 1945 von der britischen Militärregierung amtsenthoben und wechselt zur braunschweigischen evangelischen Landeskirche. Dort wird der ehemalige Sonderrichter – das behauptet das Landeskirchenamt Braunschweig noch Dezember 1990 – zunächst als Gemeindehelfer ausgebildet und bis 1951 als Angestellter in untergeordneten Tätigkeiten innerhalb der Grundstücksverwaltung beschäftigt.
Die Darstellung, wonach Lerche als kleiner, unbedeutender Verwaltungshelfer sein Dasein fristete, enthält mehrere Fehler: Er war 1946 Mitglied der Landessynode und des Rechtsausschusses und später Oberlan-

deskirchenrat, Vizepräsident der Synode der Evangelisch-Lutherischen Kirche, Mitglied der Synode der EKD und Mitglied des Kollegiums im Landeskirchenamt der Landeskirche Braunschweig geworden. Als er stirbt, verkündet das kirchliche Amtsblatt: »Gott der Herr hat am 26. Dezember 1962 Herrn Oberlandeskirchenrat Dr. jur. Walter Lerche plötzlich und unerwartet heimgerufen ... Das Gedenken an Oberlandeskirchenrat Dr. jur. Lerche wird uns allen ein gesegnetes bleiben.«

Die enthauptete Erna Wazinski wird im März 1991 (!) vom Landgericht Braunschweig in einem Wiederaufnahmeverfahren freigesprochen. Zeugen hatten sich gefunden, die bekundeten, Erna Wazinski habe in den Trümmern Sachen geborgen, von denen sie annahm, sie gehörten ihrer Mutter. Ein Augenzeuge schilderte sogar, Erna Wazinski sei auf der Polizei zum Geständnis geprügelt worden. Die Mutter, die nach dem Kriege das Wiederaufnahmeverfahren betrieben hatte, erlebte den Freispruch nicht mehr.

Im Mai 1991 berichtete Dietrich Kuessner in den »Lutherischen Monatsheften« über ehemalige Sonderrichter der Nazis in der Kirche. Danach ist Lerche kein Einzelfall. Landgerichtsrat Dr. Grimpe, ab 1942 Beisitzer im Braunschweiger Sondergericht, war nach 1945 zunächst als Gemeindehelfer in einer Kirchengemeinde untergekommen und von 1956 bis 1974 als Justitiar beim Evangelischen Verein (heute: Diakonisches Werk). Friedrich Linke, 1944 Sachbearbeiter der Staatsanwaltschaft beim Sondergericht, der zusammen mit Lerche und Grimpe an Urteilen mitgewirkt hatte, wurde nach 1945 Mitglied der Braunschweiger Landessynode und der Kirchenregierung.

Damit nicht genug: Landgerichtsrat Eilers, Beisitzer im Braunschweiger Sondergericht, war von 1952 bis 1958 stellvertretendes Mitglied der Landessynode und Landgerichtsdirektor Dr. Höse, von 1940 bis April 1942 Erster Vorsitzender des Sondergerichts, wurde nach 1945 vom Stadtkirchenamt in Braunschweig übernommen. Er war später Mitglied der Landessynode, des landeskirchlichen Rechts- und Verfassungsausschusses.

Kuessner: »Für die Sitzungsperiode der Landessynode von 1952 bis 1958 ergab sich die ungewöhnliche Lage, daß dem Rechtsausschuß der Landessynode zwei Erste Vorsitzende des ehemaligen Braunschweiger Sondergerichtes angehörten: Höse und Lerche, der eine immer noch als Landgerichtsdirektor im Wartestand, der andere bereits Oberlandeskirchenrat.«[393]

Besonders infam, sofern es überhaupt Abstufungen des Unrechts geben kann, war der von der Rechtsabteilung des Oberkommandos der Wehrmacht formulierte und in Zusammenarbeit mit dem Reichsjustizministerium am 7. Dezember 1941 ergangene »Nacht-und-Nebel-Erlaß«. Dort hieß es: »In den besetzten Gebieten ist bei Straftaten von nichtdeutschen Zivilpersonen, die sich gegen das Reich oder die Besatzungsmacht richten oder deren Sicherheit gefährden, grundsätzlich die Todesstrafe angebracht.« Eine Durchführungsverordnung regelte die Abgabe der »Nacht-und-Nebel-Verfahren« von der Militärgerichtsbarkeit an die Justiz.

In den Gefängnissen existierten die N.N.-Gefangenen nur nach ihren N.N.-Nummern. Im Strafgefängnis Wolfenbüttel wurden die Häftlinge zur besseren Verständigung deshalb mit Phantasie-Namen angesprochen.

Die Verfahren fanden unter strengster Geheimhaltung vor Sondergerichten statt. Die Beiziehung eines ausländischen Zeugen oder die Wahl eines Verteidigers bedurfte der ausdrücklichen Genehmigung des Reichsjustizministers. Die Verdächtigten waren jeder Willkür ausgeliefert. Mitunter erreichten sie nicht einmal den Verhandlungsort, weil die Gestapo sie vorher ermordet hatte. Beschuldigte, bei denen eine Anklage nicht möglich oder nicht opportun erschien, wurden ab Ende 1942 nach einem Beschluß von Reichsjustizminister Otto-Georg Thierack den KZs überstellt.[394]

Angesichts dieser Umstände müssen wir das Urteil von N.N.-Ammon (er wird im übrigen von Aschenauer vertreten) und seinen Kollegen noch einmal lesen, im Nürnberger Juristen-Prozeß hätten nahezu alle Rechtsgarantien gefehlt, »die in den Prozeßordnungen aller zivilisierten Nationen zur Findung der Wahrheit und zum Schutze des Angeklagten dienen«.

Im Januar 1951 greift der in Landsberg inhaftierte ehemalige Generalstaatsanwalt Dr. Günther Joel zu einem ungewöhnlichen Mittel: Er bittet den Bundesjustizminister, gegen den Richter am Obersten Bundesgericht in Karlsruhe Werner Hülle und andere ein Ermittlungsverfahren einzuleiten. Als Absender gibt Joel an: »zuletzt Generalstaatsanwalt am Oberlandesgericht Hamm, jetzt Kriegsverbrecher-Gefängnis«.[395]

Joel fühlt sich als der einzige (wegen N.N.-Verfahren) bestrafte Generalstaatsanwalt ungerecht behandelt. Er ist verbittert, daß er noch in Haft ist, während andere bereits entlassen sind, z. B. Staatssekretär Curt Rothenberger, »der bei allen wirklich justizfremden und kriminellen Maßnahmen der Reichsjustizverwaltung unter Minister Thierack« mitgewirkt habe. Besonders erregt ihn Generaloberstabsrichter Dr. Rudolf Lehmann, »der Chef des Wehrmachtsrechtswesens, der einen Erlaß erfand, dessen Durchführung mir zum Kriegsverbrechen zugerechnet wurde«. Lehmann sei am 25. August 1950 entlassen worden, sein Vertreter, »der Bearbeiter sämtlicher den N.N.-Erlaß betreffenden allgemeinen Anordnungen und Verfügungen an die Ausführungsorgane«, der Ministerialrat im OKW Werner Hülle, sei nicht einmal beschuldigt und vor kurzem zum Richter am Obersten Bundesgerichtshof in Karlsruhe ernannt worden.

Die Begründung des beleidigten Joel, einen Kollegen anzeigen zu wollen: Ein Ermittlungsverfahren werde klären, ob der N.N.-Erlaß verbrecherisch gewesen sei und ob sich die beteiligten Juristen bei der Durchführung dieser Verfahren strafbar gemacht hätten. Er glaube nicht, daß sich ein Richter oder Staatsanwalt dabei strafbar gemacht habe. Joel: »Aber auch ich nicht!«[396]

Aus seiner Sicht hat Joel nicht einmal unrecht: Schließlich wird später kein einziger Richter der Sondergerichte und des Volksgerichtshofs bestraft werden. Und der ehemalige Ministerialrat im Reichsinnenministerium Hans Globke ist zu dieser Zeit bereits Ministerialdirektor im Bundeskanzleramt und wird 1953 Adenauers Staatssekretär. Dabei hatte Globke immerhin an den Rechtsgrundlagen der Judenverfolgung mitgearbeitet und zusammen mit seinem Vorgesetzten Stuckart die Nürnberger Gesetze ausgelegt (»Kommentare zur deutschen Rassengesetzgebung«).

Für den ehemaligen Staatssekretär im Reichsinnenministerium, Dr. Wilhelm Stuckart, der schon 1922 der NSDAP beigetreten war und zu den Teilnehmern der Wannsee-Konferenz gehört hatte, wollte (zunächst) nicht einmal Wurm eintreten.[397] Doch auch der berüchtigte Kommentator der Rassengesetze fand einen kirchlichen Fürsprecher: den Frankfurter Pfarrer und Bevollmächtigten des Hilfswerks, Otto Fricke. Fricke, der schon den Rassenhygieniker von Verschuer als Gegner der Rassenlehre ausgegeben hatte, wollte allen Ernstes die Amerikaner überzeugen, daß Stuckart »gegen die NSDAP und insbesondere gegen die Gestapo Widerstand geleistet« habe, an der »Revolte gegen das Hitlerregime beteiligt« gewesen sei und »in zahlreichen Fällen politisch, rassisch und religiös Verfolgte unterstützt« habe.[398] Ein Verfolger als Helfer der Verfolgten?

»Aus fast 44jähriger Kriegsgefangenschaft abberufen zur großen Armee«
Die kirchliche Hilfe endet mit dem Tode der letzten Täter

Letzter Gruß an Herbert Kappler. Beisetzung des ehemaligen SS-Obersturmbann-führers und Befehlshabers der Sicherheitspolizei und des SD in Rom auf dem Friedhof in Soltau.

Im April 1953 schreibt Dietrich Ziemssen für die »Interessenvertretung der im Malmedy-Prozeß Verurteilten«: »Der Malmedy-Fall ist 1953 reif zur Endlösung.« Ziemssens Logik: »Da die Urteile nun einmal rechtlich nicht zu begründen sind, bildet ihre Vollstreckung einen überflüssigen Ballast für jede konstruktive westliche Verteidigungspolitik.«[399]
Ziemssen schreibt das Vorwort zu einem Pamphlet Rudolf Aschenauers: »Der Malmedy-Fall 7 Jahre nach dem Urteil«. Der Nazi-Anwalt: »Unbestritten ist im Gesamtfall Malmedy-Prozeß lediglich die Tatsache, daß an der Straßenkreuzung südlich Malmedy etwa 71 tote amerikanische Soldaten gefunden worden sind.«[400] Der Satz kennzeichnet die Szene: Es gibt Millionen Tote, aber keine Täter.
Aschenauers Vorschlag zur Bereinigung der Lage ist nicht minder cha-

rakteristisch. Ein Schlußstrich sei nötig. Das allein zeuge für die Auf-
richtigkeit einer Politik, die die Bundesrepublik als gleichberechtigten
Partner in ein europäisches Verteidigungssystem einbeziehen wolle:»Im
Zeichen einer solchen Politik kann man nicht weiterhin deutsche Soldaten« – gemeint sind die Männer der Leibstandarte-SS Adolf Hitler – »zu
Verbrechern stempeln, die keine Verbrecher sind.«[401]
Einer von ihnen, der ehemalige SS-Standartenführer Joachim Peiper,
leitet zu dieser Zeit im Landsberger Kriegsverbrecher-Gefängnis eine
»Round-Table-Arbeitsgemeinschaft von Freunden der englischen Sprache.« Das War Criminal Prison No. 1 in Landsberg (WCPL) hat nämlich
eine eigene Schule. Allein im Wintersemester 1949/50 hatten 40 Lehrkräfte und 600 Hörer sieben wirtschaftliche und kaufmännische Lehrgänge, acht naturwissenschaftlich-technische Kurse, vierzehn Sprachkol-
legs (in sechs Sprachen) und neun weitere Lehrgänge absolviert.[402]
Die Schule des WCPL unterscheidet sich von anderen Bildungseinrich-
tungen nur in einem: Hörer wie Lehrkräfte sind Häftlinge. Besonders
aktiv sind im Sommersemester 1953 die ehemaligen Funktionäre des SS-
Wirtschafts- und Verwaltungshauptamtes (WVHA). Der Alte Kämpfer
und SS-Obergruppenführer August Frank, zu lebenslanger Strafe verurteilt, erteilt Kurse in Kurzschrift. SS-Sturmbannführer Karl Mummenthey, u. a. für die Kieswerke in Auschwitz und Treblinka zuständig, bereitet auf die Kaufmannsgehilfen-Prüfung vor. SS-Gruppenführer Georg
Lörner, Pohls Vertreter im WVHA, unterrichtet Steuerrecht und SS-
Hauptsturmführer Karl Sommer doziert »Buchführung für Fortgeschrit-
tene«.
Auffallend viele Lehrveranstaltungen sind Rechtsfragen gewidmet.
Rechtswissenschaftlichen Unterricht erteilen drei Herren gemeinsam:
Dr. Herbert Klemm, Bormanns Rechtsexperte und ab 1942 Staatssekretär im Reichsjustizministerium, Sonderrichter Dr. Oswald Rothaug, der
den betagten Vorsitzenden der jüdischen Gemeinde in Nürnberg-Fürth,
Leo Katzenberger, wegen Rassenschande zum Tode verurteilt hatte[403],
und Martin Sandberger, der Estland »judenfrei« morden ließ.
Zusammen mit Karl Sommer bereitet Sandberger Häftlinge zudem auf
die Meisterprüfung im Elektrohandwerk vor. Außerdem lehrt er Han-
dels- und Gesellschaftsrecht. Seine Vorlesung über Verfassungsrecht ist
mit 55 Teilnehmern ein »Renner«. Medizin-Professor Gerhard Rose, von
den Amerikanern zu lebenslanger Haft verurteilt, gibt mehrere Englisch-
kurse. Er leitet auch die mit 35 Teilnehmern am zweitbesten besuchte
Lehrveranstaltung, die »Naturkundliche Arbeitsgemeinschaft«, welche
die »Erweckung des Verständnisses für das Pflanzen- und Tierleben« zum
Ziel hat.
Die Schule des WCPL ist eine vom Bayerischen Staatsministerium für

Unterricht und Kultus anerkannte Ausbildungsstätte. Die Zeugnisse gelten ebenso wie die anderer amtlich anerkannter Schulen oder Prüfungsausschüsse und enthalten keinen Hinweis auf den Gefangenenstatus. 1950 hatten in Landsberg zwei Studierende der Medizin ihr Vorphysikum bestanden, die »ihre Vorlesungen bei Kameraden mit entsprechenden akademischen Graden gehört hatten«. Ab 1953 bekommen die Landsberger Studierenden der Rechtswissenschaften drei Semester »auf die für die Ablegung der Ersten Juristischen Staatsprüfung nachzuweisende Studienzeit anerkannt«.

Im WCPL unterrichten jedoch nicht nur Täter Täter, manche haben auch ein Fernstudium aufgenommen. Die Kosten trägt der Bundesminister für Vertriebene, der zudem bei der Beschaffung des Unterrichtsmaterials hilft, unterstützt durch großzügige Zuwendungen von Wirtschaft, Banken und Privatpersonen. Im Bericht über das Sommersemester 1953 werden die Sachspenden der Firma »Siemag« (Siegener Maschinenbau), der Firma Krupp und der Frankfurter Adlerwerke besonders hervorgehoben.

»Ganz besonders« herausgestrichen wird die »Hilfe durch das Ev. Hilfswerk und dessen Beauftragten, des ev. Anstaltsgeistlichen Herrn Pfarrer Lettenmeyer«. Durch Vermittlung des Pfarrers haben sich mehrere Herren zu Vorträgen zur Verfügung gestellt. Einer von ihnen, dessen Vortrag noch erwartet wird, ist Dr. Hans Muthesius. Er ist der Vorsitzende des Deutschen Vereins für öffentliche und private Fürsorge, in dem sich alle öffentlichen und freien Träger der Sozialarbeit zusammengeschlossen haben. Muthesius verkörpert ein Stück deutscher Kontinuität: Er hatte als Abteilungsleiter für Wohlfahrt und Jugendfürsorge im Reichsinnenministerium u. a. die Errichtung des Kinder-KZs in Lodz (Polen-Jugendverwahrlager Litzmannstadt) angeregt.[404]

Im August 1953 führen die Amerikaner das Parole-Verfahren ein (die Möglichkeit einer Freilassung nach Verbüßung eines Drittels der Strafe »auf Parole«). Ende 1953 gestatten die Westalliierten den Westdeutschen ein Mitspracherecht. Sie bilden Gemischte Gnadenausschüsse, in denen alliierte und bundesdeutsche Vertreter gemeinsam beraten. Die Amerikaner legen großen Wert darauf, »daß sich die Tätigkeit des Ausschusses und die auf Grund seiner Empfehlungen gewährten Freilassungen ohne besonderes Aufsehen in der Öffentlichkeit vollziehen, damit nicht Anlaß zu Presseveröffentlichungen gegeben wird«.[405]

Es wird beschleunigt entlassen: Am 1. November 1951 hatten in Landsberg noch 481 Häftlinge eingesessen. Von ihnen waren 236 in KZ-Prozessen, 140 wegen »Fliegerfällen«, 54 im Malmedy-Verfahren, 48 in den Nürnberger Folgeprozessen und drei im Hadamar-Prozeß verurteilt worden.[406] Im Mai 1954 sitzen in Landsberg nur noch 155 Gefangene [407], ein Jahr später hat sich die Zahl auf 59 reduziert.[408]

Am 5. Mai 1955 tritt der Überleitungsvertrag (»Vertrag zur Regelung aus Krieg und Besatzung entstandener Fragen«) zwischen der Bundesrepublik und den Westalliierten in Kraft. Um politisch motivierte Wiederaufnahme-Verfahren deutscher Behörden zu verhindern, ist ein Passus aufgenommen, demzufolge die Urteile der Militärgerichte nicht angetastet werden dürfen. Ferner gibt es eine Klausel, wonach die deutsche Justiz nicht gegen Personen vorgehen kann, deren Verfahren (ohne Urteil) bereits abgeschlossen wurden.[409] Dies schützt in der Praxis der Strafverfolgung später zahlreiche Täter, die durch neues Beweismaterial überführt werden könnten.

Die Fortschreibung der Urteile mißfällt (nicht nur) der Evangelischen Kirche in Deutschland. Im Juli 1955 appellieren der Vorsitzende des Rates der EKD, Bischof Otto Dibelius und Kirchenpräsident Martin Niemöller (als Leiter des Kirchlichen Außenamtes der EKD) an die Regierungschefs der Siegermächte: »Wir wenden uns an Sie mit der Bitte um Gnade für diejenigen, die, mit dem Brandmal des Kriegsverbrechens gestempelt, in Gefangenschaft gehalten werden.« Mit der Begnadigung werde zwar der Friede nicht hergestellt, »aber eine Quelle der Bitterkeit wird damit versiegen«.[410]

Nach und nach werden alle Landsberger diskret entlassen. Die letzten vier verlassen am 9. Mai 1958 das Haus: Otto Brinkmann (»KZ Mittelbau«) und die Einsatzkommandoführer Adolf Ott, Martin Sandberger und Ernst Biberstein. Biberstein ist ein ehemaliger Pfarrer, u. a. zum Judenmord eingesetzt, obgleich er von »Massenhinrichtungen von Juden« erst durch die Nürnberger Anklageschrift erfahren haben will.[411]

Ernst Biberstein, Mitglied der NSDAP seit 1926, heißt eigentlich Szymanowski (der Name erschien ihm wohl als »undeutsch«, so daß er ihn 1943 in Biberstein verwandeln ließ). 1933 ist er Pfarrer im holsteinischen Kaltenkirchen. Ende des Jahres beginnt seine Karriere: Er wird Propst von Bad Segeberg, ist Kreisschulungsleiter der NSDAP, wechselt 1935 ins braune Reichskirchenministerium. 1940 ist er für wenige Monate beim »Westfeldzug« in Holland und Frankreich, wird u. k. (»unabkömmlich«) gestellt und dient dem Chef der Sicherheitspolizei und des SD 1941/42 als Leiter der Stapostelle Oppeln. Im Sommer 1942 wird SS-Sturmbannführer Szymanowski/Biberstein als Führer des Einsatzkommandos (EK) 6 nach Kiew beordert.

1947 räumt Biberstein gegenüber amerikanischen Vernehmern immerhin noch ein, während seiner Zeit als Führer des EK 6 seien zwei- bis dreitausend Hinrichtungen vorgekommen: »Ich selbst befehligte eine Exekution in Rostow, die mit Hilfe eines Gaswagen vorgenommen wurde . . . Da mein Einsatzkommando verschiedene Städte bearbeitete [!] und von Zeit zu Zeit nur eine geringe Anzahl von Menschen auf einmal hinzurichten hatte, wurde nicht immer der Gaswagen gebraucht. Ich habe auch Exekutionen, die mit der Feuerwaffe durchgeführt worden sind, beigewohnt.«[412]

Als Biberstein im Mai 1958 entlassen wird, druckt das »Deutsche Pfarrerblatt« einen kritischen Beitrag mit dem Titel: »Das war einst ein Pfarrer.«[413] Kurz darauf erscheint eine Erwiderung von Richard Steffen, Propst von Neumünster: »Die Dinge lagen ganz anders.« Steffen, der wie Biberstein 1933 in sein Amt eingeführt worden war: »Ich erklärte mich bereit, für ihn zu bürgen und ihm wenigstens einen Arbeitsanfang zu ermöglichen. Andere halfen mir darin... Wir konnten ihm für einige Monate Arbeit bei uns im Kirchenbüro geben. Was weiter werden soll, ist noch ungewiß.« Propst Steffen: »Nach meiner Überzeugung ist B. kein Verbrecher.«[414]

Das Nordelbische Kirchenamt in Kiel hat den Einblick in Bibersteins Akte verwehrt. Eine »Kirchenarchivamtfrau« schickte lediglich »Lebensdaten« von Biberstein, in denen die Gestapotätigkeit fehlt und der Einsatz als Führer eines Mordkommandos mit »Kriegseinsätze an der... Ostfront« umschrieben wird. Beigelegt war des weiteren ein Bericht von Propst Richard Steffen, dessen differenziertem Urteil doch bitte Rechnung zu tragen sei.

Steffen hat Biberstein am 2. Oktober 1956 in Landsberg besucht und erstaunt festgestellt, daß die Anstalt in keiner Weise den Eindruck eines Gefängnisses mache. Die Gefangenen könnten sich im Hause frei bewegen. Behandlung und Pflege seien gut. Bibersteins NS-Karriere wird dagegen fast als Verfolgung beschrieben: Er habe seinerzeit wegen »Schwierigkeiten« mit Kreis- und Gauleiter aus Schleswig-Holstein fortgewollt. So sei er 1935 ins Kirchenministerium gewechselt und 1936 Oberregierungsrat geworden. Auch dort sei er wegen starker Differenzen ausgeschieden. Er bestreite entschieden, Verhaftungen von Geistlichen veranlaßt oder dabei geholfen zu haben, im Gegenteil: Er habe sich zum Schutz der Pastoren eingesetzt. Nach Rußland sei er wohl in ehrenamtlicher (!) Stellung eines SS-Sturmbannführers und gegen seinen Willen gekommen. Er habe es mit russischen Saboteuren und Partisanen zu tun gehabt. Einzelerschießungen von Personen, die gerichtlich abgeurteilt waren, seien vorgekommen.

Biberstein macht auf Propst Steffen einen ruhigen und aufrichtigen Eindruck »in allem, was er sagt«. Biberstein wolle weder etwas vortäuschen noch beschönigen. Ein wunder Punkt sei natürlich sein Kirchenaustritt im Jahre 1938. Doch auch dafür gibt es eine Erklärung: Biberstein sei als Fremder in Berlin an seiner Kirche verzweifelt. Es wäre gut, wird Bibersteins gewundene Aussage zitiert, wenn eines jeden Pastors persönliche Haltung im Leben so anständig sein würde, wie seine es war. Abgesehen von seinem Kirchenaustritt habe er in allen äußeren Dingen vor Gott und Menschen ein gutes Gewissen.

Ein weiterer wunder Punkt wird auch erwähnt: Im Nürnberger Einsatz-gruppen-Prozeß hatte Biberstein den Massenmord als rechtmäßige Straf-aktion des Staates dargestellt. Er war daraufhin gefragt worden, ob er als Pastor den Menschen nicht erst einen Gottesdienst gehalten habe? Biber-stein hatte damals gekontert, man solle »die Perlen nicht vor die Säue werfen«. Da sei er, so Steffen, mißverstanden worden. Es gäbe eben Si-tuationen, in denen ein Gotteswort nicht mehr angebracht erscheine.

Nachdem die lästige Vergangenheit abgehakt ist, kommt Propst Steffen auf die Gegenwart zu sprechen: Biberstein fehle in keinem Gottesdienst, nehme regelmäßig an den Abendmahlsfeiern teil. Er habe den Weg zu Christus gefunden und sei geeignet für jede Tätigkeit im kirchlichen Ver-waltungsdienst, eine Mitwirkung in der Fürsorgearbeit würde ihm auch liegen. Bedenken, ihn später im Unterricht oder im Verkündigungsdienst zu beschäftigen, habe er nicht. Steffens letzter Satz: »Vielleicht haben wir... etwas wieder gutzumachen, was wir bisher versäumt haben!«[415]

Die letzten Verbrecher haben das War Criminal Prison in Landsberg 1958 verlassen. Zu dieser Zeit sitzt in Italien noch ein einziger Deutscher in Haft: Herbert Kappler. Er war 1939 als Himmlers Gestapo-Mann[416] vermutlich mit dem Auftrag nach Rom beordert worden, für die In-ternierung und Überführung der jüdischen Emigranten in deutsche Konzentrationslager zu sorgen.[417] Kappler trägt zunächst den Titel »Polizeiattaché«.

Auch das faschistische Italien hatte diskriminierende Judengesetze[418], aber selbst Benito Mussolini konnte der deutschen Rassenpolitik wenig abgewinnen. Vor dem Abgeordnetenhaus hatte er schon 1929 erklärt: »Die Juden haben in Rom seit der Zeit der Könige gelebt... Sie haben um Erlaubnis gebeten, an der Bahre des toten Cäsar zu weinen. Sie werden bei uns unbehindert bleiben, ebenso wie die Anhänger anderer Glau-bensbekenntnisse.«[419] Und im September 1934, auf der 5. Levantischen Messe in Bari, hatte der Duce bekräftigt: »30 Jahrhunderte der Ge-schichte gestatten uns, mit höchstem Bedauern auf gewisse Lehren zu blicken, die jenseits der Alpen von den Nachkommen derjenigen gepre-digt werden, die noch Analphabeten waren, als Rom schon einen Cäsar, einen Virgil und einen Augustus hatte.«[420]

Das faschistische Italien sabotierte die Judenvernichtung der Nazis in Ita-lien und in den von italienischen Truppen besetzten Gebieten.[421] Im Juli 1943 ändert sich die Kriegslage. Alliierte Truppen landen in Sizilien,

Mussolini erklärt seinen Rücktritt und wird verhaftet. Am 26. Juli bildet der Chef des italienischen Generalstabes, Marschall Pietro Badoglio, ein neues Kabinett. Die faschistische Partei wird verboten. Am 3. September schließt Badoglio mit den Alliierten einen Waffenstillstandsvertrag, der bis zum 8. September geheimgehalten wird. Nach dem »Badoglio-Verrat« besetzen deutsche Truppen am 10. September 1943 die Hauptstadt Rom.

Am selben Tag wird der bisherige Polizeiattaché an der Deutschen Botschaft, SS-Obersturmbannführer Herbert Kappler, Befehlshaber der Sicherheitspolizei und des SD in Rom.

Die etwa 8000 in Rom lebenden Juden sind in höchster Gefahr. Kappler fordert am 26. September von der jüdischen Gemeinde die Lieferung von 50 Kilo Gold. Bei Nichtablieferung droht er, 200 Geiseln zu nehmen. Kappler kassiert das Gold, läßt aber dennoch am 29. September die Adressenkartei der Gemeinde beschlagnahmen. Am 17. Oktober durchkämmen Kapplers Polizisten die Stadt, verhaften 1259 Menschen. Kappler meldet am selben Tag per Funkspruch: »Judenaktion heute nach büromäßig bestmöglichst ausgearbeitetem Plan gestartet und abgeschlossen.« Er sortiert etliche jüdische »Mischlinge« und in »Mischehe« Lebende aus. Danach bleiben 1007 Juden, die am 18. Oktober abtransportiert werden. Der Deportationszug erreicht Auschwitz/Birkenau am 23. Oktober. Die Selektion an der Rampe überstehen nur 149 Männer und 47 Frauen, die übrigen werden sofort vergast.[422]

Kappler gelingt es, wie seine zweite Frau, die Heilpraktikerin Anneliese Kappler-Wenger, schreibt, »fast alle wichtigen Partisanen-Brigaden aufzurollen«.[423] Ein Partisanen-Attentat wird ihm jedoch zum Verhängnis: Am 23. März 1944 explodiert eine Bombe kommunistischer Partisanen, als ein Bataillon des deutschen Polizeiregiments »Bozen« durch die Via Rosella marschiert. Unter den Toten sind 32 Südtiroler Polizisten, 10 Polizisten bleiben schwerverletzt liegen.

Hitler befiehlt Vergeltung. Für jeden toten Polizisten sind 10 italienische Geiseln zu töten, insgesamt also 320. Kapplers Aufgabe ist es, die Opfer auszusuchen und erschießen zu lassen. Da inzwischen ein weiterer Polizist seinen Verletzungen erlegen ist, erhöht Kappler die Zahl der Geiselopfer auf 330. Tatsächlich läßt er aber am 24. März 1944 in der Fosse Ardeatine, der Ardeatinischen Höhle, 335 Italiener (unter ihnen 70 Juden[424]) brutal und grausam erschießen. Die Fosse Ardeatine ist heute eine nationale Gedenkstätte.

Ein italienisches Militärgericht verurteilt Kappler 1948 wegen fünf zuviel erschossener Geiseln zu lebenslänglicher Haft. Das Oberste Militärgericht bestätigt das Urteil 1952. Kappler verbüßt seine Strafe auf der Festung Gaeta. Zu seinen seltenen Besuchern zählt Bischof Hudal.

1962 lernt Kappler per Post die Heilpraktikerin Wenger kennen, die ihn zehn Jahre später und schon vom Krebs gezeichnet, heiraten wird. In ihrem Buch »Ich hole Dich Heim. Die Affäre Kappler« schildert die Heilpraktikerin, wie sie Kappler Briefe schreibt, täglich bis zu drei Päckchen packt und ihn immer wieder (zusammen mit Dackel Fritz) besucht. Kappler ist nach ihrer Schilderung kein gefühlskalter Folterknecht, sondern »ein Mann von hoher Bildung und Kultur«, dessen großes Anliegen seine Arbeit für spastisch Gelähmte in einer deutschen Tagesstätte sei.[425]

»... Von ›Endlösung‹ und ›Vernichtungslagern‹ habe ich erst nach 1945 erfahren und mich fassungslos mit diesem grauenhaften Geschehen auseinandergesetzt.«

Herbert Kappler[426]

Besonders innigen Kontakt pflegt der ehemalige Obersturmbannführer, Mitglied der NSDAP seit 1931, zu Elisabeth Prinzessin Isenburg.[427] Als Wohltäter der Familie Kappler ist der langjährige Vorsitzende der »Stillen Hilfe«, Rudolf Aschenauer, aufgeführt, der im Dezember 1963 von der Zentralen Rechtsschutzstelle mit der Wahrnehmung der Interessen Kapplers beauftragt, Ende 1967 jedoch wieder entbunden wird.[428] Lobende Erwähnung finden auch Dr. Wolfgang Imle, Mitglied des Heimkehrerverbandes und langjähriges Mitglied des Deutschen Bundestages[429], und der Caritas- und CDU-Mann Heinrich Höfler.[430]
Im August 1970 schickt der EKD-Beauftragte für die Kriegsverurteilten, Kirchenpräsident i. R. Dr. Hans Stempel, dem italienischen Staatspräsidenten Saragat ein Gnadengesuch. Mitunterzeichner sind die katholischen Bischöfe Heinrich Tenhumberg (Münster), Dr. Carl Joseph Leiprecht (Rottenburg), der im Ruhestand lebende Kölner Erzbischof Joseph Frings und Franz Hengsbach (Essen), der zugleich Militärbischof ist. Auf evangelischer Seite unterschreiben der bayerische Landesbischof Hermann Dietzfelbinger, Landesbischof Hanns Lilje (Hannover), Bischof Kurt Scharf (Berlin), Kirchenpräsident Martin Niemöller (Hessen-Nassau) und Militärbischof Hermann Kunst (Bonn).[431]
Der EKD-Beauftragte für die Kriegsverurteilten Stempel wird von Anneliese Kappler als »väterlicher Freund« beschrieben. Sein Nachfolger im Amt ist der westfälische Präses Ernst Wilm, der belobigt wird, keine Strapazen und Belastungen gescheut zu haben.[432] Die Kappler-Gattin darf ihn »Vater Wilm« nennen.[433] Wilm vermittelt auch einen Besuch bei Kurt Scharf, der zu hören bekommt: »Mein Mann kommt aus einem religiösen Elternhaus... Während des Dritten Reiches ist er aus der Kirche ausgetreten, aber das haben Millionen andere auch getan.«[434]

Der deutsche Botschafter in Rom, Rolf Lahr, besucht Kappler im Mai 1971 (es ist der erste Besuch eines deutschen Regierungsvertreters seit 25 Jahren). Lahr richtet aus, die Bundesregierung wende sich nicht gegen die verhängte Strafe, sondern trete aus menschlichen Gründen für ihn ein. Kappler beharrt darauf, zu Unrecht bestraft zu sein, nur einen Befehl ausgeführt zu haben.

Botschafter Lahr: »Der, mit dem ich eine Stunde sprach, ist der Typ des beflissenen Befehlsempfängers, des blinden Nazis und des selbstgefälligen Emporkömmlings. Die Italiener und die während des Krieges in Rom ansässigen Deutschen haben sein arrogant zur Schau getragenes Machtbewußtsein in übler Erinnerung.« Kapplers Tat sei Ausdruck eines »pervertierten Charakters«. Er verdiene kein Mitleid, aber Hilfe.[435] Ich habe in Rom mit dem Seelsorgekaplan der »Anima«, Dr. Gispert Knopp, über Kappler gesprochen. Er war einmal zu einem Besuch bei Kappler gebeten worden und erinnerte sich, noch nie einen Menschen mit so »eiskalten Augen« gesehen zu haben.[436]

Kappler, der an Magen- und Darmkrebs leidet, wird am 15. August 1977 aus einem Militärkrankenhaus befreit, was zu antideutschen Demonstrationen in Italien führt. Anneliese Kappler, eine schwergewichtige Frau, behauptet, sie habe sich bei der Befreiung gemeinsam mit ihrem Gatten aus 17 Metern Höhe abgeseilt.[437] Nicht unwahrscheinlich ist aber die Version, der italienische Geheimdienst habe zur Flucht verholfen: Kappler war zu einer Symbolfigur der Nazi-Herrschaft geworden, so daß sich kein italienischer Politiker zutrauen konnte, den inzwischen Todkranken legal zu entlassen.

Kappler stirbt wenige Monate später am 9. Februar 1978. An der katholischen Trauerfeier am 13. Februar in Soltau nimmt auch Ernst Wilm teil (von 1970–77 EKD-Beauftragter für die Kriegsverurteilten). Er bekundet noch am Grabe seine tiefe Verbundenheit mit Anneliese und Herbert Kappler, den er in der Haft besucht und dessen Freilassung er ständig zu erreichen versucht habe.[438]

Bei der Trauerfeier in der Kapelle läßt Anneliese Kappler den Chor der Gefangenen aus Beethovens »Fidelio« spielen – ein opernhafter Hinweis, daß Anneliese wie weiland Leonore ihren Mann aus Kerkerhaft befreite. Bei der anderen Musikeinlage muß sie sich vergriffen haben, denn es ist der Gefangenenchor aus Verdis »Nabucco«: »Bald ist Juda vom Joch des Tyrannen befreit.« Auf dem Friedhof gibt es als Trompetensolo das »Lied vom guten Kameraden«. Er »ging an meiner Seite«, heißt es da, »in gleichem Schritt und Tritt«. Einer der Trauergäste nimmt es allzu wörtlich und hebt am Grabe die Hand zum letzten Hitlergruß.

»Heil Hitler! Heil Rauff!« grüßen sechs Jahre später Trauergäste am Grabe des ehemaligen SS-Standartenführers Walter Rauff. Bei der Beisetzung auf dem Hauptfriedhof von Santiago de Chile werden sogar Kränze mit einem aus Blumen gebundenen Hakenkreuz niedergelegt.[439]

Rauff, 1941 Gruppenleiter im Reichssicherheitshauptamt, hatte den Gaswagen entwickelt, der den Einsatzkommandos das Mordhandwerk erleichtern sollte: Die Opfer wurden nicht erschossen, sondern im Wageninneren durch abgeleitete Autoabgase erstickt. Rauff war 1942 Führer eines Einsatzkommandos in Tunis und 1943 Chef des Sicherheitsdienstes in Norditalien geworden. Bei Kriegsende wurde er im Lager Rimini interniert, aus dem er fliehen kann.

Rauff lebt monatelang in Rom, ehe er nach Syrien flüchtet. 1949 emigriert er von dort nach Ecuador und gelangt 1958 schließlich nach Chile, wo er den wegen seiner Foltermethoden gefürchteten Geheimdienst DINA (»Amt zur Untersuchung kommunistischer Tätigkeit«) gegründet und geleitet haben soll.

Rauffs Beerdigung hatte der Bischof der Lutherischen Kirche in Chile Ricardo Wagner gehalten.[440] Ich schrieb Wagner, der zugleich Pfarrer der Erlösergemeinde in Santiago ist, ich hätte in den Zeitungen vom Hitlergruß am Grabe gelesen und von seiner Predigt, wonach Rauff stets die Kraft gehabt habe, wieder von vorne anzufangen. Ich könne nicht glauben, daß dies alles gewesen sei, was er zu einem Menschen zu sagen habe, der für schreckliche Verbrechen verantwortlich war.[441]

Bischof Richard Wagner antwortete, die Naziverbrechen seien selbstverständlich radikal böse, völlig pervers, ja dämonisch gewesen: So sehr er aber die Tat verurteile, so wenig könne er aber den angeblichen (!) Täter zugleich mit verdammen, selbst wenn ihm jemand die unbezweifelbare Schuld von Herrn Rauff eindeutig bewiese. Er sei nicht Gott, auch kein Richter, nur ein Pastor, den die Kinder gebeten hätten, ihren Vater zu beerdigen. Bei den Heil-Hitler-Rufen habe er sich mit der Familie schon am Ausgang des Friedhofs befunden. Nur einer der Rufer sei ein deutschstämmiger Chilene, die anderen drei seien Ibero-Chilenen.[442]

Wagner legte eine Abschrift seiner Trauerrede bei. »Seine Liebe galt dem Meer«, heißt es da: »Schon als junger Seekadett war er 1926 mit dem Schulschiff ›Berlin‹ zum erstenmal in Chile.« Daß einer seiner Enkel ebenfalls Seekadett geworden sei, müsse eine der wenigen Freuden in seinen letzten Lebensjahren gewesen sein. Auf die Nazi-Verbrechen geht Wagner indirekt ein: »Wer sich das Recht herausnimmt, über einen anderen Menschen den Stab zu brechen, ist nicht nur kein Christ, sondern nicht einmal ein kluger Mensch. Niemand kann mit letzter Gewißheit wissen, was ein anderer Mensch getan oder nicht getan hat... *Ich bin gewiß, daß Gott ein gerechter Gott ist, aber ich bin ebenso gewiß, daß Jesus Christus nicht vergeblich am Kreuz für die Sünder gestorben ist.* Gott ist gerechter, als viele Menschen wissen, aber er ist auch barmherziger, als die meisten Menschen ahnen.«

>»Wenn ein Pfarrer nur unschuldige und sündlose Menschen beerdigen dürfte, müßte dieses Gebiet seiner Tätigkeit gänzlich aufgegeben werden, denn der einzige Unschuldige ist vor fast zweitausend Jahren gestorben und auferstanden.«
>
> Erklärung des Kirchenvorstandes der »Erlösergemeinde« in Santiago de Chile zur Beerdigung von Walter Rauff.[443]

Bischof Richard Wagner entfaltet hier eine ganz eigene Theologie. Seine Botschaft hieße: Mordet einige hunderttausend Menschen, ihr braucht es nicht einmal zu bereuen, es wird sowieso vergeben. Die Kirche kann in der Anwendung des Kirchenrechts sehr unbarmherzig sein, im Zusammenhang mit Nazi-Tätern kennt ihre Barmherzigkeit, nicht nur in Santiago, kaum Grenzen. Von Biberstein, Kappler, Rauff usw. kennen wir kein Schuldeingeständnis, kein Wort der Reue – sie hatten ja alle nur ihre Pflicht getan. Dies gilt auch für einen Kriegsverbrecher, der noch 1986 in Haft ist: Erich Koch.

Erich Koch, Mitglied der NSDAP seit 1922, Gauleiter von Ostpreußen und Reichskommissar der Ukraine, galt selbst innerhalb der Partei als brutal und selbstherrlich. Sein Terror in der Ukraine provozierte sogar Widerstände in der SS. Er ließ Dörfer samt Frauen und Kindern niederbrennen (»evakuieren«) und ganze Landstriche leermorden.

Nach dem Krieg tauchte Koch mit gefälschten Papieren unter. Er wird erst im Mai 1949 in Schleswig-Holstein von einer britischen Militärstreife festgenommen und Februar 1950 an Polen ausgeliefert. Nicht einmal Oberkirchenrat Hannsjürg Ranke von der Kirchenkanzlei der EKD, der sonst viel Verständnis für Nazi-Täter gezeigt hatte, wollte hier helfen: »Wir sehen uns leider außerstande«, schreibt er November 1949 an das Evangelische Hilfswerk in Stuttgart, »eine Beihilfe zur Verteidigung des Gauleiters Koch zu geben.«[444]

Doch nicht alle sind offenbar dieser Meinung. Am 30. Dezember 1949 schreibt Kochs Rechtsanwältin an Landesbischof Meiser, alle Bemühungen, Kochs Auslieferung zu verhindern, seien vergeblich gewesen. Sie habe deshalb an Kirchenpräsident Niemöller und Bischof Lilje geschrieben, »die sich zugunsten Kochs an den Lordbischof von Chichester gewandt hatten, gleichfalls an Bischof Dibelius, Berlin, der eine Intervention in Aussicht gestellt hatte«.[445]

Kochs Prozeß vor dem Warschauer Bezirksgericht beginnt erst am 19. Oktober 1958 und endet am 9. März 1959 mit einem Todesurteil. Im Urteil wird Koch der Massenmord an polnischen Männern, Frauen und Kindern zur Last gelegt, die Ermordung von Priestern und Ordensleuten und die Deportation der Juden. Es sei unmöglich, meinen die Richter, die Verbrechen in globale Summen zu fassen und sämtliche Vorfälle zu beschreiben.[446] Da sich Koch als todkranker Mann darstellt, wird das Urteil nicht vollstreckt. Die vormals als »Untermenschen« verschrienen Polen handeln damit menschlicher, als es in Kochs Machtbereich üblich war, wo Kranke, Krüppel und Greise »liquidiert« worden waren.

Sterbenskrank kann der grausame Gauleiter jedoch nicht gewesen sein: Im Juni 1986, 27 Jahre nach dem nicht vollstreckten Urteil, bekommt er zu seinem 90. Geburtstag kirchlichen Besuch. Es ist Theodor Schober, von 1963 bis 1984 Präsident des Diakonischen Werkes, ab 1984 Beauftragter der EKD für die Seelsorge an deutschen Kriegsverurteilten in ausländischem Gewahrsam.

Schober hat anschließend in der Kirchenpresse[447] über Koch geschrieben, wer wisse denn schon, daß dieser Mann aus einem frommen Elternhause stamme, CVJM-Mitglied in Wuppertal-Elberfeld, 1933 Präses der ostpreußischen Provinzialsynode, Vizepräsident des Kirchensenats der evangelischen Kirche der Altpreußischen Union und erster Vorsitzender des ostpreußischen Hauptvereins der Gustav-Adolf-Stiftung gewesen sei und bei der Reformationsfeier desselben Jahres im Königsberger Schloßhof seine Rede so abgeschlossen habe: »Ostpreußen wird protestantisch sein, oder es wird nichts sein!«

Der EKD-Beauftragte erklärt zwar, als Seelsorger habe er nicht die Aufgabe, die historische Wahrheit zu erforschen, behauptet jedoch zugleich: »Wer sich heute noch an Erich Koch erinnert, verbindet damit häufig Hinweise auf Greueltaten in diesen heute russischen oder polnischen Bezirken, bleibt aber meist die nachprüfbaren Fakten schuldig, die sich im Einzelfall auf die konkrete Verantwortung Erich Kochs beziehen.«

Ich habe trotz Nachfragen niemanden gefunden, der von der Existenz eines EKD-Beauftragten für die zahllosen Opfer der Nazi-Verbrecher gewußt hätte. Die Evangelische Kirche in Deutschland hat jedoch noch 1986 für nur drei Personen einen Beauftragten: Neben Koch ist Schober für Ferdinand aus der Fünten und Franz Fischer zuständig, die wegen der Deportation holländischer Juden im niederländischen Breda in Haft sind (Rudolf Heß in Spandau durfte von deutschen Pastoren nicht betreut werden).

Koch stirbt am 12. November 1986 im polnischen Gefängnis in Barczewo (Wartenburg). In Theodor Schober war ihm wenige Monate vor seinem Tode ein Mann erschienen, der bereit war, einen der brutalsten NS-Ver-

brecher als frommen Kirchenmann vorzustellen. Da nimmt es nicht wunder, daß es im Rundbrief der »Stillen Hilfe« heißt, mit dem Beauftragten
der EKD stehe man in »guter Verbindung«: »Er besucht die ›Bredaer‹
nach Ausscheiden von Präses Dr. Wilm seit Jahren alle 3 Monate.«[448]
Professor Dr. theol. Theodor Schober hat mir im März 1992 in einem
Leserbrief an die Wochenzeitung »Die Zeit« vorgeworfen, ich zitierte ihn
tendenziös. »Warum verschweigt er«, klagt er dort über mich, »daß ich...
an der historischen Schuld Kochs keinen Zweifel gelassen habe, die er auf
sich geladen hat, indem er die rechtzeitige Räumung Ostpreußens und
damit die Rettung tausender Menschen vereitelte?« Die Verantwortung
Kochs für Verbrechen in der Ukraine erwähnt der EKD-Beauftragte mit
keinem Wort.

»Der Beauftragte der EKD für die Seelsorge an deutschen Kriegsverurteilten, Theodor Schober, durfte zum 90. Geburtstag den ehemaligen Gauleiter von Ostpreußen und Reichskommissar für die Ukraine,
Erich Koch, im Gefängnis Wartenburg bei Allenstein besuchen...
Aus einem frommen Wuppertaler Elternhaus stammend und durch
die CVJM-Mitgliedschaft geprägt, wollte er nicht nur ein stramm na-
tionalsozialistisch ausgerichtetes Ostpreußen, sondern eine starke,
einheitliche evangelische Kirche. Mit diesem Ziel konnte er der anti-
kirchlichen Propaganda nach der Machtergreifung entgegentreten
und sich anfangs sogar mit der Bekennenden Kirche Ostpreußens ar-
rangieren.«

Ostkirchliche Information 1986/Nr. 10, hrg. vom Ostkirchenausschuß der
EKD.

Die letzten Häftlinge in »ausländischem Gewahrsam«, Ferdinand aus der
Fünten und Franz Fischer, werden im Januar 1989 aus der Haft entlassen,
sterben im selben Jahr. Die »Stille Hilfe« zum Tode des zuletzt gestorbe-
nen Franz Fischer: »aus fast 44jähriger Kriegsgefangenschaft abberufen
zur großen Armee.«[449]
In der Bundesrepublik hat es offiziell nie Kriegsverbrecher gegeben: Die
Bundesregierung mußte die Urteile der alliierten Gerichte zwar dulden,
erkannte sie aber nicht an. Die Strafen wurden zum größten Teil nicht
einmal in die Strafregister eingetragen.[450]
So galten selbst Massenmörder als unbescholtene Bürger.

Epilog

Am 28. November 1990 besuchte ich einen evangelischen Pfarrer, der im War Criminal Prison in Landsberg Dienst getan hatte. Ich wollte wissen, warum sich die Kirchen gerade für die Kriegsverbrecher so vehement eingesetzt hatten.

»Um Gerechtigkeit herzustellen«, sagte er, »damals hieß es doch: Wehe den Besiegten.«

»Aber es waren doch furchtbare Massenmörder darunter«, war mein Einwand. »Denken Sie an Eisele. Er war einer der schlimmsten KZ-Ärzte. Was er gemacht hat, konnten Sie schon 1946 bei Kogon nachlesen.«

»Sie meinen sein Buch ›Der SS-Staat‹?«

»Ja«, antwortete ich.

»Das ist doch sehr tendenziös«, beschied er mich.

Ich bin mir nicht sicher, ob er das Buch jemals gelesen hat.

Dennoch unternahm ich einen zweiten Versuch, erzählte, wie Mrugowski in Sachsenhausen die Häftlinge mit der vergifteten Munition beschießen ließ.

»Ein erpreßtes Geständnis«, wandte er ein.

»Nein«, sagte ich, »er hat den Versuch genau protokolliert. Der Bericht ist erhalten. Das Dokument hat ihn überführt.«

»Wenn Sie es behaupten ...«, meinte er, redete jedoch nicht weiter.

Ich erklärte ihm, daß ich mit Menschen befreundet bin, die als Behinderte oder psychisch Kranke einigen der in Landsberg Inhaftierten zum Opfer gefallen wären. Ich fragte, warum die Kirche und er persönlich sich dermaßen für die Täter eingesetzt hätten und nicht für die Opfer, zum Beispiel die Zwangssterilisierten.

»Ich verstehe es nicht«, sagte ich, »wissen Sie eine Erklärung?«

Ich bekam keine Antwort, wußte lange auch keine Antwort. Es dauerte Monate, bis ich begriff: Die Motive hatte ich doch selbst in Büchern, Artikeln, Filmen beschrieben.

Ich mußte an die Kranken und Behinderten denken, die von Kirchenvertretern als »Minderwertige« verschrien worden waren. An die Armen auf der Landstraße, die man als Ungeziefer verteufelte. An Sozialdemokraten und Kommunisten, deren KZ-Haft mit klammheimlicher Freude vermerkt wurde. An den Überfall auf Rußland, der als Kreuzzug gegen das jüdisch-bolschewistische System begrüßt worden war. An die Juden, deren Verfolgung Kirchenvertreter zu Beginn des »Dritten Reiches« gerechtfertigt und zu deren Vernichtung sie geschwiegen hatten.

Gewiß, es gab nicht nur kirchliche Mitläufer, Mittäter, Täter. Es gab Christen, die Unrecht wehrten, Verfolgte schützten. Viele wurden deshalb selbst benachteiligt und verfolgt, einige büßten mit ihrem Leben. Dankbar denken wir an sie. Sie machen uns Mut, daß Menschen auch dann Menschen beistehen, wenn diese zur Verfolgung freigegeben sind.

Richtig ist, daß die Kirchen unter den Nazis zu leiden hatten. Doch ich will nicht vertuschen, daß Kirchenführer und Nationalsozialisten dieselben Feindbilder hatten, das Menschenbild über Kranke, Behinderte, Homosexuelle, Zigeuner, Polen, Russen, Juden teilten. Sie waren Kumpane im Geiste. Das erklärt die Nähe zu den Tätern und die Ferne zu den Opfern. Wenn Kirchenführer Nazi-Verbrechen verharmlosten oder leugneten, verharmlosten und leugneten sie ihre eigene Beteiligung. Wenn sie Nazi-Verbrechern halfen, halfen sie sich selbst, denn: Waren die in Nürnberg und Dachau Angeklagten keine Verbrecher, konnten sie nicht Komplizen gewesen sein.

Nazi-Repräsentanten und Massenmörder werden noch heute als politisch Verfolgte ausgegeben. Kirchenrat Horst Keil am 15. März 1992 im *Evangelischen Gemeindeblatt für Württemberg*: »Was der württembergische Landesbischof damals getan hat, das tut heute ›amnesty international‹, nämlich der Mund der Stummen zu sein und gegen Unrecht anzugehen...«

Abkürzungen

AOK	Armeeoberkommando
BA	Bundesarchiv Koblenz
CIC	(Army) Counterintelligence Corps
EK	Einsatzkommando
EKD	Evangelische Kirche in Deutschland
EZA	Evangelisches Zentralarchiv in Berlin
g.	geheim(e)
Gen.	Generalia
GStA	Generalstaatsanwaltschaft
HHSF	Höherer SS- und Polizeiführer
IfZ	Institut für Zeitgeschichte, München
Kdos.	Kommandosache
LKA	Landeskirchenamt
LKR	Landeskirchenrat
MdB	Mitglied des Bundestages
OKR	Oberkirchenrat
OKW	Oberkommando der Wehrmacht
Pg.	Parteigenosse
SK	Sonderkommando
SS-WVHA	SS-Wirtschafts- und Verwaltungshauptamt
StA	Staatsanwaltschaft
ZSt	Zentrale Stelle der Landesjustizverwaltungen in Ludwigsburg

Literatur

Akten Bischöfe: Akten Deutscher Bischöfe über die Lage der Kirche 1933–1945, Bd. VI. Bearbeitet von Ludwig Volk. Mainz 1985.

Akten Faulhaber: Akten Kardinal Michael von Faulhaber 1917–1945, Bd. II, Bearbeitet von Ludwig Volk. Mainz 1978.

Angermund, Ralph: Deutsche Richterschaft 1919–1945. Frankfurt am Main 1990 (Fischer Taschenbuch Nr. 10238).

Baldwin-Bericht: Bericht des Unterausschusses des U.S. Senatsausschusses für die bewaffneten Streitkräfte. In Sachen: Untersuchung der Malmedy-Morde. Senatsausschuß bestehend aus den Senatoren Raymond E. Baldwin (Vorsitzender), Estes Kefauver und Lester C. Hunt. BA, B 305/143.

Barbie-Bericht: U.S. Department of Justice, Criminal Division: Klaus Barbie and the United States Government. A Report to the Attorney General of the United States. August 1983 (Submitted by Allan A. Ryan, Jr., Special Assistant to the Assistant Attorney General).

Benz, Wolfgang (Hg.): Rechtsextremismus in der Bundesrepublik. Frankfurt am Main 1989 (Fischer Taschenbuch Nr. 4446).

Buscher, Frank M.: The U.S. war crimes trial program in Germany. New York/Westport, Connecticut/London 1989.

Credo. Mein Weg zu Gott. Von General der Waffen-SS a. D. Oswald Pohl. Landshut 1950.

Dallin, Alexander: Deutsche Herrschaft in Rußland 1941–1945. Eine Studie über Besatzungspolitik. Königstein (Taunus)/Düsseldorf 1981.

Ferencz, Benjamin B.: Lohn des Grauens. Die Entschädigung jüdischer Zwangsarbeiter – Ein offenes Kapitel deutscher Nachkriegsgeschichte. Frankfurt am Main/New York 1986.

Gilbert, Gustave M.: Nürnberger Tagebuch. Gespräche der Angeklagten mit dem Gerichtspsychologen. Frankfurt am Main 1987 (Fischer Taschenbuch Nr. 1885).

Hilberg, Raul: Die Vernichtung der europäischen Juden, Band 1–3. Frankfurt am Main 1990 (Fischer Taschenbücher Nr. 10611–10613).

Hudal, Alois: Römische Tagebücher. Lebensbeichte eines alten Bischofs, Graz–Stuttgart 1976.

Judenverfolgung in Italien, den italienisch besetzten Gebieten und in Nordafrika. Dokumentensammlung vorgelegt von der United Restitution Organization in Frankfurt am Main, 1962.

Kempner, Robert M. W.: Ankläger einer Epoche. Lebenserinnerungen. In Zusammenarbeit mit Jörg Friedrich. Frankfurt am Main/Berlin 1986.

Klee, Ernst: Die SA Jesu Christi. Die Kirchen im Banne Hitlers. Frankfurt am Main 1989 (Fischer Taschenbuch Nr. 4409).

Derselbe: Was sie taten – Was sie wurden. Ärzte, Juristen und andere Beteiligte am Judenmord. Frankfurt am Main 1986 (Fischer Taschenbuch Nr. 4364).

Derselbe: »Euthanasie« im NS-Staat. Die »Vernichtung lebensunwerten Lebens«, Frankfurt am Main 1983 (Fischer Taschenbuch Nr. 4326).

Derselbe/Willi Dreßen (Hg.): »Gott mit uns«. Der deutsche Vernichtungskrieg im Osten. Frankfurt am Main 1989.

Derselbe/Willi Dreßen/Volker Rieß (Hg.): »Schöne Zeiten«. Judenmord aus der Sicht der Täter und Gaffer. Frankfurt am Main 1988.

Kogon, Eugen: Der SS-Staat. Das System der deutschen Konzentrationslager. München 1979.

Krausnick, Helmut/Wilhelm, Hans-Heinrich: Die Truppe des Weltanschauungskrieges. Die Einsatzgruppen der Sicherheitspolizei und des SD 1938–1942. Stuttgart 1981.

La-Vista-Bericht: Vincent La Vista: Illegal Emigration Movements in and Through Italy, FW 800.0128/5-1547, Record Group 59, National Archives, Washington D.C.

Maser, Werner: Nürnberg. Tribunal der Sieger. Düsseldorf–Wien 1977.

Messerschmidt, Manfred: Die Wehrmacht im NS-Staat. Zeit der Indoktrination. Hamburg 1969.

Mitscherlich, Alexander und Mielke, Fred (Hg.): Medizin ohne Menschlichkeit. Dokumente des Nürnberger Ärzteprozesses. Frankfurt am Main 1978 (Fischer Taschenbuch Nr. 2003).

Müller, Ingo: Furchtbare Juristen. Die unbewältigte Vergangenheit unserer Justiz. München 1989.

Müller-Hill, Benno: Tödliche Wissenschaft. Die Aussonderung von Juden, Zigeunern und Geisteskranken 1933–1945. Reinbek 1984.

Nationalsozialistische Justiz und Todesstrafe. Eine Dokumentation zur Gedenkstätte in der Justizvollzugsanstalt Wolfenbüttel. Herausgeber: Niedersächsisches Justizministerium in Zusammenarbeit mit der Presse- und Informationsstelle der Niedersächsischen Landesregierung. Hannover 1990.

Reitlinger, Gerald: Die Endlösung. Hitlers Versuch der Ausrottung der Juden Europas 1939–1945. Berlin 1979.

Rückerl, Adalbert: NS-Verbrechen vor Gericht. Versuch einer Vergangenheitsbewältigung. Heidelberg 1984.

Schwartz, Thomas Alan: Die Begnadigung deutscher Kriegsverbrecher. John J. McCloy und die Häftlinge in Landsberg. Vierteljahrshefte für Zeitgeschichte, Nr. 3/1990.

Sereny, Gitta: Am Abgrund. Eine Gewissenserforschung. Gespräche mit Franz Stangl, Kommandant von Treblinka, und anderen. Frankfurt am Main/Berlin/Wien 1980.

Sigel, Robert: Im Interesse der Gerechtigkeit. Die Dachauer Kriegsverbrecherprozesse 1945–1948. Manuskript, 1990.

Simpson, Christopher: Der amerikanische Bumerang. NS-Kriegsverbrecher im Sold der USA. Wien 1988.

Stehle, Hansjakob: Pässe vom Papst? Warum alle Wege der Ex-Nazis nach Südamerika über Rom führten. DIE ZEIT, Nr. 19/1984.

Streim, Alfred: Die Behandlung sowjetischer Kriegsgefangener im »Fall Barbarossa«. Eine Dokumentation. Heidelberg/Karlsruhe 1981.

Streit, Christian: Keine Kameraden. Die Wehrmacht und die sowjetischen Kriegsgefangenen 1941–1945. Stuttgart 1978.

Vollnhals, Clemens: Evangelische Kirche und Entnazifizierung 1945–1949. Die Last der nationalsozialistischen Vergangenheit. München 1989.

Wistrich, Robert: Wer war wer im Dritten Reich? Ein biographisches Lexikon. Anhänger, Mitläufer, Gegner aus Politik, Wirtschaft und Militär, Kunst und Wissenschaft. Frankfurt am Main 1987 (Fischer Taschenbuch Nr. 4373).

Zentner, Christian und Bedürftig, Friedemann (Hg.): Das große Lexikon des Dritten Reiches. München 1985.

Dieselben: Das große Lexikon des Zweiten Weltkriegs. München 1988.

Anmerkungen

1 Trotz aller Hilfe sterben in den nächsten Monaten allein in Bergen-Belsen noch 13000 Häftlinge an den Folgen der Haft.
2 Akten Faulhabers, S. 1047 ff. Ähnlich auch ein Brief vom 17. Mai 1945 an Pius XII., ebd., S. 1059 ff.
3 Simpson, S. 216.
4 Schreiben vom 9. 6. 1945. Akten Faulhabers, S. 1069 f. Tiso wird 1947 in Preßburg hingerichtet.
5 Akten Faulhabers, S. 1072, Herausgeber Volk gibt als Datum an: »nach 18. Juni 1945«.
6 Das Niemöller-Interview stammt vom 5. 6. 1945. Näheres siehe Vollnhals, S. 13. Das Buch von Vollnhals ist nachdrücklich zu empfehlen, denn es ist ohne den Rechtfertigungsdruck kirchlicher Autoren geschrieben.
7 Akten Bischöfe, S. 532 ff.
8 LKA Nürnberg, Personen XXXVI, Nr. 65.
9 Brief Wittmanns an den vermittelnden Traunsteiner Pfarrer Nicol vom 3. 8. 1945. LKA Nürnberg, Personen XXXVI, Nr. 65.
10 Vollnhals, S. 123.
11 Ebd., S. 125 f.
12 Akten Bischöfe, S. 380 ff.
13 Ebd., S. 579.
14 Ebd., S. 585 ff.
15 Ebd., S. 611.
16 Eingabe Dietz vom 27. 7. 1945 an amerikanische Militärregierung. Ebd., S. 612 ff.
17 Eingabe Ehrenfrieds vom 5. 9. 1945 an US-Militärregierung. Ebd., S. 729.
18 Vollnhals, S. 55.
19 Ebd., S. 75.
20 Akten Bischöfe, S. 671 ff.
21 Neben dem Stuttgarter Schuldbekenntnis gibt es noch ein »Wort des Bruderrates der Evangelischen Kirche in Deutschland zum politischen Weg unseres Volkes« vom 8. 8. 1947. Darin heißt es: »Wir sind in die Irre gegangen, als wir begannen, den Traum einer besonderen deutschen Sendung zu träumen, als ob am deutschen Wesen die Welt genesen könne.« Und weiter: »Wir haben es unterlassen, die Sache der Armen und Entrechteten... zur Sache der Christenheit zu machen.« Diese Stellungnahme ehemaliger Kirchenführer der Bekennenden Kirche (auch »Darmstädter Wort« genannt) hat seinerzeit innerkirchlich für viel Wirbel gesorgt. Es wurde jedoch nur von 12 der 43 Mitglieder verabschiedet. Siehe: Bertold Klappert: Bekennende Kirche in ökumenischer Verantwortung. Die gesellschaftliche und ökumenische Bedeutung des Darmstädter Wortes. München 1988.

22 Die Hintergründe habe ich in meinem Buch »Die SA Jesu Christi« eingehend
    dargestellt.
23 Vollnhals, S. 174. Der Fall Ziegler ist geschildert in einer Stellungnahme zu
    diesem Buch, das Kirchenrat i. R. Max Tratz am 11. 2. 1992 an das Ev.-Luth.
    Landeskirchenamt in München verfaßt hat. Meiser habe ihn nicht eingestellt,
    aber Niemöller. Ziegler wurde später vom Konfessionskundlichen Institut in
    Bensheim u. a. als Berichterstatter über das Konzil nach Rom geschickt.
24 Vollnhals, S. 75.
25 Ebd., S. 93.
26 Wurm am 28. 11. 1946 auf der Württembergischen Landessynode. Ebd.
27 Die Stellungnahme trägt das Datum vom 30. 4. 1946 und befindet sich als Ko-
    pie im Historischen Archiv des Erzbistums Köln, Gen. 23.23 a, 8.
28 Fritzsche (laut Der Spiegel, Nr. 5/1947) am 30. 1. 1947 vor der Spruchkam-
    mer. Fritzsche meinte danach weiterhin, man solle ihn nicht mundtot machen,
    denn er sei wie kein zweiter dazu berufen, die noch nicht zur Demokratie
    bekehrten Deutschen zu belehren, da er den Weg eines gläubigen Nationalso-
    zialisten bis zum Ende gegangen sei.
29 Die ist in den beiden Büchern »Schöne Zeiten« und »Gott mit uns« ausführ-
    lich beschrieben und mit zahlreichen Fotos belegt.
30 LKA Nürnberg, Personen XXXVI, Nr. 65.
31 Schreiben vom 7. 1. 1946. LKA Nürnberg, Personen XXXVI, Nr. 246.
32 Brief vom 27. 6. 1946. LKA Nürnberg, Personen XXXVI, Nr. 246.
33 Die Erklärung ist am 16. 11. von der Tochter des NSDAP-Kreisleiters Meiser
    mit dem Kommentar zugeleitet worden, ihr Vater sei ein erbitterter Feind der
    Nazis gewesen. LKA Nürnberg, Personen XXXVI, Nr. 246.
34 Brief der im Lager Hammelburg internierten Beamten vom 12. 4. 1947. LKA
    Nürnberg, LKR 3006.
35 Brief vom 2. 5. 1947 an Meiser. LKA Nürnberg, LKR 3006.
36 Brief vom 6. 10. 1947. EZA 2/250.
37 LKA Stuttgart, D1/278.
38 Kurt Meier. Der evangelische Kirchenkampf. Gesamtdarstellung in drei Bän-
    den. Band 1: Der Kampf um die »Reichskirche«. Göttingen 1984, S. 66; 445.
39 Bericht vom 6. 12. 1946. LKA Stuttgart D1/278.
40 Zur Rolle Villingers s. Klee: Was sie taten – Was sie wurden, S. 170 f.
41 Vertraulicher Bericht des deutschen Lagerleiters in Dachau, vom Münchener
    Kreisdekan Oskar Daumiller zu den Akten des bayerischen Landeskirchen-
    rats gegeben. Titel des Berichts vom 15. 5. 1947: »Niederschrift über eine Be-
    sprechung mit Oberkirchenrat Daumiller am 14. Mai 1947«. LKA Nürnberg,
    LKR 3005.
42 EZA 2/228.
43 Der Bericht hat den Titel »Moosburg 1945/46«, der Autor ist nicht genannt.
    LKA Nürnberg, LKR 3006.
44 Die Predigt des Benediktinerpaters wurde am 8. 6. 1947 im Internierungslager
    Moosburg gehalten und befindet sich u. a. im Nachlaß Wurm. LKA Stuttgart,
    D1/278.
45 Sereny, S. 352.
46 Ebd., S. 354.

47 Eichmann: How I escaped, eine Artikelserie, die Eichmann exklusiv für das englische Blatt »The People« verfaßt hat. Das Zitat stammt aus der Ausgabe vom 14.5.1961.

48 Aussage Bohnes vom 8.10.1959, Kriminalhauptstelle Tübingen, Az. II D 1 – 6199/59/Ba.

49 Friedwart Maria Rudel hat mir freundlicherweise eine Kopie zur Verfügung gestellt. Das Buch ist nur in Argentinien erschienen. Friedwart Maria Rudel, ein Neffe des berühmtesten deutschen Kampffliegers, hat seine persönliche Auseinandersetzung in einem Buch veröffentlicht: Sturzzeit. Mönchengladbach 1990.

50 Rudel, Zwischen Deutschland und Argentinien, Buenos Aires o.J., S. 44.

51 Ebd.

52 Ebd.

53 Bericht des CIC-Sonderagenten Leo J. Pagmotta, Anhang B des La-Vista-Berichtes.

54 Zeitzeugen erinnern sich noch heute an Bayers Erzählungen, wie er in den Vatikan geflohen sei und sich nachts abgeseilt habe. Gespräch mit Dr. Gisbert Knopp (Kurat der Anima) am 17.11.1990 in Rom.

55 Siehe Stehle: Pässe vom Papst?

56 La-Vista-Bericht.

57 Simpson, S. 206.

58 Dallin, S. 670.

59 Simpson, S. 219.

60 Ebd., S. 207f. Der General der ukrainischen Waffen-SS Pavlo Schandruck, eine Marionette von Hitlers Gnaden, arbeitete nach dem Krieg für den britischen und den amerikanischen Geheimdienst. Er reist 1949 unter falschem Namen in die USA ein und lebt dort später unter seinem richtigen Namen.

61 Barbie-Bericht.

62 Simpson, S. 224.

63 Reitlinger, S. 416.

64 Barbie-Bericht.

65 Simpson, S. 225ff.

66 Ebd., S. 227f.

67 Barbie-Bericht.

68 Stehle.

69 Ebd.

70 Franz Wasner: Torso aus der Anima. Zu Bischof Hudals Memoiren. Theologisch-praktische Quartalsschrift, Heft 1/1978. Wasner ist Hudals dritter Nachfolger im Amt des Rektors.

71 Hudal, S. 21.

72 Stehle.

73 Hudal, S. 229.

74 Heinemann empfiehlt Ludwig Bischof Hudal »mit bestem Gewissen«, wie einem Schreiben vom 31.3.1947 zu entnehmen ist. Er schätze ihn als ehrenhaften und zuverlässigen Menschen. Handschriftlich (wohl von Hudal) hinzugefügt ist der Name Walter Füting. Ich habe das Dokument bei Dreharbeiten für eine Fernseh-Dokumentation im November 1990 abfilmen lassen.

75 Der Heinemann-Brief ist am 16.11.1946 verfaßt. Dank zu sagen habe ich meinem Kollegen Hansjakob Stehle, der mir Einblick in seine Unterlagen gegeben hat.

76 Der Nix-Brief stammt vom 18.2.1946.

77 Anhang B des La-Vista-Berichtes.

78 Stehle.

79 Brief vom 23.4.1948.

80 Brief vom 29.4.1948 (Az.: 13119/C-6-3630-4109) samt zwei Anlagen, unterzeichnet von Rechtsanwalt Rosetti.

81 Brief vom 24.3.1949.

82 Die »armen Landsleute« waren am 16.10.1948 von einem italienischen Kriegsgericht verurteilt worden, weil sie auf der zuvor von den Italienern besetzten Insel Rhodos italienische Internierte hatten erschießen lassen. Die Strafen: 15 Jahre Haft für Generalmajor Dr. h. c. Otto Wagener, 10 Jahre für Major Herbert Nicklas, 12 Jahre für Hauptmann Walter Mai und 9 Jahre Haft für den Gefreiten Felten, Wageners Bursche. Bericht der StA Krefeld vom 14.1.1955, 7 Js 551/52.

83 Brief vom 24.9.1949. BA B 305/403 wie alle folgenden Dokumente.

84 Brief Wageners vom 25.7.1951 an den Staatssekretär des Auswärtigen Amtes, Hallstein.

85 Nach den Ermittlungen der StA Krefeld und den Berichten im »Spiegel« war Wagener Ende 1944 zum »Kommandant Ost-Ägäis« und zum General ernannt worden. Er befehligte rund 6000 Mann, etwa die Hälfte davon Strafsoldaten der »Bewährungseinheiten 999«. Da die englische Flotte den Seeweg beherrschte, saß Wagener auf der Insel Rhodos, die er zur belagerten Festung erklärt hatte, fest. Als Festungskommandant läßt Wagener Internierungslager und das »KZ Calitea« errichten. Augenzeugen berichten von Mißhandlungen und Erschießungen. Der Spiegel am 14.2.1951: »März und April 1945 wurden 1300 Todesurteile vollstreckt... Auch der Diebstahl eines Kohlkopfes oder eine unbedachte kritische Äußerung kostete den Tod.«

86 Das Hilfswerk der EKD, Zentralbüro: Deutsche Gefangene in Italien, Stuttgart, den 26.3.1950. LKA Stuttgart, D1/285.

87 Sereny, S. 320.

88 Die nicht eigens gekennzeichneten Dokumente stammen aus Hudals Archiv. Mein Kollege Stehle hat in den achtziger Jahren dort ohne Schwierigkeiten Einblick nehmen können. Wir haben die Anima im November 1990 gemeinsam besucht. Nach schwierigen Diskussionen konnten wir unter Aufsicht des jetzigen Rektors der Anima, Dr. Johannes Nedbal, Archivbestände nach unserer Wahl einsehen.

89 Siehe Anm. 88.

90 Hansjakob Stehle: Bischof Hudal und SS-Führer Meyer, in: Vierteljahrshefte für Zeitgeschichte, Nr. 2/1989.

91 Brief Meyers vom 3.2.1947 an Hudal.

92 Brief vom 7.4.1947.

93 Brief vom 6.10.1949.

94 Schreiben vom 4.10.1949 an »Herrn Dr. Waldemar Meyer, i. Fa. Stein Exp.-Imp.-Großh., München«.

 95 Stehle, s. Anm. 90.
 96 LKA Stuttgart, D1/295.
 97 Brief vom 2.1.1952.
 98 Die Dokumente sind Bestandteil des Verfahrens Ks 2/63 GStA Frankfurt am
    Main gegen Professor Werner Heyde, Hefelmann u. a.
 99 Aussage Hefelmanns vom 15.5.1961, Js 148/60 GStA Frankfurt am Main.
100 Aussage Hefelmanns vom 28.12.1960, ebd.
101 So der spätere Rektor der Anima, Franz Wasner: Torso aus der Anima. Zu
    Bischof Hudals Memoiren, in: Theologisch-Praktische Quartalsschrift, Heft
    1, 1978.
102 Hudal, S. 296.
103 Ebd., S. 298.
104 Stehle.
105 Hudal, S. 298.
106 Ebd., S. 263.
107 Ebd., S. 299.
108 Sereny, S. 322.
109 Werner Brockdorff: Flucht vor Nürnberg. Pläne und Organisation der
    Fluchtwege der NS-Prominenz im »Römischen Weg«. München-Wels 1969,
    S. 165.
110 Befehl des Chefs des Oberkommandos der Wehrmacht vom 16.12.1942 (Ia
    1388/42 g.Kdos.). Siehe: »Gott mit uns«, S. 67f.
111 Die Personenangaben folgen Robert Wistrich: Wer war wer im Dritten
    Reich? Ein biographisches Lexikon.
112 Gustav Krupp von Bohlen und Halbach stirbt am 16.1.1950.
113 Dönitz wird nach genau zehn Jahren 1956 entlassen, stirbt 1980. Neurath
    kommt nach acht Jahren aus gesundheitlichen Gründen frei und stirbt 1956,
    also zwei Jahre später. Schirach und Speer kommen nach genau 20 Jahren
    frei. Von den »Lebenslänglichen« wird Funk 1958 entlassen, er stirbt zwei
    Jahre später. Raeder kommt 1955 frei. Heß, seit 1966 der einzige Häftling in
    Spandau, nimmt sich 1987 in der Haft das Leben. Margarete Speer Ende 1955
    an Oberkirchenrat Ranke: »Wir haben uns sehr gefreut, daß Herr Landes-
    bischof D. Bender sich unserer so freundlich angenommen und das Gnaden-
    gesuch befürwortet hat.« (Brief vom 27.12.1955. EZA, 2/84/KV/40/3,1)
    Speer verbüßt seine Strafe voll, da die Sowjets, die in Nürnberg für die Todes-
    strafe gestimmt hatten, keine vorzeitige Begnadigung zulassen.
114 Das Protokoll befindet sich im Nachlaß Wurm. LKA Stuttgart D1/289.
115 Eckart Dietzfelbinger hat mir freundlicherweise ein Exemplar besorgt. Die in
    Biel/Schweiz veröffentlichte Broschüre enthält keine Autorenangaben,
    nennt auch kein Erscheinungsjahr. Als Urheber kommt aber nur Gerecke in
    Frage.
116 Asmussen in einem Rundschreiben (»Nur für den Dienstgebrauch!«) vom
    29.11.1946 »An die Herren Bischöfe und leitenden Amtsträger«. EZA 2/
    209.
117 Vollnhals, S. 40.
118 Ausführlich in Klee: »›Euthanasie‹ im NS-Staat«.
119 Der Spiegel, 19.5.1949. Milch wird am 17.4.1947 zu lebenslanger Haft verur-

teilt, weil er menschliche Versuchs-Objekte bereitgestellt hatte. Er ist 1954 wieder auf freiem Fuß.

120 Robert Kempner erinnerte sich später, im Frühjahr 1947 sei ein Ukas aus Washington gekommen, es solle finanziell kürzer getreten werden. Zwölf Prozesse seien o. k., weitere Anklagen müßten zusammengelegt werden. So hätten auch Leute in den Prozeß genommen werden müssen, die nicht zum Auswärtigen Amt gehörten: Hans Heinrich Lammers (Chef der Reichskanzler), Lutz Schwerin von Krosigk (Finanzminister), Walter Darré (Landwirtschaftsminister), Walter Schellenberg (Chef des Geheimdienstes), Wilhelm Stuckart (Staatssekretär im Innenministerium), Otto Dietrich (Propagandaministerium), Hans Kehrl (Rüstungsministerium) sowie Emil Puhl (Vizepräsident der Reichsbank). Kempners Kommentar: »Es war eine sehr gemischte Verbrechergesellschaft.« Kempner, S. 334.

121 Einen groben Überblick über die Verfahren der Alliierten und im Ausland bietet Adalbert Rückerl, der verstorbene Leiter der Zentralen Stelle der Landesjustizverwaltungen in Ludwigsburg. Er gibt die Zahl der allein von amerikanischen Militärgerichten Angeklagten mit 1941 an (Rückerl, S. 98). Von ihnen werden 1517 verurteilt, 324 zum Tode (Rückerl, S. 98). Diese Zahl ist nicht identisch mit den tatsächlich vollstreckten Todesurteilen. Ein (undatierter) »Statistischer Überblick über die Modifikationsergebnisse der Dachauer Fälle« des Ev. Anstaltspfarramtes Landsberg gibt 1672 Dachauer Fälle an (BA, B 305/33). Schwartz nennt in seinem Aufsatz »Die Begnadigung deutscher Kriegsverbrecher« (S. 378) ebenfalls 1672 Dachauer Fälle und 185 in den zwölf Nürnberger Folgeprozessen Verurteilte.
Die Zahlen-Differenz interessiert in unserem Zusammenhang nicht.

122 Am 22. 1. 1947 wird im Flossenbürg-Prozeß, dem noch 18 kleinere Prozesse nachfolgen, das Urteil gefällt. Von 52 Angeklagten werden Konrad Blomberg, der Leiter der politischen Abteilung, und weitere 14 Angeklagte zum Tode verurteilt. Freigesprochen werden lediglich vier ehemalige Kapos, gegen sechs Beschuldigte war das Verfahren abgetrennt worden.

123 Am 13. 5. 1947 werden fünf Angeklagte zum Tode verurteilt, die im Dachauer Außenlager Mühldorf eingesetzt waren. In Mühldorf waren unter Bewachung der SS und unter Führung der Organisation Todt ab Sommer 1944 Häftlinge zur Flugzeug-Produktion elend verheizt worden.

124 In der Gegend von Nordhausen war im August 1943 unter dem Tarnnamen »Dora« zunächst ein Außenlager des KZ Buchenwald gegründet worden. Die Häftlinge mußten in einem aufgelassenen Salzbergwerk riesige Stollen für ein unterirdisches Rüstungszentrum schlagen. Die Arbeitssklaven arbeiteten in Zwölf-Stunden-Schichten, sieben Tage die Woche. Sie schliefen zunächst auf dem nackten Boden. Es fehlte an sanitären Anlagen, selbst an Nahrung. Etwa 20000 Menschen verendeten an Unterernährung, an der Cholera oder durch Hinrichtung.
Im Oktober 1944 war das Außenlager Dora ein eigenes KZ unter dem Kommandanten Otto Förschner geworden: das »Konzentrationslager Mittelbau«. Eine reichseigene Tarnfirma, die »Mittelwerk GmbH«, produzierte hier Raketen: die als »Wunderwaffen« gepriesenen V 1 und V 2. Im Prozeß sind lediglich vier ehemalige Kapos und 14 SS-Männer angeklagt. Von der Mittelwerk

GmbH steht einzig der Generaldirektor der Tarnfirma, Georg Rickhey, vor
Gericht. Am 30. 12. 1947 werden in Dachau die Strafen verkündet: SS-Obersturmführer Hans Möser, der Schutzhaftlagerführer, wird zum Tode verurteilt (und im November 1948 auch hingerichtet), sieben Angeklagte erhalten
eine lebenslängliche Strafe, sechs eine Zeitstrafe. Georg Rickhey wird freigesprochen. Daß die amerikanischen Strafverfolger von den zigtausend Tätern
so wenige fassen können, hat seinen Grund: Deutsche Rüstungs- und Rake-
tenforscher (der bekannteste ist Wernher von Braun) werden zu Hunderten
heimlich in die USA geholt, um sie für die eigene Forschung zu verwenden.
Diesen Verrat an den Prinzipien der Nürnberger Prozesse hat Christopher
Simpson in seinem Buch »Der amerikanische Bumerang. NS-Kriegsverbrecher im Sold der USA« beschrieben.

125 Am 14. 8. 1947 wird das Urteil im Buchenwald-Prozeß gefällt. Von ursprünglich mehreren zehntausend Verdächtigen sind 31 auf der Anklagebank. Unter
ihnen Ilse Koch, Ehefrau des von den Nazis hingerichteten KZ-Kommandan-
ten, als »Hexe von Buchenwald« weltweit bekannt. Angeklagt ist ebenso Hermann Pister, Kochs Nachfolger als Lagerkommandant und Josias Prinz zu
Waldeck, SS-Obergruppenführer und General der Waffen-SS, der als Höhe-
rer SS- und Polizeiführer in Weimar in das Lager hineinregiert und am Ende
auch die Verantwortung gehabt hatte. Der braune Erbprinz (der für die Hinrichtung von Karl Koch gesorgt hatte) und Ilse Koch werden zu lebensgläncli-
cher Haft verurteilt, 22 Angeklagte – darunter Pister – zum Tode. Der Erbprinz von Waldeck-Pyrmont wird krankheitshalber bereits im September
1950 entlassen. Ilse Koch wird sogar noch früher, Oktober 1949, entlassen.
Der Aufschrei in der amerikanischen Öffentlichkeit wird dadurch gemildert,
daß sich die deutsche Justiz ihrer bemächtigt und sie 1951 in Augsburg erneut
zu lebenslänglich verurteilt (Selbsttötung am 2. 9. 1967).

126 Im Urteil vom 15. 10. 1945 werden zum Tode verurteilt: Verwaltungsdirektor
Alfons Klein, der sich unter dem Namen »Klan« zu verbergen gesucht hatte,
Oberpfleger Heinrich Ruoff und Pfleger Karl Willig. Der ärztliche Direktor
Adolf Wahlmann bekommt lebenslänglich. Die Angeklagten Adolf Merkle,
Philipp Blum und Irmgard Huber werden zu 35, 30 und 25 Jahren Zuchthaus
bestraft (Urteil in: Hadamar-Verfahren der GStA Frankfurt am Main, 4 KLs
7/47, Bd. 3). Das Überprüfungsverfahren ergibt keine mildernden Um-
stände. Die Todesstrafen werden am 14. 3. 1946 vollstreckt.

127 Unter den im ersten KZ-Prozeß in Dachau Verurteilten sind drei ehemalige
Kapos (Fritz Becher, Christof Knoll, Emil Mahl), vier Ärzte (SS-Hauptsturmführer Dr. Hans Eisele, SS-Sturmbannführer Dr. Fritz Hintermayer, SS-
Hauptsturmführer Dr. Fridolin Puhr, SS-Sturmbannführer Dr. Wilhelm Witteler sowie der Tropenmediziner Professor Klaus Schilling, der Häftlinge zu
Malaria-Versuchen benutzt hatte). Der im Büro des Schutzhaftlagerführers
eingesetzte SS-Hauptscharführer Peter Betz wird zu lebenslänglicher Haft
verurteilt, die Wachleute Albin Gretsch (SS-Scharführer), Hugo Lausterer
(SS-Scharführer) und Johann Schöpp (SS-Unterstürmführer) kommen mit 10
Jahren Haft davon. Am 28./29. Mai 1946 werden insgesamt 28 Todesurteile
vollstreckt.

128 Auszug aus der Kriegsverbrecherliste, ZSt Verschiedenes, Heft IV, Band 44.

Peiper wurde 1976 von unbekannten Tätern in seinem Haus in Traves/Frankreich ermordet.

129 Baldwin-Bericht.

130 Solche Scheinzprozesse, etwa zwölf, hat es gegeben. Der Bericht des Unterausschusses: »Im Vernehmungszimmer befand sich ein mit einem schwarzen Tuch bedeckter Tisch, auf dem ein Kruzifix und zwei brennende Kerzen standen. Hinter dem Tisch saßen gewöhnlich zwei oder drei Mitglieder des Untersuchungsstabes für Kriegsverbrechen, die von den Verdachtspersonen als Richter des Gerichts angesehen wurden. ...Zwei Angehörige des Untersuchungsstabes, meist deutschsprechende Leute, begannen dann auf die Gefangenen einzureden, indem der eine sich als Ankläger oder feindseliger Untersuchungsbeamter gab, während der andere sich wie ein Verteidiger oder freundlich gesinnter Untersuchungsbeamter benahm...
Der Untersuchungsausschuß ist überzeugt, daß die Durchführung von Scheinverfahren ein schwerer Mißgriff war. Die Tatsache ihrer Verwendung wurde jedoch von verschiedenen Leuten in so hohem Maße ausgeschlachtet, daß amerikanische Behörden fraglos über Maßen geneigt waren, diesen Fehler bei der Revision aller von Scheinprozessen beeinflußten Fälle zu berücksichtigen. Infolgedessen wurden viele Urteile umgewandelt, die andernfalls nicht geändert worden wären.« Baldwin-Bericht.

131 Ebd.

132 EZA, 2/218.

133 Das Urteil gegen die Süd-Ost-Generäle fällt am 19.2.1948. Am 10.3.1948 folgt das Urteil gegen Angehörige des Rasse- und Siedlungshauptamtes der SS. Am 10.4.1948 wird das Urteil im Einsatzgruppen-Prozeß gefällt. Die Urteile gegen I.G.-Farben und Krupp folgen Ende Juli 1948.

134 Die Eidesstattlichen Versicherungen werden, dem Baldwin-Bericht zufolge, insbesondere von Anwalt Dr. Eugen Leer beigebracht.

135 Ranke-Vermerk und Frings-Vorlage: EZA, 2/236.

136 Brief an McCloy vom 17.11.1949, NA, RG 466, McCloy Papers D49/440a, zitiert nach Thomas Alan Schwartz: Die Begnadigung deutscher Kriegsverbrecher. John J. McCloy und die Häftlinge von Landsberg, in Vierteljahrshefte für Zeitgeschichte, 3/1990, S.384, sowie Brief vom 27.4.1950 an General Handy, NA, RG 338, WCBAF, Box 10. Ebd.

137 Die Rolle Frings' ist beschrieben bei Frank M. Buscher: The U.S. war crimes trial program in Germany, 1946–1955. New York/Westport, Connecticut/London. 1989, S.92ff. Kopie der Eingabe vom 11.3.1948 für die im Malmedy- und im Mühldorf-Fall zum Tode Verurteilten: Bestand MF 260, IfZ, POLAD 800-25. OMGUS. Krupp-Rede: Bericht der Neuen Ruhr-Zeitung vom 17.3.1948 (Historisches Archiv des Erzbistums Köln).

138 Brief vom 31.3.1948. Historisches Archiv des Erzbistums Köln, CR 25.18,9.

139 Brief vom 5.5.1948. LKA Stuttgart, D1/289.

140 Brief vom 15.5.1948. Ebd.

141 Ebd.

142 EZA, 2/233.

143 LKA Stuttgart, D1/289.

144 Gilbert, S. 73.
145 Ebd., S. 74.
146 Brief vom 7.6.1948. LKA Nürnberg, IV 676.
147 Der Brief ist datiert mit »Anfang Juli 1948«. LKA Stuttgart, D1/291.
148 Ebd., D1/290.
149 Schreiben vom 17.10.1948 an den »Herrn Gouverneur 3. C.I.C. Fallingbostel«. Historisches Archiv des Erzbistums Köln, CR 25.18,9.
150 Ebd. sowie EZA 2/234.
151 BA, B 305/33152.
152 Historisches Archiv des Erzbistums Köln, CR 25.18,9.
153 Wurm fordert in einem Offenen Brief an den amerikanischen Außenminister John Foster Dulles am 18.10.1948 die USA auf, »den Hitlergeist auch bei sich selber völlig auszutreiben«. LKA Nürnberg, Bestand Pfarreien III/17, Band 6.
154 Schreiben Greisers vom 19.3.1943 an Himmler. ZSt. USA Film 1, Bild Nr. 92 f.
155 Historisches Archiv des Erzbistums Köln, CR 25.18,9.155.
156 Günther Kimmel: Das Konzentrationslager Dachau, in: Bayern in der NS-Zeit, Band II, hg. von Martin Broszat und Elke Fröhlich. München/Wien 1979, S. 373.
157 Frings-Telegramm an Clay vom 22.10.1948: Bestand MF 260, IfZ 1948/141/1. OMGUS. Montini-Brief an Frings: Historisches Archiv des Erzbistums Köln, CR 25.18,9. Kopie der Eingabe des Staatssekretariats vom 22.10.1948: Bestand MF 260, IfZ, POLAD 800-27. OMGUS.
158 Neuhäusler-Brief an Frings vom 9.11.1948. Historisches Archiv des Erzbistums Köln, CR. 25.18,9. Neuhäusler-Brief vom 27.8.1948 an OMGUS: Frank M. Buscher nach amerikanischen Quellen, a.a.O. S. 94.
159 Historisches Archiv des Erzbistums Köln, CR 25.18,10. Aloisius Muench war 1935 Bischof von Fargo (Norddakota) und 1946 Apostolischer Visitator für Deutschland geworden. Ab 1951 ist er Apostolischer Nuntius in Bonn. Sein Einsatz im Malmedy-Fall ergibt sich u.a. aus einem Memorandum von OMGUS vom 6.8.1948, Bestand MF 260, IfZ, POLAD 800-27. OMGUS.
160 Brief vom 6.11.1948. Ebd., CR 25.18,9.
161 Brief vom 18.2.1948 an Domkapitular Böhler. Ebd., CR 25.18,9.
    Weitere Beispiele von Verteidiger-Post ebenda.
162 So übereinstimmend der Hauptankläger in den Nürnberger Folgeprozessen Telford Taylor, der Chefankläger im Einsatzgruppenprozeß, Benjamin B. Ferencz, und die Journalistin Lea Rosh, die Kranzbühler besuchte. Ferencz, S. 19, 198, 285.
163 Streng vertrauliches Schreiben des Landratsamtes Sulzbach-Rosenberg vom 12.7.1950 an das Bayerische Staatsministerium des Innern. BA, B 305/143.
164 Einen guten Überblick über die Beschäftigung von KZ-Insassen bei Krupp bietet das Buch von Ferencz.
165 Siehe die Erklärung des Oberlagerarztes Dr. Wilhelm Jäger vom 15.10.1945, Nürnberger Dokument 288-D, abgedruckt in »Gott mit uns«, S. 177, und des polnischen Arztes Apolinary Gotowicki vom 13.10.1945,

Nürnberger Dokument 313–D, ebd., S. 181. Dort sind weitere Dokumente zur Behandlung der Krupp-Arbeiter.

166 Ferencz, S. 109.

167 Ebd., S. 197.

168 Ferencz, S. 22.

169 Ferencz schildert in seinem Buch, wie er Friedrich Flick zu einer Entschädigung für die jüdischen Zwangsarbeiter zu bewegen suchte. Häftlinge aus Auschwitz, Dachau, Buchenwald und Groß-Rosen hatten in Munitionsfabriken der Dynamit Nobel AG oder deren getarnten Tochtergesellschaften arbeiten müssen. Flick, einer der Direktoren von Dynamit Nobel, starb 1972 hochbetagt, »ohne den jüdischen KZ-Insassen einen einzigen Pfennig gezahlt zu haben«. Ferencz., S. 212.

170 Brief Dix vom 23.10.1947 an Meiser. LKA Nürnberg, Personen XXXVI, Nr. 228.

171 Hilberg, S. 994.

172 Aktenvermerk vom 13.7.1948. LKA Nürnberg, IV 676.

173 Brief Wittmann vom 2.8.1948, LKA Stuttgart, D1/291.

174 Ferencz, S. 60ff.

175 Kempner, S. 390.

176 »Statistischer Überblick über die Modifikationsergebnisse der Dachauer Fälle«, undatiert, jedoch nach dem 25. Oktober 1951 verfaßt. BA, B 305/33.

177 Brief Werner Hess vom 7.7.1948 an Eckardt. LKA Nürnberg, Pfarreien II/17, Bd. 1.

178 Eckart ist nach eigenen Angaben im Sommer 1935 aus der SA wieder ausgetreten.

179 Hess hatte offenbar einen Befehl »weitergegeben«, wonach ein kriegsgefangener amerikanischer Flieger mißhandelt worden war. In einem Brief vom 7.11.1946 schreibt Hess einem »Kameraden«, gestern sei eine amerikanische Untersuchungskommission bei ihm gewesen. Sie hätten im wesentlichen eigentlich Alles gewußt und nur seine Bestätigung gewollt: »Ich habe nach anfänglichem Leugnen zugegeben, daß die Aufstellung der beiden Reihen vom 2. Stock zum unteren Flur und die unmittelbare Auslösung der Sache durch mich auf Grund des Befehls von Reichelt geschah...« (Nachlaß Rechtsanwalt Dr. Max Rau, Gedenkstätte Dachau).
Soweit ersichtlich, ist Hess wegen »Verletzung der Gesetze und Gebräuche des Krieges« am 5.8.1947 zu sechs Monaten Haft verurteilt worden (undatierte Eingabe des Hess-Anwaltes Rau, ebd.).

180 LKA Stuttgart, D1/291.

181 Die Rolle Boeckhs habe ich in meinem Buch »Die SA Jesu Christi«, S. 180 beschrieben.

182 Boeckhs Freundschaft zu Brandt ist ausführlich dargestellt in meinem Buch »›Euthanasie‹ im NS-Staat«, S. 247f.

183 Ereignismeldung Nr. 38 vom 30.7.1941.

184 LKA Nürnberg. Pfarreien III/17, Band 7.

185 Reitlinger, S. 223.

186 Rundbrief Liselotte v. Salmuth, datiert mit »Ende Mai 1949«. EZA 2/230.

187 Befehl des XXX. Korps der 11. Armee: Kriegstagebuch AOK 11 vom 2.8.1941, Nürnberger Dokument 2963.

188 Liste vom 7.5.1948. EZA, 2/233. – Den ehemaligen Wehrmachtsangehörigen gilt überhaupt die kirchliche Fürsorge. So schreibt Oberkirchenrat Wilhelm Pressel, ein ehemaliges NSDAP-Mitglied (Vollnhals, S. 16), vom Hilfswerk der Evangelischen Landeskirche in Württemberg am 11.8.1947 an den OKR in Stuttgart (»Betr.: Versorgung der ehemaligen Berufssoldaten, der Wehrmachtsbeamten und deren Hinterbliebenen«): »Sie gehören zu der heute am meisten und schwersten sozial herabgedrückten Schicht, in völliger Rechtlosigkeit und wachsender wirtschaftlicher Depression... Wir sehen hier trotz aller Gefahr politischer Verdächtigung, die uns zugleich zu einer möglichst stillen und unauffällig geführten Hilfsarbeit nötigt, eine wichtige und brennende Aufgabe.« EZA 2/210.

189 Schon früher hatte der Abt von Maria Laach, Dr. Ildefons Herwegen, List als »eine geistig hochstehende, vornehme und durchaus christliche Persönlichkeit... unter Ablehnung der nationalsozialistischen Weltanschauung« gerühmt (Erklärung vom 8.6.1946. LKA Stuttgart, D1/308). Der bayerische Landesbischof Hans Meiser bezeugte, List habe »in jeder Weise dem Dienst der Heeresgeistlichen die Wege geebnet« (Erklärung Meiser vom 5.12.1947. LKA Stuttgart, D1/308). List wird Weihnachten 1952 krankheitshalber aus der Haft entlassen.

190 Reitlinger, S. 594.

191 Nürnberger Dokument NOKW-2523, zitiert nach Krausnick/Wilhelm, S. 214.

192 Nürnberger Dokument NOKW-1531, ebd. S. 112.

193 Nürnberger Dokument NOKW-2268, zitiert nach Streit, S. 355.

194 Brief vom 20.1.1949 an den Referenten für kirchliche Angelegenheiten bei der Militärregierung, Herrn Dr. Schwiebert, München. LKA Nürnberg Pfarreien III/17, Band 1.

195 Plakat zu der Veranstaltung »Sport- und Schaukämpfe« vom 29.7.–1.8.1948.

196 Abschrift des Briefes Neuhäuslers vom 6.12.1948 an Clay. LKA Stuttgart, D1/292.

197 Ebd.

198 LKA Nürnberg, Pfarreien III/17, Band 6.

199 Aktenvermerk, ohne Datierung und Verfasser. Handschriftliche Anmerkung: »Zur Übersetzung! Bitte 2–3 Durchschläge! 17.3.49. Rusam.« LKA Nürnberg, Bestand LKR IV 876.
Nach Darstellung des amerikanischen Kriegsministeriums hatte sich der Fall so zugetragen: Mühlbauer sei ein gewöhnlicher Verbrecher, der seit 1939 im Gefängnis sitze. Er schlage seine Mitgefangenen mit Gummischläuchen und Keulen. In einer angeblich geschwollenen Backe habe er geschmuggeltes Geld verborgen. Er habe einen amerikanischen Sergeanten gebissen, der zurückgeschlagen habe. Daraufhin habe ihn ein Korporal eine Stunde lang mit Handschellen an eine Gefängnistür gefesselt. Nationaler Rat für Kriegsverhütung, Washington, Brief vom 26.5.1949 an Meiser, Neuhäusler und Wurm. LKA Nürnberg, Pfarreien III/17, Band 1.

200 Aschenauer, Berater von Weihbischof Neuhäusler wie von Kirchenrat Rusam, über den Vorfall: »Man müsse diesen Fall dazu benützen, um endlich Captain Wilson und seine Sergeanten zu Fall zu bringen.« Aktenvormerkung Rusam vom 23.3.1949. LKA Nürnberg, 676.
201 Ebd.
202 Ev. Pressedienst, Landesdienst Württemberg, vom 23.8.1949.
203 Oberkirchenrat Hannsjürg Ranke von der Kirchenkanzlei der EKD hegt zum Beispiel Argwohn, »in welchem Verhältnis« Aschenauer zu Neuhäusler stehe. Der katholische Völkerrechtler habe ihn als Vertrauensmann von Neuhäusler bezeichnet. Es bestehe ja die Möglichkeit, daß Aschenauer nur deshalb den Namen von Bischof Neuhäusler benützen könne, weil er »öfters zu Bischof Neuhäusler hingeht und mit ihm spricht. Der Umstand, daß seine Kanzlei nicht von Bischof Neuhäusler, sondern von der Inneren Mission bezahlt wird, scheint dafür zu sprechen.« Ranke am 13.6.1949 an den Münchener Kirchenrat Adolf Rusam. EZA 2/235.
204 Aktenvormerkung vom 13.1.1949. LKA Nürnberg, IV 676.
205 Aktenvormerkung vom 9.2.1949. Ebd.
206 Aktenvormerkung vom 10.3.1949. Ebd.
207 So Aschenauer am 28.7.1949 in einem Brief an Fröschmann. In einer »Aktenvormerkung« Rusams vom 11.5.1949 heißt es, er habe heute Herrn Aschenauer mitgeteilt, »daß der Ausschuß des Hilfswerks der Inneren Mission in Nürnberg für das Nürnberger Büro einen Zuschuß von monatlich 300 DM« auf die Dauer eines halben Jahres bewilligt habe (LKA Nürnberg, IV 676). Am 23.5.1949 berichtet Ranke der Kanzlei des Landesbischofs in Hannover: »Er führt gegenwärtig mit Unterstützung des Hauptbüros des Hilfswerks in Nürnberg ein Büro zur Verteidigung von etwa 120 Angeklagten der Dachauer und Nürnberger Prozesse.« EZA 2/235.
208 Fröschmann vom 23.5.1949 an Aschenauer. LKA Stuttgart, D1/293.
209 Malz in einem Brief vom 3.6.1949 an Weeber. Ebd., D1/294.
210 Am 23. Mai 1949 schickt Fröschmann Aschenauer einen Vertrag: Die Herren Fröschmann und Aschenauer hätten am 21. März 1949 in Nürnberg ein Büro errichtet, das am 1.5.1949 seine Tätigkeit aufgenommen habe. Es habe die Aufgabe, alle mit den verschiedenen Kriegsverbrecherprozessen zusammenhängenden Fragen methodisch zu bearbeiten und »eine kostenlose individuelle Sachbearbeitung der Fälle zu ermöglichen und durchzuführen, in denen die Verurteilten oder ihre Angehörigen außerstande sind, Kosten für ihre Vertretung aufzubringen«. Fröschmann beansprucht für sich die organisatorische und anwaltliche Leitung. »Die Finanzierung des Büros erfolgt im Wege von Zuschüssen kirchlicher und anderer Stellen, sowie von Einzelpersönlichkeiten.« Vertrag, undatiert, als Anlage zum Schreiben vom 23.5.1949, LKA Stuttgart, D1/293.
211 Aktenvormerkung Rusam vom 17.6.1949. LKA Nürnberg, IV 676.
212 Brief Fröschmann an Aschenauer vom 25.7.1949. EZA, 2/237.
213 Brief Aschenauers vom 22.12.1949 an Bundesjustizminister Thomas Dehler. Die »Richtlinien« sind als Anlage beigefügt. BA, B 305/140.
214 Brief Aschenauers vom 10.5.1950 an Bundesjustizministerium. BA, B 305/131. Die Zahlenangabe bezieht sich auf das Datum 18.11.1949.

215 Vervielfältigtes Schreiben vom 15.1.1950. BA, B 305/140.

216 Brief Neuhäuslers vom 5.1.1950 an Bundesjustizministerium (BA, B 305/140) sowie Brief Aschenauers vom 10.5.1950 ebenfalls an das Bundesjustizministerium (BA, B 305/31).

217 Brief Aschenauers vom 28.2.1950 (auf einem Briefbogen des Komitees) an Bundesjustizministerium (Herrn Staatsanwalt Wahl). Die Zitate stammen aus dem beigelegten Bericht über Fröschmann.

218 Aktenvermerkung Rusam vom 8.9.1949. LKA Nürnberg, IV 676.

219 Die folgenden Zitate stammen alle aus dem Baldwin-Bericht, S. 16ff.

220 LKA Nürnberg, IV 676.

221 Das Memorandum stammt vom 21.2.1949. EZA 2/234.

222 Kempner, S. 369.

223 Nach eigenen Angaben ist Tondock im Dezember 1943 auf eigenen Wunsch ausgeschieden und Treuhänder der Erbengemeinschaft eines in Rußland gefallenen SS-Führers geworden. Seine Einstellung bei der Inneren Mission sei am 1.12.1948 erfolgt. Aussage vom 11.7.1961, Verfahren 439 AR-Z 340/59, ZSt.

224 Aussage Tondocks vom 25.6.1966. Verfahren VI 117 AR 1878/65, ZSt.

225 Bericht vom 1.7.1947. LKA Stuttgart D1/288.

226 BA, Persönlicher Stab des Reichsführers-SS, NS 19/neu 1642.

227 LKA Stuttgart, D1/294.

228 EHA 2/240.

229 Brief vom 24.6 1949. EZA 2/235.

230 Dr. Karl Hartenstein, 1926 Direktor der Basler Mission und 1941 Prälat des Sprengels Stuttgart geworden, ist seit 1949 Mitglied des Rates der EKD und stellvertretender Vorsitzender des Verwaltungsrates des Hilfswerks der EKD.

231 Vertraulicher Entwurf einer Niederschrift über die Besprechung anläßlich der Übergabe der Denkschrift von OKR Ranke. EZA 2/240.

232 Dr. Otto Dibelius, schon vor 1933 ein überzeugter Antisemit, ist von 1949 bis 1961 Vorsitzender des Rates der EKD.

233 Nicht die Rede ist davon, daß es in Nürnberg ganze Seilschaften gegeben hat, die Zeugen zugunsten der Angeklagten instruierten und Aussagen abstimmten. Kempner: »Dazu gehörte auch, daß gewisse Kreise von Zeugen sich schon am Bahnhof in Nürnberg von einem im Gerichtssaal als Zuhörer herumsitzenden Kollegen ihre Sprachregelung holten. Wir... wunderten uns zunächst, daß der oben beschriebene Zeuge schon jede Frage vorher wußte, die überhaupt gestellt werden konnte.« Kempner, S. 228.

234 LKA Nürnberg, Bestand Pfarreien III/17, Band 8.

235 Ebd.

236 LKA Stuttgart, D1/291. Sowie Auskunft Mahn- und Gedenkstätte Buchenwald vom 23.11.1990.

237 Schumachers Bericht an die hessen-nassauische Kirchenleitung stammt vom 17.2.1949 und fußt auf den Aussagen der bei der Hinrichtung nicht anwesenden Ehefrau. LKA Stuttgart, D1/298.

238 Aktenvermerkung Rusam vom 2.3.49, LKA Nürnberg, IV/676.

239 Ebd.

240 Aus den Papieren des Euthanasie-Funktionärs Dietrich Allers, Kandidat der Sozialistischen Reichspartei im Niedersächsischen Landtagswahlkampf 1951. Verfahren Ks 2/66 GStA Frankfurt am Main.

241 LKA Stuttgart, D1/293.

242 Ebd.

243 Aktenvormerkung Rusam vom 10.3.1949. LKA Nürnberg, IV/676.

244 Ein Exemplar der EKD-Denkschrift befindet sich im Nachlaß Wurms.

245 Kogon, S. 147.

246 Der Bericht vom 12.9.1944 ist als Geheime Kommandosache an das Kriminaltechnische Institut, zu Händen von Herrn Dr. Widmann gerichtet.

247 Vorsitzender der Kommission ist David W. Peck, Präsident der Berufungskammer der ersten Abteilung des Obersten Gerichtshofes des Staates New York. Mit im Ausschuß ist Frederick A. Moran, Vorsitzender des Gnadenausschusses in New York und General Conrad E. Snow, Rechtsberater im amerikanischen Außenministerium.
Im August 1959 erhöht McCloy den Strafrabatt, den er im Dezember 1949 eingeführt hatte, von 5 auf 10 Tage pro Monat. General Thomas T. Handy, der Oberkommandierende der US-Army in Europa und für die »Dachauer« Fälle zuständig, übernimmt McCloys Regelungen.

248 Gemeint sind Hans Speidel, Rommels letzter Generalstabschef, und der ehemalige General Adolf Heusinger, der bei der Planung des Überfalls auf Rußland Leiter der Operationsabteilung im Oberkommando des Heeres gewesen war. Aussage Heusinger vom 21.6.1965 im Verfahren gegen Callsen u. a. (Sonderkommando 4a), Js 4/65 GStA Frankfurt am Main. Messerschmidt, S. 399.

249 Schwartz, S. 394f.

250 Kempner schildert das Treffen in seinem Buch »Ankläger einer Epoche«, S. 394. Die weiteren Teilnehmer sind Heinrich Höfler, Carlo Schmid, Jakob Altmeier, Hans von Merkatz und Staatssekretär Walter Strauß.

251 Schwartz, S. 400.

252 Ebd., S. 394.

253 Brief vom 23.1.1951. LKA Stuttgart, D1/245.

254 Eidesstattliche Erklärung vom 25.7.1948. Ebd., D1/313.

255 Kempner, S. 340.

256 Nürnberger Dokument, 1816-PS.

257 Brief vom 23.9.1947. LKA Nürnberg, 2 KR 3005. – Krosigk war am 11.4.1949 zu 10 Jahren Gefängnis verurteilt worden. Eine Woche später, am 19.4.1949, besucht Rechtsanwalt Dr. Stefan Fritsch Kirchenrat Rusam. Er übermittelt den besonderen Dank des Grafen für die Entsendung eines Vertreters des Landesbischofs zur Urteilsverkündigung und bittet, der Landesbischof möchte so rasch als möglich ein Gnadengesuch an General Clay einreichen. Landesbischof D. Lilje habe bereits zugesagt. Rusam erklärt dem Anwalt, auch Meiser habe bereits erklärt, ein Gnadengesuch einzureichen (Aktenvormerkung Rusam vom 19.4.49). Krosigk ist 1977, fast 90 Jahre alt, in Essen gestorben.

258 Reitlinger, S. 352.

259 Nach Kempner behauptete Ernst Freiherr von Weizsäcker zunächst, das

Auswärtige Amt habe mit Judensachen nichts zu tun gehabt. Kempner zeigte ihm daraufhin das mit einem Handzeichen Weizsäckers versehene Protokoll der Wannsee-Konferenz vom 20.1.1942, auf der die »Endlösung der europäischen Judenfrage« besprochen und rund 11 Millionen Juden als Opfer benannt worden waren.
Als Vertreter des Reichsaußenministeriums hatte Dr. Martin Luther an der Konferenz teilgenommen und gefordert, daß alle das Ausland betreffenden Fragen vorher mit dem Auswärtigen Amt abgestimmt werden müßten, »was Gruppenführer Heydrich zusagte und auch loyal gehalten hat, wie überhaupt die für Judensachen [!] zuständige Dienststelle des Reichssicherheitshauptamtes von Anfang an alle Maßnahmen in reibungsloser Zusammenarbeit mit dem Auswärtigen Amt durchgeführt hat. Das Reichssicherheitshauptamt ist auf diesem Sektor in nahezu übervorsichtiger Form vorgegangen.« Fernschreiben Luthers vom 21.8.1942 an den Gesandten Emil Otto Paul von Rintelen im Feldquartier Feldmark. Nürnberger Dokument NG 2586 J.
Weizsäcker ist im April 1949 in Nürnberg zu 7 Jahren Gefängnis verurteilt worden, die bald auf 5 Jahre reduziert wurden und am 15. Oktober 1950 endeten. Nicht einmal ein Jahr später, am 6. August 1951, ist er in Lindau gestorben.

260 Kempner, S. 317ff.
261 Brief vom 25.5.1951, LKA Stuttgart, D1/312.
262 Brief Professor Lic. Dr. W. Heinsius, Badische Landesstrafanstalt Freiburg, 10.2.1951, LKA Stuttgart, D1/285.
263 Brief Kranzbühlers an Wurm vom 19.2.1951. Ebd., D1/285.
264 Schreiben Pfarrer Johannes Sy vom 12.8.1948. LKA Nürnberg, Pfarreien III/17, Band 5.
265 U. a. Telegramm Frings vom 7.12.1948 an Clay. Bestand MF 260, IfZ, 1948/141/2. OMGUS.
266 Zu den Opfern zählen u. a. 1160 Juden in Luzk und 1107 Juden in Radomyschl. Urteil des LG Darmstadt vom 29.11.1968 gegen Kurt Hans und neun weitere Angehörige des SK 4a. Ks 1/67 GStA Frankfurt am Main.
267 Schreiben vom 25.7.1943 an den Chef der Bandenkampfverbände, SS-Obergruppenführer und General der Polizei von dem Bach-Zelewski. Nürnberger Dokument NO-2262, abgedruckt in:»Schöne Zeiten«, S. 171ff.
268 Brief vom 8.11.1949, EZA, 2/231.
269 SS-Standartenführer Dr. Martin Sandberger, schon 1931 in NSDAP und SA eingetreten, ein NS-Multifunktionär, war Einsatzkommandoführer (EK 1a), dann Kommandeur der Sicherheitspolizei und des SD in Estland (das bereits anfangs 1942 als »judenfrei« gemeldet wurde), später hatte er die gleiche Funktion in Norditalien. Sandberger, am 8.4.1948 zum Tode verurteilt, wurde durch McCloys Amnestie vom 31.1.1951 zu lebenslangem Zuchthaus begnadigt.
Für Sandberger hatte sich der Weizsäcker-Verteidiger. Dr. Hellmut Becker, bei Bundespräsident Theodor Heuss verwandt: Er, Becker, habe sich »persönlich von der Unrichtigkeit des Urteils« überzeugt. Der amerikanische Chefrichter sei ein »mehr literarisch als juristisch begabter Mann gewesen«,

so sei das Urteil zur »bunten story« geraten. Für »Herrn Sandberger« hätten sich sehr viele Menschen eingesetzt. Er dürfe in diesem Zusammenhang den Justizminister Haussmann, den Ministerpräsidenten Gebhard Müller und Professor Dr. Carlo Schmid erwähnen, sowie von kirchlicher Seite Landesbischof Haug und den katholischen Theologen Professor Arnold. Brief Becker an Heuss vom 6. 8. 1955. EZA 2/84/KV/40/3,1.

Carlo Schmid, Vizepräsident des Bundestages, hatte in der Tat ein Gesuch an den Hohen Kommissar geschickt. Es hebt sich von ähnlichen Gesuchen ab, weil es »die Gerechtigkeit der Verurteilung« nicht in Frage stellt. Sandberger, Führer der NS-Studentenschaft, hatte an der Universität Tübingen bei Carlo Schmid studiert. Ohne den Nationalsozialismus, so Schmid, »wäre ein Sandberger ein ordentlicher, tüchtiger strebsamer Beamter geworden«. Sein Ehrgeiz habe ihn veranlaßt, zur SS und zum SD zu gehen: »Bei diesen Parteiformationen sah er die aussichtsreichen Chancen, rasch zu Stellungen aufzusteigen.« Eine Darstellung von Nazi-Tätern, die gewiß nicht nur auf Sandberger allein zutrifft. Brief Schmid vom 21. 2. 1953 an den Hohen Kommissar, Begnadigungsausschuß. EZA 2/84/KV/40/3,1.

270 LKA Nürnberg, Pfarreien III/17, Band 5.

271 Ebd., Band 15.

272 Gutachten Ermanns vom 7. 3. 1950. LKA Stuttgart, D1/308.

273 Gesuch vom 7. 12. 1948 an Lucius D. Clay. EZA 2/230.

274 Der Ohlendorf-Prozeß hatte zu einer Diskussion geführt, für wen sich die bayerische Landeskirche einsetzen könne. Der Landsberger Anstaltspfarrer Eckardt meint, »daß ein Eintreten der Landeskirche für die gesamte Ohlendorfgruppe nicht in Frage komme«. Jedoch solle sich die Kirche in einzelnen Fällen für eine Überprüfung einsetzen, z. B. in den Fällen Schubert, Samberger, (Sandberger) und Seibert (Aktenvormerkung Rusam vom 2. 3. 1949. LKA Nürnberg, IV/676).

Am 3. 3. 1949 fragte Aschenauer bei Rusam an, ob sich die Landeskirche für Ohlendorf verwenden könne, hat aber »selbst Zweifel«, ob dies möglich sein wird (Aktenvormerkung Rusam vom 3. 3. 1949. Ebd.).

Für eine Begnadigung der ganzen Gruppe könne sich der bayerische Landeskirchenrat nicht einsetzen, teilt Rusam am 10. 3. 1949 Aschenauer mit, höchstens für den einen oder anderen Fall. In Frage komme v. a. der Fall Schubert: »Ich sage zu, daß für ihn ein Gesuch des LKR an die Militärregierung gerichtet wird« (Aktenvormerkung Rusam vom 10. 3. 1949. Ebd.). SS-Obersturmführer Heinz Hermann Schubert, Ohlendorfs Adjutant, hatte u. a. die Judenmassaker in Simferopol, der Hauptstadt der Krim, organisiert. Die Juden seien in »möglichst humaner« Weise erschossen worden, meinte er zu seiner Verteidigung, weil sonst »die seelische Belastung für das Exekutionskommando zu stark gewesen wäre«. (Affidavit Heinz Hermann Schubert vom 24. 2. 47, NO-3055) Schubert, im April 1948 zum Tode verurteilt, wird 1951 begnadigt und dank kirchlicher Fürsprache Januar 1952 (Reitlinger, S. 591) entlassen.

Zum Einsatzgruppenprozeß bemerkt Oberkirchenrat Weeber am 7. 3. 1949 in einem Schreiben an Rusam, Wurm habe sich lediglich bereit erklärt, ein Gnadengesuch der ihm persönlich bekannten Familie Sandberger zu befürworten. Für andere Angeklagte seien von der württembergischen Landeskirche keine Eingaben gemacht worden: »Es ist uns aber durch abschriftliche Übermittlung der entsprechenden Eingaben bekannt geworden, daß Landesbischof D. Lilje sich für verschiedene Angeklagte dieses Prozesses an General Clay gewandt hat, nämlich für Seibert, Blobel, Haensch und Six.« LKA Stuttgart, D1/293.

275 Nicht zu verwechseln mit SS-Hauptscharführer Hans Schmidt.

276 Alle Zitate stammen aus der Broschüre: Landsberg. Ein dokumentarischer Bericht.

277 LKA Stuttgart, D1/295.

278 LKA Nürnberg, Pfarreien III/Band 5.

279 »Predigt beim evangel. Gedächtnisgottesdienst für die am 7. Juni 1951 in Landsberg/Lech Hingerichteten am Sonntag, den 10.6.1951 in der Anstaltskirche.« Das fünfseitige Manuskript trägt den Vermerk: »Nicht zur Veröffentlichung bestimmt!« LKA Stuttgart, D1/296.

280 Nürnberger Dokument NO-3824. Aussage Hartl vom 22.3.1966: Js 4/65 GStA Frankfurt/Main.

281 Paul Blobel ist am 13.8.1894 in Potsdam geboren. Seine Berufsangabe lautet Architekt. Blobel tritt 1931 der NSDAP und 1932 der SS bei. 1935 kommt er zum SD, Oberabschnitt Düsseldorf. Juni 1941 wird er Führer des Sonderkommandos 4a. Dabei wurde er, wie er am 6.6.1947 eidesstattlich erklärte, »verschiedentlich mit den Aufgaben der Hinrichtung von Kommunisten, Saboteuren, Juden und anderen unerwünschten Elementen« beauftragt. Zu den »unerwünschten Elementen« zählen zum Beispiel 90 jüdische Kinder, die er im August 1941 in der ukrainischen Stadt Bjelaja-Zerkow erschießen läßt (»Schöne Zeiten«, S. 132ff.). Oder jene 1160 Juden in Luzk, die Juli 1942 erschossen werden. Als Blobel am 1. Juli in Luzk eintrifft, verkündet er anläßlich seines ersten Hochzeitstages, er wolle dem Ort seinen Stempel aufdrücken und mehrere tausend Juden erschießen lassen. Urteil des LG Darmstadt vom 29.11.1968 gegen Kurt Hans und neun weitere Angehörige des SK 4a. Ks 1/67 GStA Frankfurt am Main.

SS-Standartenführer Blobel wird Januar 1942 wegen seiner Alkoholexzesse und Undiszipliniertheit (»Disziplin und Treue«!) strafversetzt. Einige Monate später bekommt er den Auftrag, die Massengräber auszuheben, um die Spuren des Massenmordes zu beseitigen. Rudolf Höß, der Kommandant von Auschwitz, berichtet, er habe im Sommer 1942 das Vernichtungslager Chelmno besucht. Dort habe Blobel experimentiert, wie die Massengräber am besten zu beseitigen seien. Er versuchte es mit Sprengungen und mit Verbrennen. Höß: »Sein Arbeitsstab hatte die Deckbezeichnung ›10005‹. Die Arbeiten selbst wurden durch Judenkommandos durchgeführt, die nach Beendigung eines Abschnittes erschossen wurden. K.L. Auschwitz hatte laufend Juden für das Kommando ›10005‹ zur Verfügung zu stellen.« Nürnberger Dokument NO 4498 B.

Blobel war am 3.10.1946 zusammen mit Kurt Hans wieder in die evangelische Kirche aufgenommen worden. LKA Nürnberg, Pfarreien III/Bd. 5.

282 Eingabe an McCloy vom 20.1.1951: Buscher, a.a.O., S. 96.

283 LKA Nürnberg, Pfarreien III/17 Band 15.

284 Brief vom 17. 5. 1951. BA, B305/147.

285 Brief vom 5. 6. 1951. Ebd.

286 Kempner, S. 391.

287 Karl Morgenschweis, 1891 in Rosenberg (Oberpfalz) geboren, war Seelsorger der Strafanstalt Landsberg von 1932 bis 1958. 1950 wird er zum Bischöflichen und Geistlichen Rat ernannt.

288 Credo, S. 13.

289 Die folgenden Morgenschweis-Zitate stammen aus dem Vorwort S. 9 ff.

290 Morgenschweis in dem Buch von Oskar W. Koch: Dachau-Landsberg: Amerikas Schande. Witten 1976, S. 184.

291 Die nachfolgenden Pohl-Zitate stammen aus Credo, S. 43 ff.

292 Koch: Dachau/Landsberg. Justizmord oder Mord-Justiz? Witten 1974, S. 9 und S. 26.

293 Dachau – Landsberg: Amerikas Schande, Band II der Dokumentation von Oskar W. Koch (1976 im Verlag H. F. Kathagen, Witten). S. 173.

294 Ebd., S. 176.

295 Aussage Dr. Hans Wilhelm Münch vom 25. 11. 1954, Ks 4/48 GStA Frankfurt am Main.

296 Rundschreiben vom 29. 11. 1946. EZA 2/209.

297 »In Bonn traf ich auch Dr. Höfler aus Freiburg«, heißt es in einem Brief von Oberkirchenrat Ranke (Kirchenkanzlei). »Er führte mir gegenüber Beschwerde über die Rechtsschutzstelle des Hilfswerks, die in französischen und holländischen Dingen nicht mehr die notwendige freundschaftliche Zusammenarbeit mit der Caritas zeige.« Laut Höfler seien die Konflikte in Holland dadurch entstanden, daß Pfarrer Fischer in Rotterdam einen Vorschlag der Caritas, »man möge sich bei der Verteidigung, um sie zu vereinfachen und Kosten zu sparen, gegenseitig bestimmte Angeklagtengruppen (also ganze Prozesse) und u. U. Gefängnisse überlassen, abgelehnt hat.« (Ranke am 29. 11. 1949 an Dr. Fritz Flitner vom Hilfswerk der EKD. EZA 2/239).
Über die Finanzierung gibt ein Bericht des Zentralbüros des Hilfswerks der EKD in Stuttgart Aufschluß: Dem Antrag des Zentralbüros entsprechend hätten die Länder in den Westzonen einen Fonds von 400000 DM zur Hilfe für die Verteidigung Deutscher im Ausland zur Verfügung gestellt. Jeder Verband und jedes Werk, das in der Lage sei, bei der Verteidigungshilfe mitzuwirken, könne aus diesem Fonds Zuteilungen erhalten: »Die Hauptbüros werden gebeten, diese Tatsache in der Öffentlichkeit nicht zu verbreiten...« Bericht vom 4. 3. 1949. LKA Stuttgart D1/284.
Die Querelen um die Marktanteile schildert ein Bericht des Bundesjustizministeriums vom 27. 6. 1950 »Entstehung und bisherige Tätigkeit des Referats ›Rechtsschutz für Deutsche im Ausland‹ im Bundesjustizministerium«. BA, B 305/14.

298 Heinrich Höflers Sorge gilt den im Ausland inhaftierten »sogenannten Kriegsverbrechern«, vor allem in Frankreich, aber auch in Belgien, Holland, Italien, Jugoslawien. Er war ab 1931 Leiter der Propaganda- und Presseabteilung des Deutschen Caritasverbandes, von 1931 bis zum Verbot 1941, der verantwortliche Schriftleiter der »Caritas. Zeitschrift für Caritasarbeit und

Caritaswissenschaft«. Höfler, ab 1941 Leiter der »Kirchlichen Kriegshilfe« des DCV (Feldseelsorge), wurde am 5.5.1944 durch zwei Beamte des Reichssicherheitshauptamtes verhaftet. An seinem Grabe sagte 1963 der Päpstliche Protonotar Prälat D. Eckert, Heinrich Höfler habe das urchristliche Werk, Gefangene zu besuchen und zu erlösen, in zeitgeforderter Form neu zu beleben gesucht. Dr. Carl Borgmann: Heinrich Höfler zum Gedenken, in Caritas, Zeitschrift für Caritasarbeit und Caritaswissenschaft, Heft 8, Dezember 1963, S. 337 ff.

299 Brief vom 14.1.1949. Historisches Archiv des Erzbistums Köln, CR 25.19,8.

300 Höfler hat den Brief an den Papst gemeinsam mit Pater Johannes Brass verfaßt (»In großer Sorge um das seelische und leibliche Wohl unserer deutschen Brüder in den französischen Gefängnissen«). Höfler/Brass bitten den Heiligen Vater, finanzielle Hilfe sei bitte an die Apostolische Nuntiatur in Frankreich zu schicken (das Dokument ist als Anlage zu Höflers Brief vom 14.1.1949 beigefügt, Historisches Archiv des Erzbistums Köln, CR 25.19,8). Bereits am 1. Februar kann Frings beruhigt einen plötzlichen Geldsegen feststellen: Höfler sei es gelungen, schreibt er an diesem Tage dem evangelischen Kollegen Wurm, zu den anfänglich 100 000 französischen Franken, weitere 2 Millionen flüssigzumachen, die bei der Nuntiatur in Paris abgerufen werden können. Ebd., CR 25.19,8.

301 Gerhart Lindner: »Kriegsverbrecher« in französischen Gefängnissen. Der bisherige deutsche evangelische Gefängnisgeistliche der Deutschen in Frankreich zu ihrer Lage. Undatiert (1950). LKA Stuttgart, D1/285.

302 Ebd., D1/292.

303 Brief vom 19.3.1949. Ebd., D1/293.

304 Blume, zum Tode verurteilt, wird durch den Gnadenerlaß von Januar 1951 zu 25 Jahren Gefängnis begnadigt.

305 LKA Stuttgart, D1/294.

306 Abschrift eines Briefes vom 7.7.1949 an den ehemaligen Landsberger Pfarrer Eckardt. LKA Nürnberg, Pfarreien III/17, Band 4a.

307 Schulze am 10.8.1948 an den Bischof von Holstein (Privatbesitz).

308 Brief vom 7.7.1949 an Eckardt. LKA Nürnberg, Pfarreien III/17, Band 4a.

309 Ebd., Pfarreien III/17, Band 7.

310 Brief der Prinzessin vom 25.8.1949 an Eckardt. Ebd.

311 Am 28.11.1951 schildert Prinzessin von Isenburg dem pensionierten Landesbischof Wurm, wie der Hilfsmarkt aufgeteilt ist: »In einer Besprechung mit Bonn haben die vier amtlichen Wohlfahrts-Organisationen: Die Caritas, das Evangelische Hilfswerk, das Deutsche Rote Kreuz und die Arbeiterwohlfahrt die Betreuung der deutschen Kriegsgefangenen und Internierten im Ausland und in den alliierten Strafanstalten untereinander derart aufgeteilt, daß künftighin für die einzelnen Länder, bzw. Gefängnisse jeweils nur noch eine dieser Organisationen zuständig ist; so z. B. für Werl das Deutsche Rote Kreuz, für Frankreich die Caritas, für Norwegen und Jugoslawien nur das Evangelische Hilfswerk usw.« Die »Stille Hilfe« sei jedoch nicht die einzige private Einrichtung dieser Art.

So bauten die Soldatenbünde zur Zeit ihre »Kameradenhilfe« auf. Der »Arbeitsring für Wahrheit und Gerechtigkeit« in Heiligenhaus bemühe sich in
Zusammenhang mit führenden Verteidigern um eine Klärung der Rechtsfragen, der Verein »Helfende Hände« bemühe sich insbesondere um die Angehörigen. Die »Arbeitsgemeinschaft für Recht und Freiheit« in Halle trete an
eine Vielzahl deutscher und ausländischer Persönlichkeiten heran, »um sie
von der Notwendigkeit einer Bereinigung dieses Fragenkreises im Gesamt-
interesse der Völker zu überzeugen«. (D1/296) Hinzu kommt wohl das »So-
ziale Friedenswerk in Salzburg (beim Erzbischof)«, das Aschenauer in
einem Brief vom 2.7.1953 an die Zentrale Rechtsschutzstelle in Bonn erwähnt. BA, B 305/132.

312 Rudel hat sich nicht nur »caritativ« betätigt, er wird – trotz oder wegen Auf-
     trittsverbots in einigen Bundesländern – zu einer Kultfigur der Rechten. Der
     ehemalige Flieger ist unter anderem Ehrenmitglied des 1953 verbotenen
     »Freikorps Deutschland« (Peter Dudek/Hans-Gerd Jaschke: Entstehung
     und Entwicklung des Rechtsextremismus in der Bundesrepublik, Bd. 1,
     Opladen 1984, S. 86) und kandidiert im Bundestagswahlkampf 1953 als Spit-
     zenkandidat der rechtsextremen »Deutschen Reichspartei« (DRP). Rudel ist
     am 18.12.1982 in Rosenheim gestorben.

313 Hans-Ulrich Rudel: Zwischen Deutschland und Argentinien, Buenos Aires
     o. J., S 154 f.

314 Ebd., S. 159.

315 Ebd., S. 156.

316 Ebd., S. 316.

317 Ebd., S. 170.

318 Ebd.

319 Umgehend hatte ein Monsignore Dr. Josef Zabkar geantwortet: »Euer
     Durchlaucht geschätztes Schreiben vom 4. d. M. habe ich richtig empfangen
     und ich habe nicht verfehlt, Ihre Bitte unverzüglich dem Heiligen Vater zu
     unterbreiten. Daraufhin beeile ich mich, Ihnen mitzuteilen, daß von hier aus
     alles getan wird, um den Landsbergern das Leben zu retten.« – Der Aufruf
     vom 4.11.1950 und die Antwort Zabkars vom 10.11.1950 sind abgedruckt in
     der Broschüre: Weihnachten in Landsberg, hrs. von Prinzessin H. E. v. Isen-
     burg.

320 Brief Eckardts an Prinzessin zu Schaumburg-Lippe vom 18.7.1949. LKA
     Nürnberg, Pfarreien III/17, Band 4 a.

321 LKA Stuttgart, D1/296.

322 Anlage zu einem Brief vom 26.9.1951. Ebd., D1/296.

323 Nach der Satzung vom 31.10.1989 fällt nun bei Auflösung das Vermögen
     dem Volksbund Deutscher Kriegsgräberfürsorge in Kassel zu.

324 Bericht vom 19.3.1951. BA, B 305/131. – In einem weiteren Bericht vom
     10.5.1951 heißt es, wie Lincoln Schoemann, der Schatzmeister des »Silent
     Help« Komitees in Brits bei Pretoria in einer Presseerklärung mitteile, sei
     ein von dieser Organisation gesammelter Betrag für die Hinterbliebenen
     oder Angehörigen der Landsberger nach Deutschland überwiesen worden.
     In einer Broschüre würden alle südafrikanischen Christen aufgerufen, weiter
     zu spenden. Falls dies nicht aus humanitären Gründen geschehe, so müsse

Südafrika schon als Verbündeter Deutschlands im Kampf gegen den Kommunismus dieses tun, weil Westeuropa sonst verloren sei. BA, B 305/137.
325 Namensliste nach der ersten gedruckten Satzung der »Stillen Hilfe« vom 7.10.1951. LKA Stuttgart, D1/296.
326 Schreiben Rankes vom 23.11.1959 an den Evangelischen Oberkirchenrat in Stuttgart. EZA 2/84/KV 40/3,4.
327 Amtsblatt des Erzbistums Köln vom 1.11.1988, der Erlaß datiert vom 14.10.1988.
328 Urteil des Landgerichts Berlin vom 12.9.1955, (500) 1 P Ks 2.53 (3.55).
329 Urteil des Landgerichts Frankfurt vom 21.3.1947, 4 KLs 7/47.
330 Aussage Huber vom 25.2.1947. Ebd.
331 Eine Kopie des U.S.-Urteils befindet sich in den Akten des Hadamar-Verfahrens. Ebd.
332 Aussage Ruoff vom 29.8.1945, Nürnberger Dokument NO-731, ähnlich die Aussage des Verwaltungsleiters Alfons Klein vom 19.9.1945 in der Untersuchungshaft in Dachau, Nürnberger Dokument NO-730, ebenso der Verwaltungsmann Philipp Blum am 13.9.1945, Nürnberger Dokument NO-750.
333 Stille Hilfe: Informationen für die Presse, Folge 1, Mai 1953.
334 Aktennotiz Ranke vom 20.5.1957. EZA 2/84/KV/40/3,3.
335 Brief Stille Hilfe vom 11.12.1957 an Ranke. Ebd.
336 EZA, 2/84/KV/40/3,3.
337 »Mutter Elisabeth« stirbt am 24.1.1974.
338 Rundbrief für den Freundeskreis. Nr. 2/1986.
339 Ebd.
340 Ebd., Nr. 2/1988.
341 Kogon, S. 202 ff.
342 Den Fall Gerke und die Kleiderspenden für die »Stille Hilfe« habe ich in meinem Buch »Was sie taten – Was sie wurden«, S. 239 ff. bereits beschrieben.
343 Hauptarchiv der v. Bodelschwinghschen Anstalten. 2/92-70.
344 Bodelschwingh am 19. (? unleserlich) 11.1962 an die Außenstelle der Kirchenkanzlei der EKD in Bonn, OKR Dibelius. Ebd., 2/11-17.
345 Aussage vom 3.5.1946, Verfahren 4 KLs 15/46, StA Frankfurt am Main.
346 Urteil des LG Frankfurt am Main vom 21.12.1947, 4 KLs 15/46.
347 Protokoll der öffentlichen Sitzung vom 18.12.1947. Ebd.
348 Abschrift des undatierten Gnadengesuchs, LKA Stuttgart, D1/336.
349 Schreiben vom 19.10.1950, LKA Stuttgart, D1/336.
350 Schreiben vom 11.8.1947, Hauptarchiv der v. Bodelschwinghschen Anstalten in Bethel, 2/39-192, Bl. 715.
351 Gnadengesuch vom 17.9.1947, ebd., Bl. 718.
352 Ebd., Bl. 749.
353 Der Spiegel, Nr. 23/1948.
354 Dietrich Allers, Geschäftsführer der Berliner Euthanasie-Zentrale, hat die letzten Worte aufbewahrt. Verfahren Ks 2/66, GStA Frankfurt am Main.
355 Schreiben Haugs vom 27.7.1949. EZA 2/223.
356 Nürnberger Dokument NO-862.
357 Brief vom 13.4.1951. LKA Stuttgart, D1/296.

358 Ebd., D1/291.

359 Kogon, S. 146.

360 Hans-Josef Wollasch: Heinrich Auer (1884–1951), Bibliotheksdirektor beim Deutschen Caritasverband, als politischer Schutzhäftling Nr. 50241 im Konzentrationslager Dachau. Zeitschrift für die Geschichte des Oberrheins, 1983, S. 413.

361 Die Darstellung folgt dem Aufsatz »Gegen die Überfremdung des deutschen Volkskörpers«, ohne Autorenangabe im »Wissenschaftsmagazin« der Johann Wolfgang Goethe-Universität Frankfurt am Main veröffentlicht, Nr. 3/1989, S. 39 ff.

362 Verschuer: Die Aufgaben der Rassenhygiene in der Wohlfahrtspflege, Referat auf der Tagung der Gemeinde- und Wohlfahrtspflegeschwestern vom 3. bis 5. Oktober 1933, in: Blätter aus dem Evangelischen Diakonieverein, Nr. 1/1934.

363 Verschuer: Eugenische Eheberatung. Berlin und Bonn, o. J., S. 59 und 61.

364 Otmar v. Verschuer: Sozialpolitik und Rassenhygiene. Langensalza 1928. Faksimilierter Abdruck in: Christoph Dorner, Lutz Lemhöfer, Rainer Stock, Gerda Stuchlik, Frank Wenzel: Die braune Machtergreifung. Universität Frankfurt 1930–1945. Herausgegeben vom AStA der Johann Wolfgang Goethe-Universität. Frankfurt am Main o. J. (1990), S. 179.

365 Ebd., Dorner u. a., S. 168.

366 Ebd., S. 167.

367 Benno Müller-Hill: Tödliche Wissenschaft. Die Aussonderung von Juden, Zigeunern und Geisteskranken 1933–1945. Reinbek bei Hamburg 1984, S. 73 f., 129, 157 ff. Siehe auch den Bericht von Dietrich Strothmann über das Mengele-Tribunal 1985 in Jerusalem: »Der Mörder mit dem Lächeln«, in: DIE ZEIT, Nr. 8/1985.

368 Siehe Anm. 364, Dorner u. a., S. 196 ff.

369 Schreiben vom 26.10.1945. Kopie aus dem Archiv der Frankfurter Dreifaltigkeits-Gemeinde.

370 Nationalsozialistische Justiz, S. 5.

371 Brief vom 6.9.1949. LKA Stuttgart, D1/294.

372 Eduard Wahl, Jahrgang 1903, war ab 1935 in Göttingen Professor und ab 1941 Ordinarius in Heidelberg. Von 1949 bis 1969 Bundestagsabgeordneter der CDU.

373 Brief Ranke an Dibelius vom 3.6.1949. EZA 2/235.

374 Das Interesse von Frings zeigt z. B. eine Aktennotiz des Oberregierungsrates im Bundesjustizministerium, Wahl, der regelmäßig an den Treffen des Heidelberger Kreises teilnimmt. Am 30.1.1950 schreibt er einen »Bericht über eine Besprechung am 24.1.1950 mit dem Kanzler des Erzbistums Köln, Herren Rechtsanwalt Dr. Knott ... und Se. Eminenz dem HH. Kardinal Frings in Köln.« Es geht um einen Besuch von Frings bei McCloy. Danach heißt es: »Die übrigen Punkte, die bei der Besprechung mit HH. Kardinal Frings erörtert wurden, sind auf der Tagung in Heidelberg bereits angeführt worden, so daß es sich erübrigt, hier auf einzelnes weiter einzugehen.« BA, B 305/140.

375 Aktenvermerk von Oberregierungsrat Wahl (Bundesjustizministerium) vom
    19.9.1950 über eine Tagung am 16.9.1950: »...berichtet Senatspräsident
    Dr. Joppich als Vertreter von Dr. Aschenauer von der kirchlichen Gefange-
    nenhilfe in München.« BA, B 305/140.
376 Ebd.
377 Tagungsteilnehmer ist u. a. auch Walter Strauß, 1935 Hilfsreferent im
    Reichswirtschaftsministerium, wegen nichtarischer Abstammung entlassen.
    1945 zählte er als evangelischer Vertreter zu den Mitbegründern der CDU in
    Berlin. Er war stellvertretender Vorsitzender des evangelischen Arbeitskreis-
    es der Westzonen-CDU, wurde 1946/47 Staatssekretär im hessischen
    Staatsministerium, 1949 Staatssekretär im Bundesjustizministerium. 1962
    wurde er im Rahmen der »Spiegel-Affäre« entlassen, später rehabilitiert und
    als Richter an den Gerichtshof der Europäischen Gemeinschaft in Luxem-
    burg entsandt. Er ist 1976 gestorben.
378 Gawliks Rechtsposition: Bei den Verfahren gegen Deutsche wegen Kriegs-
    verbrechen handele es sich nicht nur um Fälle, »die zweifellos auch aus in-
    nerpolitischen Gründen« durchgeführt werden müßten, wie in den Fällen
    gegen den früheren SS-Hauptscharführer Gustav Sorge und den früheren SS-
    Oberscharführer Wilhelm Schubert (beide KZ Sachsenhausen). Es liefen
    aber auch eine Anzahl Verfahren gegen ehemalige Wehrmachtangehörige,
    die lediglich Handlungen auf Befehl durchgeführt hätten. Gawlik: »Diese
    Verfahren erscheinen aus innerpolitischen Gründen sehr bedenklich.« Brief
    Gawliks vom 4. 6. 1959 an Oberkirchenrat Ranke. EZA 2/84/KV/40/3,3.
379 Ein von Professor Eduard Wahl verfaßtes Protokoll über die Besprechung
    am 9.7.1949. EZA 2/236.
380 »Wir sind bereit, der EKD zu helfen. Übernahme der Bezahlung der Denk-
    schrift; dazu auch, wenn möglich, die Druckkosten für die Übersetzung und
    für die deutsche Drucklegung, insgesamt bis zu 2000 DM«, heißt es im Proto-
    koll über die Besprechung am 9.7.1949. Ebd.
    Schon im Juni hatte Oberkirchenrat Ranke Anwalt Justus Koch mitgeteilt:
    Professor Wahl sei der Ansicht, das Vordringlichste sei die »Herstellung und
    Lancierung dieser Denkschrift. Er sei gern damit einverstanden, daß auf-
    kommende Geldbeträge vordringlich zu diesem Zweck verwendet würden.
    Professor Wahl habe aus diesem Grunde auch die Frage der Finanzierung
    auf die Tagesordnung der nächsten Sitzung »unseres Koordinierungsaus-
    schusses« gesetzt. Brief vom 24. 6. 1949. EZA 2/235.
    Nicht minder charakteristisch eine Aktennotiz Rankes vom 29.10.1949:
    »DM 2500,– sind inzwischen eingegangen. Der Rest von DM 1500,– ist von
    mir angemahnt. Ich erhalte ihn nach Mitteilung von Heidelberg sofort, wenn
    ein von den IG-Farben fest versprochener Beitrag von DM 5000,– an die Do-
    kumentenzentrale eingegangen ist.« EZA 2/238.
381 Siehe Amm. 379.
382 Der Heidelberger Kreis existierte zumindest bis 1959. Am 16.7.1959
    schreibt Wahl, der Heidelberger Kreis habe »aus einer Reihe von Vor-
    kommnissen Veranlassung, wieder einmal zusammenzutreten. Insbesondere
    haben Herr Kirchenpräsident D. Stempel, Sie, lieber Herr Ranke, und Herr
    Dr. Gawlik die Anregung dazu gegeben. Herr Generalbundesanwalt

Dr. Güde hat sich bereit erklärt, an unserer Sitzung teilzunehmen.« (EZA 2/ 84/KV 40/3,4) Güde (wie der CDU-Abgeordnete Wahl), ein Befürworter, NS-Verbrechen verjähren zu lassen, hat nach einem Bericht des Magazins »Spiegel« Staatsanwälte der Ludwigsburger Zentralstelle zur Verfolgung von NS-Verbrechen sogar »Idioten« geschimpft: die Staatsanwälte hatten in einem Moskauer Archiv Beweismaterial über bis dahin unbekannte Verbrechen gesucht (und gefunden). Der Spiegel, 16. 12. 1968.

383 Aktenvermerk von Oberregierungsrat Wahl »über eine Besprechung mit dem Mitglied des Advicory Committee on clemency for war criminals, Mr. Moran, am 25. August 1950«, Bonn, den 30. 8. 1950. BA, B 305/140.

384 Landratsamt Sulzbach-Rosenberg am 12. 7. 1950 an Bayerisches Ministerium des Inneren. BA, B 305/143.

385 Aus dem Erhebungsbogen ist nicht ersichtlich, wer die Auskunft erteilt hat. BA, B 305/143.

386 Geheim-Bericht des Kripobeamten vom 7. 7. 1950, BA, B 305/147.

387 Beurteilung der Stadt Rosenheim vom 7. 7. 1950, BA, B 305/143.

388 Die Frankfurter Rundschau übernahm am 29. 12. 1990 unter der Überschrift »Theologe und Antifaschist« eine Würdigung Künneths zu dessen 90. Geburtstag, die vom Evangelischen Pressedienst (epd) stammt. Gegen Rosenbergs Der Mythos des 20. Jahrhunderts habe Künneth seine mutige Kampfschrift »Antwort auf den Mythos« gesetzt. Nun, Künneth hatte Rosenberg immerhin bescheinigt, er habe in der Charakterisierung des zersetzenden Einflusses des dekadenten Weltjudentums Wesentliches erkannt. Künneth billigte Rosenberg weiterhin zu, er wolle »aus Liebe zum Volk und der eigenen Rasse mit der ganzen Kraft seiner Seele das deutsche Wesen vor der Vergiftung durch diesen jüdischen Geist bewahren«. Zitiert nach Vollnhals, S. 143.

389 Die Berliner Tagung und die Beteiligung Ammons habe ich in dem Buch Was sie taten – was sie wurden, S. 248 ff. ausführlich beschrieben.

390 Brief vom 14. 6. 1948 und undatierte Stellungnahme, von Ammon unterzeichnet. LKA Stuttgart D1/305.

391 Roland Freisler, Staatssekretär im Reichsjustizministerium, auf einer Tagung des Ministeriums am 24. 10. 1939, in: Nationalsozialistische Justiz, S. 73.

392 So die lesenswerte Dokumentation des Niedersächsischen Justizministeriums: Nationalsozialistische Justiz und Todesstrafe, S. 80.

393 Meine Darstellung gründet sich auf folgende Publikationen: Braunschweig unterm Hakenkreuz, hg. von Helmut Kramer, Braunschweig 1981, S. 32 ff. und 153 ff. Derselbe: Der Fall Erna Wazinski – vom Versagen der Juristen und Christen, in: Kirche von unten, Nr. 50/1991, S. 21 ff. Die Urteile Lerches sind dargestellt: ebd., Nr. 51/1991, S. 37 ff. Das Landgericht Braunschweig hat Erna Wazinski 1991 zwar (aufgrund neuer Beweise) freigesprochen, aber das Urteil des NS-Sondergerichts nicht für nichtig erklärt, was die Anerkenntnis der Unrechtsjustiz der Sondergerichte bedeutet hätte. Der Brief der Evangelisch-Lutherischen Landeskirche in Braunschweig/Landeskirchenamt vom 19. 12. 1990 (Az. R 30 - n/mö) ist von Oberlandeskirchenrat Niemann unterschrieben.

Der Fall Wazinski ist außerdem in der Dokumentation »Nationalsozialistische Justiz und Todesstrafe«, S. 73 ff., dargestellt.

Dietrich Kuessners Aufsatz in den Lutherischen Monatsheften (Nr. 5/1991) heißt: Auffällige Härte gegen Fremde. Ehemalige Sonderrichter der Nazis in der Kirche.

394 Ebd., S. 40 f.

395 Brief vom 5.1.1951, BA, B 305/146.

396 »Durch Begnadigung des Antragserstellers erledigt«, steht handschriftlich auf Joels Eingabe. Er war Ende Januar 1951 entlassen worden.

397 Mitteilung des Stuttgarter Kirchenrats vom 12.5.1947 an Pfarrer Otto Fricke. EZA 2/231.

Zwei Jahre später, am 31.3.1949, konferieren Rusam, Weeber und Aschenauer über den Fall Stuckart. Weeber und Aschenauer empfehlen Zurückhaltung. Weeber meint, Stuckart sei »ein ausgesprochen unfreundlicher Nazi gewesen«, auch gegen die Kirche. Vor der Urteilsverkündung sei es unzweckmäßig, daß sich der Landesbischof für Stuckart einsetze. »Allenfalls könne sich die Kirche nach der Urteilsverkündigung dafür einsetzen, daß ihm im Hinblick auf seine Gesundheit Erleichterungen gewährt würden.« (Aktenvormerkung Rusam vom 31.3.49, IV/6769). Alle Beteiligten werden jedoch dieser Peinlichkeit enthoben: Stuckart wird am 11.4.1949 im Wilhelmstraßenprozeß zu einer Freiheitsstrafe von 3 Jahren 10 Monaten verurteilt – und die hatte er bereits abgesessen. Stuckart kommt 1953 bei einem Autounfall ums Leben.

398 Brief vom 3.3.1947 an das War Crime Office in Wiesbaden. EZA 2/231.

399 Vorwort Dietrich Ziemssen in: Rudolf Aschenauer: Der Malmedy-Fall 7 Jahre nach dem Urteil. München 1953.

400 Ebd., S. 12.

401 Ebd., S. 16.

402 Bericht über das Sommersemester 1953 der Schule des War Criminal Prison No. 1 Landsberg (Lech). BA, B 305/132.

403 Den widerlichen Vorgang beschreibt Kempner, S. 280 ff.

404 Ernst Klee: Hans Muthesius – wie sich eine Nazi-Karriere nach 1945 fortsetzte. DIE ZEIT, 14.9.1990.

405 Vertrauliches Rundschreiben (»Entwicklung der Kriegsverurteiltenfrage«) des Auswärtigen Amtes an alle bundesdeutschen Diplomatischen Vertretungen vom 20.5.1954. BA, B 305/648.

406 Schreiben Aschenauers vom 12.1.1952 an Staatssekretär Dr. Lenz im Bundeskanzleramt. BA, B 305/136.

407 Die Briten haben zu dieser Zeit in Werl noch 65 und die Franzosen in Wittlich noch 52 Verurteilte in Haft. Im westlichen Ausland, einschließlich Jugoslawien, sind weitere 222 Häftlinge interniert, die meisten in Frankreich (130), Holland (59) und in der Schweiz (10): Zahlenmäßige Übersicht über die unter der Beschuldigung von Kriegsverbrechen in ausländischem Gewahrsam – mit Ausnahme der Ostblockstaaten – festgehaltenen deutschen Staatsangehörigen. Anlage 1 zum Rundschreiben des Auswärtigen Amtes vom 20.5.1954 (s. Anm. 405).

408 In Werl sind Mitte 1955 nur noch 25 und in Wittlich nur noch 19 Häftlinge.

Im Ausland sitzen noch 133 Täter: davon 63 in Frankreich, 50 in Holland, 5 in Belgien. Zahlenmäßige Übersicht über die unter der Beschuldigung von Kriegsverbrechen in ausländischem Gewahrsam – mit Ausnahme der Ostblockstaaten – festgehaltenen deutschen Staatsangehörigen. Stand: 15.6.1955. Anlage zu einem vertraulichen Schreiben des Auswärtigen Amtes vom 15.5.1955 an den Bundesminister für Vertriebene, Flüchtlinge und Kriegsbeschädigte. BA, B 305/37.

409 Kempner, S. 396f., Rückerl S. 138f.

410 Der Evangelische Pressedienst am 20.7.1955.

411 Biberstein behauptet dies z. B. in einer Aussage vom 1.6.1960 vor einer Sonderkommission des Hessischen Landeskriminalamtes. ZSt 204 AR-Z 15/60, LO I.

412 Eidesstattliche Erklärung vom 2.7.1947, Nürnberger Dokument NO-4314.

413 Deutsches Pfarrerblatt 1958, Nr. 16.

414 Ebd., Nr. 18.

415 Propst R. Steffen: Bericht über den Besuch bei Herrn Biberstein in Landsberg, 5.10.1956, Nordelbisches Kirchenamt, Kiel, keine Signatur. Biberstein ist nach Mitteilung der Nordelbischen Evangelisch-Lutherischen Kirche von Mai bis Dezember 1958 beim Kirchengemeindeverband Neumünster aushilfsweise mit der Fortschreibung einer Geschichte der Pastoren von Neumünster beschäftigt worden. Danach habe er keine kirchliche Tätigkeit mehr ausgeübt. Biberstein ist 1968 gestorben.

416 Am 23.3.1939 geht bei der Deutschen Botschaft in Rom ein Schreiben des Auswärtigen Amtes ein. Der Reichsführer SS und Chef der Deutschen Polizei, Heinrich Himmler, habe am 10. März folgendes mitgeteilt: »Ich beabsichtige, in den nächsten Tagen den Krim.Kommissar Kappler von der Geheimen Staatspolizei auf unbestimmte Zeit als Verbindungsbeamten zur Italienischen Polizei nach Rom, mit dem Amtssitz bei der Deutschen Botschaft dortselbst, zu entsenden.« Aus den Akten des Auswärtigen Amtes, in: Judenverfolgung in Italien, S. 20.

417 Ebd., S. IX.

418 Hilberg, S. 702ff.

419 Rede vom 14.5.1929. Judenverfolgung in Italien, S. XII.

420 Rede vom 6.9.1934. Ebd.

421 Von italienischen Truppen besetzt waren in Frankreich Nizza, Grenoble und das Department Alpes Maritimes sowie Kroatien, Griechenland und Tunis. Charakteristisch für das Verhalten der Italiener ist die Klage des Unterstaatssekretärs im Auswärtigen Amt, Martin Luther. Im Juli 1942 berichtet er dem Reichsaußenminister »über den Herrn Staatssekretär« (Weizsäcker), 4000–5000 kroatische Juden, »deren Beseitigung allgemeiner Beruhigung dienen würde«, sollten aus der von den Italienern besetzten zweiten Zone (Zentren Dubrovnik und Mostar) abtransportiert werden. Die »Aussiedlung könne allerdings nur mit deutscher Hilfe erfolgen, da von italienischer Seite Schwierigkeiten zu erwarten sind«. Luther in einer Vortragsnotiz vom 24.7.1942, Judenverfolgung in Italien, S. 50.
Ende Februar 1943 konferiert Ribbentrop in Gegenwart des deutschen Bot-

schafters in Rom, Hans Georg Viktor von Mackensen, mit dem »Duce«.
Der deutsche Reichsaußenminister: »Wenn man 100000 Juden in Deutschland oder in Italien oder einem von ihnen besetzten Gebiet beliße, so hätte
dies bei der Geschicklichkeit der Juden ungefähr die gleiche Wirkung, als
wenn man 100000 Agenten des Secret Service in sein Land hineinließe, ihnen zur Tarnung die deutsche Staatsangehörigkeit gäbe und sie dazu noch
mit unerschöpflichen Geldern ausstatte.« Er könne mit Recht sagen, »daß
die Juden gefährlicher wären als englische Agenten.« Aufzeichnung über die
Unterredung am 25.2.1943, Nürnberger Dokument D 734.
Am 18.3.1943 trägt von Mackensen dem Duce erneut deutsche Unzufriedenheit vor: Die italienische Armee hatte nämlich den Präfekten von Lyon
gehindert, 2000 bis 3000 polnische Juden aus dem Gebiet Grenoble zu inhaftieren, um sie nach Auschwitz zu schaffen (Reitlinger, S. 365). Die Italiener,
so die Klage, seien der französischen Polizei in die Arme gefallen, »wo sie
doch sehr zufrieden hätten sein können, daß die Franzosen die nun einmal
notwendige Reinigungsaktion selbst energisch in Angriff genommen hätten«. Zufrieden telegrafiert von Mackensen abends nach Berlin, der Duce
finde den deutschen Standpunkt »sonnenklar und unabweisbar geboten«.
Seine Generale hätten die Tragweite der ganzen Maßnahmen noch nicht erfaßt. Das sei aber keine böse Absicht, sondern Ausdruck einer falschen Humanitätsduselei. Mackensen, ein Sohn des Generalfeldmarschalls: »Seine
Stellungnahme war völlig eindeutig und zeigte erneut, daß er zu groß denkt,
um an Prestigefragen Maßnahmen scheitern zu lassen, die er für richtig
hält.« (Telegramm vom 18.3.1943, Nürnberger Dokument NG 2242). Von
Mackensen hat sich jedoch von Mussolinis Gehabe täuschen lassen, die italienische »Judenpolitik« ändert sich nicht.

422 Schwurgerichtsanklage der StA beim Kammergericht Berlin vom 23.4.1971
gegen den ehemaligen SS-Sturmbannführer Friedrich Boßhammer, Leiter
des Judenreferats des Befelshabers der Sicherheitspolizei und des SD (BdS)
Italien, 1 Js 1/65 (RSHA), S. 256f.

423 Anneliese Kappler: Ich hole Dich heim. Die Affäre Kappler. Soltau 1990,
S. 57. Das Buch ist im Verlag Anneliese Kappler erschienen.

424 Hilberg, S. 721.

425 Anneliese Kappler, a.a.O., S. 7.

426 Ebd., S. 171.

427 Ebd., S. 157.

428 Ebd., S. 34f.

429 Ebd., S. 51.

430 Ebd., S. 89.

431 Ebd., S. 93.

432 Ebd., S. 109.

433 Ebd., S. 310.

434 Ebd., S. 225f.

435 Rolf Lahr: Zeuge von Fall und Aufstieg. Private Briefe 1934–1974. Hamburg 1981, S. 564.

436 Gespräch mit Knopp am 17.11.1990 in Rom.

437 Anneliese Kappler, a.a.O., S. 2.

438 Frankfurter Rundschau vom 14.2.1978.
439 So das chilenische Nachrichtenmagazin »Hoy« (»Heute«) in der Ausgabe vom 23. bis 29.5.1984, dort sind auch Fotos abgedruckt. Der Artikel heißt zutreffend: »Rauff, el tecnico de la muerte«.
440 Schreiben des Kirchlichen Außenamtes der EKD vom 19.6.1984, KA 6996/84.
441 Brief vom 17.8.1984 an Wagner.
442 Brief Wagners vom 21.8.1984.
443 Die Erklärung des Kirchenvorstandes wurde am 29.5.1984 in der deutsch-chilenischen Zeitschrift »Condor« abgedruckt.
444 Ranke am 3.11.1949 an die Rechtsschutzstelle beim Zentralbüro des Hilfswerks der EKD. EZA 2/226.
445 LKA Nürnberg, Personen XXXVI, Nr. 247.
446 Ein Auszug aus dem Urteil befindet sich bei der ZSt, AR-Z 140/76.
447 Ich zitiere nach der hessen-nassauischen Kirchenzeitung »Weg und Wahrheit«, 31.8.1986, Nr. 35.
448 Rundbrief Nr. 1/1986 für den Freundeskreis.
449 Rundbrief Nr. 2/1989, Herbst 1989.
450 Die Begründung lautete: »denn die eintragungsfähigen Tatsachen sind in der Strafregisterverordnung vom 17.2.1934 [!] (Reichsgesetzblatt I Seite 140) erschöpfend aufgezählt.« Vertraulicher Brief des Bundesministers des Innern vom 21.9.1956 an die Innenminister/Senatoren der Länder. BA, B 305/136.

Abbildungsnachweis

Die Abbildungen auf S. 109 und 139 wurden vom Bilderdienst Süddeutscher Verlag, München, zur Verfügung gestellt; die Abbildung auf S. 51 vom Ullstein Bilderdienst, Berlin; die Abbildung auf S. 94 vom Archiv Posset, Landsberg; alle übrigen Abbildungen aus dem Archiv des Autors.

Register

Adenauer, Konrad 36, 108
Adlerwerke 141
Altmeier, Jakob (MdB) 171
Ammon, Wilhelm von (Reichsjustizministerium) 132 f.
Arajs, Viktor (SS-Sturmbannführer) 117
Arbeiterwohlfahrt 176
Arbeitsgemeinschaft für Recht und Freiheit 177
Arbeitsring für Wahrheit und Gerechtigkeit 177
Ärzteprozeß 56
Aschenauer, Rudolf (Verteidiger) 78 ff., 83 ff., 91 ff., 130, 139 f., 136, 169, 173, 182
Aschenborn, Hans Jörg (Stille Hilfe) 114
Asmussen, Hans (EKD) 19, 55, 109 f.
Assistenza Pontifica Profughi Esteri 33 f.
Auer, Heinrich (Caritas) 126
Auschwitz 22, 69 ff., 127, 145, 174

Baldelli, Ferdinando (PCA) 35
Baldwin, Raymond E. (Senator) 83
Baldwin-Kommission 83 ff.
Barbie, Klaus 30 f.
Baumbach, Werner (Bomberpilot) 25
Bayer, Karl (Prälat) 27 f.
Becher, Fritz (Dachau) 164
Becker, Hellmut (Verteidiger) 62, 130, 172 f.
Becker-Freyseng, Hermann (Luftfahrtmedizin) 74, 78
Bender, Hugo (Propst) 112
Bender, Julius (Landesbischof) 64, 162
Bergen-Belsen 10, 158
Betz, Peter (Dachau) 164
Biberstein, Ernst (EK 6) 142 ff., 183
Blatt, Thomas 7
Blobel, Paul (SK 4 a) 8, 101, 103 ff., 174
Blomberg, Konrad (Flossenbürg) 163
Blum, Philipp (Hadamar) 164
Blume, Walter (SK 7 a) 112
Bodelschwingh, Friedrich v. 117 f.
Bodelschwingh, »Fritz« v. 123
Bodelschwinghsche Anstalten 117 f., 123
Boeckh, Rudolf (Arzt) 75
Bohle, Ernst Wilhelm (Gauleiter) 72

Bohne, Gerhard (»Euthanasie«) 25, 46
Bolk, Willi (Landsberg) 77
Bormann, Martin 50, 52, 53
Brack, Viktor (»Euthanasie«) 123
Brandt, Karl 75, 123 f.
Brandt, Rudolf (SS-Standartenführer) 123
Brass, Johannes (Pater) 176
Braun, Wernher von 164
Braune, Werner (EK 11 a) 101, 103
Breda 150 f.
Brinkmann, Otto (KZ Mittelbau) 142
Brixen 45
Brklacic, Ivica 30
Brockdorff, Werner (Pseudonym) 50
Brunotte, Heinz (EKD) 87
Buchberger, Michael (Bischof) 14
Buchenwald-Prozeß 10, 164
Buchwieser, Ferdinand (Generalvikar) 106
Bülow, Fritz von (Krupp-Direktor) 97
Burger, Wilhelm (Weihbischof) 126
Butschko, Iwan (Erzbischof) 29

Calitea (KZ) 161
Caritasverband (u. a.) 42, 79, 110, 114, 175 f.
Caritas Internationalis 27, 46
Caritas Niederlande 112
Caritas Suiza 43
Caritassekretariate 46
Chelmno 67, 174
Christmann, Kurt (SK 10 a) 25
CIC 26 ff., 30 f.
Clay, Lucius D. 67, 68, 77, 92
Cleven, Wilhelm (Weihbischof) 115

Dachauer Prozesse 57, 64, 163
Dachau-Prozeß 10, 11, 57, 164
Darmstädter Wort 158
Darré, Walter (Landwirtschaftsminister) 163
Daumiller, Oskar (Oberkirchenrat) 78, 81, 133
Denkschrift der EKD 87 ff., 180
Deutsche Antinazistische Vereinigung 32 f.
Deutsche Bischofskonferenz 66
Deutsches Kulturwerk 107

Deutsches Rotes Kreuz 176
Dibelius, Otto 88, 95, 142, 149, 170
Dietrich, Otto (Propagandaministerium) 163
Dietrich, Sepp 58, 74, 84
Dietz, Johannes Baptist (Bischof) 14
Dietzfelbinger, Eckart 162
Dietzfelbinger, Hermann (Landesbischof) 146
Dix, Hellmuth (Verteidiger) 69
Domizlaff, Borante (SS-Sturmbannführer) 35 f.
Dönitz, Karl 53, 55, 162
Draganovic, Krunoslav 30 f., 37, 44
Dürer-Verlag 26, 48
Dürrfeld, Walter (IG-Farben) 132
Dwinnell, John S. (Verteidiger) 59
Dynamit Nobel AG 167

Eble, »Otto« (Malmedy) 84
Eckardt, August (Pfarrer) 73 ff., 91, 107, 167, 173
Ehlers, Hermann 95
Ehrenfried, Mathias (Bischof) 14
Eichberg 120 f.
Eichmann, Adolf 7, 8, 25
Eilers (Landgerichtsrat) 136
Einsatzgruppen-Prozeß 56, 63, 75, 165, 173
Eisele, Hans (KZ-Arzt) 51, 125 f., 152, 164
Ermann, Karl (Pfarrer) 78, 100, 102, 112, 125

Fallingbostel 65
Faulhaber, Michael von 10 f., 14, 32, 107 f.
Fendler, Lothar (SK 4 b) 77
Ferencz, Benjamin B. (Ankläger) 71, 167
Filipovic, Moroslav 30
Fischer, Franz (Breda) 150 f.
Fischer, Fritz (KZ-Medizin) 74, 125
Flick, Friedrich 68, 69, 80 f., 132, 167
Flick-Prozeß 56
Flieger-Prozesse 57
Flitner, Fritz (Hilfswerk) 133
Flossenbürg-Prozeß 90, 163
Fosse Ardeatine 145
Frank, August (SS-Obergruppenführer) 140
Frank, Hans (Generalgouverneur) 52, 54 f.
Fraschette 35, 43
Freiwillige, Der (Zeitschrift) 107
Frick, Wilhelm (Reichsinnenminister) 52, 54 f., 134, 135
Fricke, Otto (Pfarrer) 127 f., 138
Frings, Joseph 13 f., 62, 66, 67 ff., 98, 110, 112, 130, 146, 165, 176, 179

Fritsch, Eberhard (»Der Weg«) 47, 48
Fritz, Rudolf (Caritas-Direktor) 81
Fritzsche, Hans (Propagandaministerium) 16, 53, 55, 159
Fröschmann, Georg (Verteidiger) 65, 80, 82, 93, 130, 169
Fünfteichen 69
Funk, Walther (Reichswirtschaftsminister) 52, 53, 55, 162
Fünten, Ferdinand aus der (SS-Hauptsturmführer) 150 f.

Galland, Adolf (Jagdflieger) 25
Gallov (ungarisches Hilfswerk) 28
Gawlik, Hans (Ministerialrat) 131, 180
Gebhard, Karl (Medizin-Professor) 123
Geiler, Karl (Jurist) 122
Genzken, Karl (Sanitätswesen Waffen-SS) 74
Gerecke, Henry F. (Pfarrer) 53 ff.
Gerke, Ernst (Gestapo) 117, 178
Gerstenmaier, Eugen 123
Ginschel, August (Flossenbürg) 67, 89 f.
Globke, Hans 138
Goebbels, Joseph 96
Göring, Hermann 51, 53 ff., 96, 129, 134, 135
Greiser, Arthur (Reichsstatthalter) 67
Grimpe (Landgerichtsrat) 136
Gürtner, Franz (Reichsjustizminister) 129
Gumppenberg, Leopold von (Pater) 35, 45

Hadamar-Prozeß 57, 116, 164
Haefele (Major) 131
Haensch, Walter (Einsatzgruppe C) 174
Hahn, Hugo (Landesbischof) 89
Hamilton (Colonel) 14
Hamilton, Lily (Stille Hilfe) 114
Handloser, Siegfried (Generaloberstabsarzt) 77, 93, 124
Handy, Thomas T. (US-Army) 88, 97, 101, 171
Hans, Kurt (SK 4 a) 98, 100, 174
Hansen, Gottfried (Admiral) 105 f.
Hardt, Rudolf (Bethel) 123
Hartenstein, Karl (Prälat) 87 ff., 92, 230
Hartl, Albert (SS-Sturmbannführer) 104
Haug, Martin (Landesbischof) 124
Hawars (Pater) 35 f.
Hefelmann, Hans (»Euthanasie«) 46
Heidelberger Kreis 129 ff., 179 ff.
Heinemann, Carl (Pfarrkurat) 32 f., 35, 38 f., 160 f.
Heinemann, Gustav (EKD) 89
Held, Heinrich (Präses) 99

Helfende Hände, s. Hilfswerk
Hengsbach, Franz (Bischof) 146
Henze, Helmut (Verteidiger) 130
Herntrich, Volkmar (Oberkirchenrat) 89
Herwegen, Ildefons (Maria Laach) 168
Hess, Werner (Pfarrer) 73f., 167
Heß, Rudolf 52, 53ff., 66, 134, 150, 162
Heusinger, Adolf (Adenauer-Berater) 171
Heusinger, Bruno (OLG-Präsident) 130
Hildebrandt, Richard (HSSPF) 86f.
Hilfswerk der EKD (u. a.) 38, 109f., 114,
    169, 175, 176
Hilfswerk der Helfenden Hände 111f., 177
Himpe, Hans (Stille Hilfe) 115
Hintermayer, Fritz (Dachau) 164
Hodenberg, Hodo Freiherr von (OLG-Prä-
    sident) 129f.
Höfler, Heinrich (Caritas, MdB) 110, 146,
    171, 175f.
Hollander, Ludwig (»Fliegerfall«) 90f.
Höse (Landgerichtsdirektor) 136
Höß, Rudolf 174
Hoven, Waldemar (KZ-Arzt) 93, 123
Huber, Irmgard (Hadamar) 115f., 164
Hudal, Alois (Bischof) 32ff., 40ff., 146,
    160
Hülle, Werner (Bundesrichter) 137f.
Hunt, Lester C. (Senator) 83
Hutten, Kurt (Kirchenrat) 20f.

IG-Farben 70f., 87, 93
IG-Farben-Prozeß 56, 70f.
Ilgner, Max (IG-Farben) 70
Imle, Wolfgang (Heimkehrerverband) 146
Industrie(lle) 14, 68ff., 96ff.
Internationales Rotes Kreuz 24, 27ff.
Isenburg, Prinzessin Elisabeth von 43, 109,
    112, 113ff., 176f.

Jarschel, Alfred (HJ-Führer) 50
Jodl, Alfred (Generaloberst) 11, 53, 55, 64
Joel, Günther (GStA) 137f. 182
Joppich, Albert (Stille Hilfe) 115, 130
Juristen-Prozeß 56

Kaletsch, Konrad (Flick) 69, 80f.
Kallen, Hans (Krupp-Direktor) 62f.
Kaltenbrunner, Ernst 52, 55
Kameradenhilfswerk / Kameradenhilfe
    112f., 177
Kappler, Anneliese 145ff.
Kappler, Herbert (SS-Obersturmbannfüh-
    rer) 35ff., 144ff., 183
Katan, Alexander (KZ-Häftling) 57

Katzenberger, Leo 140
Katzenellenbogen, Edwin (Buchenwald)
    73
Kefauver, Estes (Senator) 83
Kehrl, Hans 163
Keitel, Wilhelm 53ff.
Kempner, Robert 63, 85, 95f., 106, 162,
    170, 171f.
Kerssenbrock, Graf Richard (Stille Hilfe)
    114
Kirchner, Karl (SS-Obersturmführer) 91f.
Kittel, Gerhard (Stille Hilfe) 114
Klein, Alfons (Hadamar) 164
Klemm, Herbert (Reichsjustizministeirum)
    140
Klingelhöfer, Waldemar (Einsatzgruppe B)
    100f.
Knoll, Christof (Dachau) 164
Knopp, Gispert (Anima) 147
Knorr, Eduard (Zahnarzt) 83f., 93
Knott, Heribert (Erzdiözese Köln) 130,
    179
Koch, Erich (Gauleiter) 149ff.
Koch, Ilse (Buchenwald) 164
Koch, Justus (Verteidiger) 87, 130
Koch, Karl (Buchenwald) 164
Koch, Oskar (Kreisleiter) 107
Kogon, Eugen 126, 152
Komitee für kirchliche Gefangenenhilfe
    81f.
Kornwestheim 20
Kranzbühler, Otto (Verteidiger) 68f., 87,
    93, 97, 130
Kreyssig, Lothar (Präses) 89
Krupp 62, 69, 81, 141
Krupp, Alfried von Bohlen und Halbach
    68, 93, 96
Krupp, Gustav von Bohlen und Halbach
    52, 53, 162
Krupp-Prozeß 57, 70f.
Küchler, Georg von (Feldmarschall) 76
Künneth, Walter (Theologe) 133, 181
Kunst, Hermann (Militärbischof) 146

Lahr, Rolf (Botschafter) 147
Lammers, Hans Heinrich (Reichskanzlei)
    95, 134, 135, 163
Landi, Andrew (Monsignore) 33
Landsberg 72ff., 103ff., 140ff., 152, 168
Laternser, Hans (Verteidiger) 93, 130
Lautenschläger, Carl (IG-Farben) 70f.
Lawrence, Charles W. (US-Kriegs-
    ministerium) 65
Leer, Eugen (Verteidiger) 84f., 165

Leers, Johann von (Antisemit) 48f.
Lehmann, Rudolf (Generaloberstabsrichter) 137
Lehmann, Theodore (Zwangsarbeiter) 69
Leiprecht, Carl Joseph (Bischof) 146
Lempp, Wilfried (Prälat) 65
Lerche, Walter (Sonderrichter) 135f.
Lettenmeyer (Pfarrer) 141
Ley, Robert 52, 53
Lilje, Hanns 88, 130, 146, 149, 171, 174
Lindner, Gerhard (Pfarrer) 110f.
Linke, Friedrich (Sondergericht) 136
Lipari 35, 38
List, Wilhelm (Generalfeldmarschall) 76, 78, 168
Lörner, Georg (SS-Gruppenführer) 140
Luther, Martin (Reichsaußenministerium) 172, 183
Lutheran World Federation Service to Refugees 37

Mackensen, Hans Georg Viktor von (Botschafter) 184
Mager, Reimer (Präses) 89
Mahl, Emil (Dachau) 74, 164
Mahrarens, August (Landesbischof) 16
Maler, Hans/Juan (»Der Weg«) 44, 48
Malmedy-Prozeß 58ff., 61, 66, 68, 83ff., 88, 108, 139f., 165
Malz, Heinrich (SS-Obersturmbannführer) 79ff., 114, 130, 131
Mauthausen-Prozeß 10, 57
Mayrhofer, Petrus (Benediktiner) 22f.
McCloy, John 88, 95f., 101, 171
Mecklenburg, Herzog Adolf Friedrich zu 112
Meiser, Hans 11ff., 17, 59f., 64, 69, 80, 83, 89, 168, 171
Mengele, Josef 25, 127
Merkatz, Hans von (MdB) 171
Merkle, Adolf (Hadamar) 164
Metz, Friedrich (Diakon) 90ff.
Meyer, Waldemar (SS-Obersturmbannführer) 41f.
Milch, Erhard (Generalfeldmarschall) 56, 162f.
Mittelbau-Prozeß (KZ) 163f.
Mohr, Christian (Flossenbürg) 67
Montini, Giovanni Battista 39, 49, 67, 108
Moosburg 21ff.
Moran, Frederick A. (Peck-Ausschuß) 171
Morgenschweis, Karl (Monsignore) 91, 94, 106ff., 175
Möser, Hans (KZ Mittelbau) 164

Mrugowsky, Joachim (SS-Oberführer) 93, 123, 152
Muench, Aloisius (Bischof) 68, 126, 166
Mühlbauer (Landsberg) 78, 168f.
Mühldorf-Prozeß (KZ) 101, 163
Müller, Rudolf (Verteidiger) 61, 70, 130
Müller, Siegfried (Pfarrer) 70
Mummenthey, Karl (SS-Sturmbannführer) 140
Mussolini, Benito 144, 184
Muthesius, Hans (Reichsinnenministerium) 141

Nacht-und-Nebel-Erlaß 137f.
National Catholic Welfare Organization 30, 33
Naumann, Erich (Einsatzgruppe B) 101, 103
Nedbal, Johannes (Anima) 41, 161
Neuendettelsau 75
Neuhäusler, Johannes 41, 42, 67f., 77, 79, 81, 83, 95, 104, 108, 109, 114, 169
Neurath, Konstantin Freiherr von 52, 53, 55, 162
Niemöller, Martin 11, 16, 64, 83, 87ff., 142, 146, 149, 159
Niesel, Wilhelm (Präses) 89
Nix, Willi 33
Nordhausen, s. Mittelbau
Nuntiatur Paris 176
Nuntiatur Wien 46
Nürnberger Folgeprozesse 56ff.
Nürnberger Prozeß 51ff.

Oberheuser, Herta (KZ-Ärztin) 124f.
Oberursel (Taunus) 86
Ohlendorf, Otto (Einsatzgruppe D) 56, 101, 103, 173
Ohlendorf-Prozeß, s. Einsatzgruppen-Prozeß
OKW-Prozeß 57
Oldenburg, Elisabeth Großherzogin von 111
Österreichisches Bureau 32
Otto, Adolf (Einsatzkommandoführer) 142

Pagmotta, Leo J. (CIC) 27, 33
Papen, Franz von 47, 52, 53, 55
Päpstliches Hilfswerk (PCA) 27, 33ff.
Pavelic, Ante (Ustascha) 30
Peck, David W. (Jurist) 171
Peck-Ausschuß 94, 171
Peiper, Joachim (SS-Stardartenführer) 58, 140, 165

Piorkowski, Alexander (KZ-Komman-
    dant) 67
Pister, Hermann (KZ-Kommandant) 164
Pius XII. 11, 15, 29, 32, 67, 108
Pleiger, Paul (NS-Wirtschaftsführer) 132
Pleißner, Emil (Buchenwald) 90
Pohl, Oswald 56, 101, 104 ff.
Pohle, Wolfgang (Verteidiger) 130
Pontificia Commissione Assistenza
    (PCA) 33, 35
Pressel, Wilhelm (Oberkirchenrat) 188
Puhl, Emil (Reichsbank) 163
Puhr, Fridolin (Dachau) 164

Radetzki, Waldemar von (SK 4 a) 100 f.
Raeder, Erich 53, 55, 162
Ranke, Hannsjürg (EKD) 61, 70, 87 f., 115,
    116, 130, 149, 162, 169
Raphaels-Verein 25, 35
Rasche, Karl (Deutsche Bank) 163
Rasse-und-Siedlungshauptamt-Prozeß 56,
    165
Rauff, Walter (SS-Stardartenführer) 25, 26,
    148
Rauter, Hannes (HSSPF) 116
Ravensbrück 125
Reinhardt, Hans (Generaloberst) 75 f.
Remer, Otto-Ernst (General) 45
Rhodos 161
Ribbentrop, Joachim von 52, 54 f., 183
Rickhey, Georg (KZ Mittelbau) 164
Riedl, Heinrich (Hilfswerk) 81
Rimini 26, 29
Röchling, Hermann 68 f., 97
Roden, Edward L. van (Richter) 65
Rösch, Augustinus (Stille Hilfe) 114 f.
Rose, Gerhard (Medizin-Professor) 140
Rosenberg, Alfred 52, 53 ff.
Rospatt, Heinrich von (Verteidiger) 130
Rotes Kreuz 35, 108
Rothaug, Oswald (Sonderrichter) 140
Rothenberger, Curt (Staatssekretär) 137
Rudel, Friedwart Maria 160
Rudel, Hans-Ulrich 26, 112 f., 177
Ruhrgas A. G. 81
Rummelsberger Anstalten 117
Ruoff, Heinrich (Hadamar) 116, 164
Rusam, Adolf (Kirchenrat) 79, 80, 81, 85,
    91 f., 169, 173, 182

Salmuth, Hans von (Generaloberst) 75 f.,
    78
Sandberger, Martin (EK) 99, 140, 142,
    172 f.

Santiago de Chile 148 f.
Sauckel, Fritz 42, 54 f.
Schacht, Hjalmar 52, 53, 55
Schallermair, Georg (KZ Mühldorf) 101,
    102
Schandruck, Pavlo (General) 29, 160
Scharf, Kurt 146
Schaumburg-Lippe, Prinzessin Stephan
    zu 111 ff.
Schellenberg, Walter (Geheimdienst) 163
Schilling, Klaus (Dachau) 164
Schirach, Baldur von 53 ff., 162
Schmid, Carlo 173
Schmidt, Hans (Buchenwald) 101, 103
Schneider, Burkhart (SJ) 39
Schnell, Dietrich (Kreisleiter) 84, 93
Schober, Theodor (EKD-Beauftrag-
    ter) 150 f.
Schoeman, Johan (Stille Hilfe) 114
Schoeman, Lincoln 177
Schröder, Oskar (Generaloberstabs-
    arzt) 74
Schubert, Heinz Hermann (SS-Obersturm-
    führer) 173
Schumacher, Arnold (Pfarrer) 90 f.
Schürg, Helene (Eichberg) 122 f.
Schuster, Friedrich (Pfarrer) 96
Schwäbisch-Hall 58, 83, 85
Schwarzhaupt, Elisabeth (EKD) 76
Schwerin von Krosigk, Lutz Graf von 78,
    95 f., 163, 171
Seibert, Willi (Einsatzgruppe D) 173
Sereny, Gitta 25, 38 f.
Servatius, Robert (Verteidiger) 130
Seyß-Inquart, Arthur 53
Siegener Maschinenbau AG (Siemag) 81,
    141
Sievers, Wolfram (»Ahnenerbe«) 123
Silent Help 177
Simpson, Gordon (Richter) 65
Simpson-Kommission 65, 66, 79
Six, Franz (EK) 174
Smend, Rudolf (Kirchenrechtler) 89
Snow, Conrad E. (Peck-Ausschuß) 171
Sobibor 7, 38
Sommer, Karl (SS-WVHA) 101, 140
Sommer, Martin (Buchenwald) 117
Soziales Friedenswerk 177
Spakler, Wolfgang (SS-Hauptsturm-
    führer) 44
Spandau 66
Speer, Albert 52, 53, 55, 162
Speidel, Hans (Adenauer-Berater) 171
Spengler, Wilhelm (Stille Hilfe) 114

Stahlbau Rheinhausen 81
Stangl, Franz 25, 38 f.
Steffen, Richard (Propst) 143 f.
Stehle, Hansjakob 41, 161
Steimle, Eugen (SK 7 a) 8
Stempel, Hans (EKD-Beauftragter) 114 f., 130, 146
Sterilisierte 118, 120 ff.
Stille Hilfe 113 ff., 151, 177 f.
St. Jobst 13, 80 f.
Stohr, Albert (Bischof) 11
Strafregisterverordnung 185
Strauch, Eduard (KdS) 99
Strauß, Walter (Staatssekretär) 171, 180
Streicher, Julius 53, 55
Stroop, Jürgen (SS-Obergruppenführer) 64
Stuckart, Wilhelm (Staatssekretär) 138, 163, 182
Süd-Ost-Generale-Prozeß 56, 165
Suzannet, Comtesse Helene de (Stille Hilfe) 114
Sy, Johannes (Pfarrer) 98

Tank, Kurt (Flugzeugkonstrukteur) 25
Tenhumberg, Heinrich (Bischof) 146
Thalhammer, Joseph (Domkapitular) 80, 81
Thierack, Otto-Georg 137
Tiso, Josef 9 f., 158
Tondock, Martin (Pfarrer) 86, 170
Treblinka 29
Tubenthal, Walter (Landrat) 43 f.
Turowski, Wojciech (Pallottiner) 25, 35

Ustascha 30 f.

Verband Stahl- und Eisenbau 80 f.
Verschuer, Otmar Freiherr von 126 ff.
Villinger, Werner (Psychiater) 21
Vista, Vincent La 28 f.
Volksbund Deutsche Kriegsgräberfürsorge 177
Vollnhals, Clemens 158

Wächter, Otto (SS-Obergruppenführer) 49
Wacker, R. (Verteidiger) 64
Wagener, Otto (Generalmajor) 36, 161
Wagner, Gustav (Sobibor) 25, 38

Wagner, Richard (Bischof) 148 f.
Wahl, Alfons (Bundesjustizministerium) 131, 132, 179
Wahl, Eduard (MdB) 93, 130, 169, 179
Wahlmann, Adolf (Hadamar) 116, 164
Waldeck-Pyrmont, Josias Erbprinz von 73, 112, 164
War Relief Service 33
Warzok, Friedrich (KZ Lemberg) 25, 26
Wazinski, Erna 135 f.
Weber, Anton (Pallottiner) 25, 35
Weeber, Rudolf (Oberkirchenrat) 74, 79, 85, 87 f., 92, 130, 173, 182
Weg, Der (Zeitschrift) 46 ff.
Weiß, Martin Gottfried (KZ-Kommandant) 57
Weizsäcker, Ernst Freiherr von 78, 96, 171 f., 183
Werl 176, 182
Wienken, Heinrich (Bischof) 66 f.
Wilhelmstraßen-Prozeß 163
Willig, Karl (Hadamar) 164
Wilm, Ernst (EKD-Beauftragter) 146
Wilson, Lloyd A. (Landsberg) 73, 78, 169
Wirtschafts- und Verwaltungshauptamt der SS 56
Wirtschaftsvereinigung Eisen- und Stahlindustrie 68
Witteler, Wilhelm (Dachau) 164
Wittlich 182
Wittmann, Andreas (Oberkirchenrat) 13, 70
Wlassow, Andrej Andrejewitsch 29
Wöhler, Otto (Generaloberst) 76
Wort des Bruderrats 158
Wurm, Theophil 14 ff., 63, 67, 76, 78, 83, 87, 88, 92, 95, 97, 101, 111, 113 f., 122 f., 129, 133, 166, 173, 176
Wüstemann, Adolf (Landesbischof) 64, 76
Wüstenberg, Bruno (Monsignore) 37

Zabkar, Josef (Monsignore) 177
Zentralbüro für Deutsche in Italien 32 f.
Zentrale Rechtsschutzstelle 131
Ziegler, Mattes 16, 159
Ziemssen, Dietrich (Malmedy) 139
Zuffenhausen 58
Zwangsarbeiter 57, 69 ff., 97

Ernst Klee
Das Personenlexikon zum Dritten Reich
Wer war was vor und nach 1945

Band 16048

Das konkurrenzlose Lexikon informiert mit seinen 4300 Artikeln ausführlich über die wichtigsten Personen aus Justiz, Kirchen, Wohlfahrtseinrichtungen, Kultur, Wirtschaft, Publizistik, Wissenschaft, Medizin, Polizei, Wehrmacht sowie über tragende Personen aus NSDAP, SA und SS. Das Personenlexikon informiert außerdem auch – und das ist charakteristisch für Klees Arbeitsweise – über deren Karrieren nach 1945, soweit diese ausfindig zu machen waren.

»Mehr als ein ›Who's who‹ des ›Dritten Reiches‹ –
Ernst Klee ist ein Standardwerk gelungen.«
Die Zeit

»Stichprobenvergleiche mit
anderen Lexika und einschlägigen Monographien
bestätigen nicht nur die Zuverlässigkeit von Klees Werk,
sondern vor allem auch seine unübertroffene
Vollständigkeit.«
Frankfurter Rundschau

Fischer Taschenbuch Verlag